中国财税研究报告2023
CHINA FINANCE AND TAXATION DEVELOPMENT RESEARCH REPORT 2023

财政与中国式现代化
理论与制度创新

马海涛 肖鹏 主编

中国财经出版传媒集团
中国财政经济出版社

图书在版编目（CIP）数据

财政与中国式现代化：理论与制度创新／马海涛，肖鹏主编． -- 北京：中国财政经济出版社，2024.6
ISBN 978 - 7 - 5223 - 3055 - 6

Ⅰ.①财…　Ⅱ.①马…②肖…　Ⅲ.①财政政策－研究－中国 ②现代化建设－研究－中国　Ⅳ.①F812.0 ②D616

中国国家版本馆 CIP 数据核字（2024）第 075271 号

责任编辑：张晓丽　　　　责任印制：史大鹏
封面设计：陈宇琰　　　　责任校对：胡永立

财政与中国式现代化：理论与制度创新
CAIZHENG YU ZHONGGUOSHI XIANDAIHUA：LILUN YU ZHIDU CHUANGXIN

中国财政经济出版社　出版

URL：http://www.cfeph.cn
E - mail：cfeph@ cfeph.cn

（版权所有　翻印必究）

社址：北京市海淀区阜成路甲 28 号　邮政编码：100142
营销中心电话：010 - 88191522
天猫网店：中国财政经济出版社旗舰店
网址：https://zgczjjcbs.tmall.com
中煤（北京）印务有限公司印刷　各地新华书店经销
成品尺寸：185mm×260mm　16 开　14.75 印张　276 000 字
2024 年 6 月第 1 版　2024 年 6 月北京第 1 次印刷
定价：98.00 元
ISBN 978 - 7 - 5223 - 3055 - 6
（图书出现印装问题，本社负责调换，电话：010 - 88190548）
本社图书质量投诉电话：010 - 88190744
打击盗版举报热线：010 - 88191661　QQ：2242791300

序　　言

党的二十大报告提出，中国共产党的中心任务就是团结带领全国各族人民全面建成社会主义现代化强国、实现第二个百年奋斗目标，以中国式现代化全面推进中华民族伟大复兴。这从根本上明确了中国式财政现代化的着眼点和发展目标。党的十八大以来，在以习近平同志为核心的党中央坚强领导下，中国式财政现代化取得了瞩目的成就，现代财政制度的框架基本确立，为国家的发展和民族的复兴奠定了坚实的物质基础和制度保障。全国一般公共预算收入从 2012 年的 11.73 万亿元上升到 2023 年的 21.68 万亿元，年均增长 5.74%，全国一般公共预算支出从 2012 年的 12.6 万亿元上升到 2023 年的 27.46 万亿元，年均增长 7.33%，为经济持续健康发展提供了坚实的财力支撑。

一、中国式现代化对中国式财政现代化提出的新要求

为了进一步走好以中国式现代化推进中华民族伟大复兴这条康庄大道，需要系统梳理中国式现代化对下一步完善现代财政制度、谋划新一轮财税体制改革的新要求。党的十八届三中全会明确提出："财政是国家治理的基础和重要支柱，科学的财税体制是优化资源配置、维护市场统一、促进社会公平、实现国家长治久安的制度保障。"如何理解财政被赋予的这样一个全新定位呢？首先，政府是国家治理的主体，政府履行职能的活动是通过财政收支实现的。财政收入为国家治理提供必要的物质基础，财政支出也用于建立和维持整个国家治理体系的正常运转；其次，财政是一个综合性概念，它不仅局限于经济范畴，还涉及政治、文

化、社会、生态文明、国家安全、党的建设等诸多方面，反映着政府的施政理念及其背后政府与市场、中央与地方之间的制衡关系，因此财政改革往往是牵一发而动全身的。以财政收支活动为主的系列财政制度安排是否规范、高效直接决定了政府职能履行的情况，并进一步决定国家治理水平的高低。因此，现代财政制度的完善必须打好坚实的基础，深刻体现国家意志，服从并服务于现代化强国建设的全过程，而这其中最重要的就是中国式现代化这条道路选择，它决定了现代财政制度也必须服从并服务于中国式现代化，从而引出"中国式财政现代化"这个重要命题。

虽然我国已基本建立起与中国式现代化相适应的现代财政制度的基本框架，但整体经济下行压力较大，房地产风险、金融风险、债务风险等各种风险交织，财税改革还面临着诸多挑战。其中最主要的挑战在于两个方面：

首先，财政的可持续性面临考验。全球经济下行的大环境给我国经济增长带来负面冲击，财政收入增速放缓，在持续大规模减税降费的背景下，随着人口老龄化的加剧，未来以民生支出为主的财政支出需求会继续加大，财政汲取能力有待提高。除此之外，中国式现代化追求的是高质量发展而非高速发展，共同富裕、科技高水平自立自强、物质和精神文明协调发展、绿水青山等多方面的目标意味着财政支出规模在未来会不断扩大。因此，要增强风险防范意识，立足当前着眼长远，提高财政的可持续性。

其次，财政"两个关系"的问题还有待进一步厘清，即政府与市场的关系和中央与地方的关系。一方面，明确政府作用的边界，保证市场在资源配置中起决定性作用的同时更好发挥政府作用，市场不能解决的问题和失效的配置，政府应加强政策引导，用法治规范市场行为；另一方面，中央与地方的事权和支出责任划分仍不够清晰，一般性转移支付的均等化功能有待提高，专项转移支付资金的使用应进一步突出项目导向、绩效导向。除此之外，税收结构不合理、重点领域的立法工作不完善等也是急需解决的重点问题。

二、中国式现代化进程中的财政学自主知识体系建设

为了推动中国式财政现代化的发展步伐，除了制度上的创新，财政理论创新也是指导我国的财政改革实践、构建中国特色哲学社会科学的关键。需要全面把握习近平总书记所强调的"加快构建中国特色哲学社会科学，归根结底是建构中国自主的知识体系，要以中国为观照、以时代为观照，立足中国实际，解决中国问题"的深刻思想内涵，深刻认识当前财政学理论研究的现状和问题，立足"财政是国家治理的基础和重要支柱"这样一个全新定位和"以中国式现代化全面推进中华民族伟大复兴"的道路选择，把握新时代中国特色社会主义财政学的特征，加快推动财政理论创新。

从新中国成立以来，我国的财政理论是在坚持马克思主义基本原理的指导下伴随财政实践而逐渐形成和发展起来的，形成了许多立足中国具体实践的原创性观点。例如：重新界定社会主义市场经济体制下的财政职能并借鉴西方的财政理论，扩展"社会共同需要"和"公共财政"等理论；提出市场在资源配置中起决定性作用的同时更好发挥政府作用的观点，进一步厘清了政府和市场的关系，也厘清了财政在处理政府和市场关系上应该扮演的角色；提出财政是国家治理的基础和重要支柱的重大论断，将财政提升到国家治理的范畴；提出建立现代财政制度的基本框架；提出建设全国统一大市场；等等。

同时也要认识到，我国的财政学理论借鉴了较多国外财政学理论的内容，建构中国自主的财政学知识体系仍任重道远，且当前的财政学理论不完全能反映社会现实，不足以解释和解决财政在新时期出现的新问题，具有一定的历史局限性。例如，在新中国成立初期，我国的财政学研究是借鉴苏联的做法，围绕货币关系所展开的，认为财政本质上是国家为保证企业顺利进行社会主义扩大再生产和满足社会共同需要，而有计划地加以组织的货币关系，过分强调国家对社会资源配置的主导作用；到了20世纪50年代末，财政学界开始运用马克思主义的基本原理从阶级国家分配

的角度分析财政问题,并逐渐形成"国家分配论"。相比货币关系学说,国家分配论更准确地界定和把握了财政的范畴,但该理论更多适用于新中国成立初期实行的社会主义计划经济体制。随着改革开放和社会主义市场经济体制改革,这一理论难以解释社会主义市场经济体制下出现的新问题。由此,我国在20世纪90年代初开始引进西方的财政学理论体系,提出与市场经济相适应的、以市场失灵为理论基础的公共财政论。

不管是何种财政学理论,归根结底都是对特定时期财政实践的理论总结,需要在立足国情的基础上与时俱进地发展。如今,新时代呼唤新理论,如何在中国特色社会主义理论的指导下紧紧围绕国家治理体系和治理能力的现代化来构建中国自主财政学知识体系,还任重道远。

在中国式现代化的进程中推进财政理论创新发展,需要把握以下几点:首先,财政的底色是经济,然而财政学应该跳出经济学单一研究框架的限制,从经济学、政治学、法学、社会学、公共管理学等跨学科的视角重塑财政学科理论体系;其次,注重与中华优秀传统文化的结合,中国式现代化是物质文明与精神文明协调发展的现代化,中国传统文化是中华民族智慧的结晶,中国人民的精神源泉,财政理论创新也要坚持"两个结合",用中华优秀传统文化内在的精神本质来指导财政理论创新发展;再次,坚持问题导向,中国式现代化赋予了财政学理论创新的历史使命,因此新时代财政理论要旨在解决财政改革中的实际问题,一方面聚焦基础理论,深化对财政本质的探究,进一步厘清"量入为出"和"量出制入"的关系,更好地发挥政府职能,缓解财政分配的"三元悖论",争取早日实现"有效市场"和"有为政府"的辩证统一,另一方面聚焦财政实践,围绕建立规范稳定和可持续的地方税体系、健全现代预算制度和理顺中央与地方的财政关系等重点领域进行理论创新;最后,辩证性地吸取西方对我们有用的理论观点和制度安排。财政理论的创新不能束之高阁,必须在立足本国的基础上放眼世界,对西方有用的理论观点和学术成果进行辨别性地比较、对照、批判、吸收和升华。

三、本书的内容安排和主要特色

本书从中国式现代化的视角研究财政理论和制度创新，回应以中国式现代化全面推进中华民族伟大复兴的时代需求。主要包含八章的内容。其中，第一章系统阐述中国式现代化的深刻内涵，通过梳理中国式现代化的历史演进过程，全面系统阐述中国式现代化与社会主义现代化强国建设不可分割的历史联系，在此基础上阐明中国式现代化的中国特色和本质要求，这也是健全与中国式现代化相适应的现代财政制度需要遵循的基本准则；第二章将中国式现代化与财政相结合，提出"中国式财政现代化"的重要概念，通过中西方财政现代化的道路比较总结出中国式财政现代化的中国特色，是承上启下的一章；第三章至第八章从中国式财政现代化的视角出发，围绕政府预算、税收制度、政府间财政关系、财政监督、财政法治化和财政宏观调控这六个重点方面展开论述。第三章至第八章的内容安排大致相同，都包含三部分内容：首先是站在党的二十大新起点上，总结中国式现代化对今后财政理论和制度安排提出的新要求；其次是梳理新中国成立以来财政理论和制度的发展脉络；最后是对如何构建与中国式现代化相适应的财政理论与制度体系作出展望。

本书的编写特色主要是，坚持以习近平新时代中国特色社会主义思想为指导，全面贯彻党的二十大精神，从中国式现代化的视角研究财政问题，较全面地阐述了"中国式财政现代化"的概念，贴近中国实际、反映中国特色。第一，内容安排上循序渐进，注重理论与实践相结合。本书遵循中国式财政现代化这条主线，从财政的理论创新和制度创新两个方面入手，梳理了新中国成立以来各项财政理论和制度创新的发展逻辑，内容深入浅出，兼顾通用性和专业性。第二，融合财政学现有的研究成果，反映财政学研究的最新进展，反映中国改革开放和现代化建设实践中的新成果，反映当今世界发生的深刻变革对财政学理论和实践产生的影响。

本书编写过程中的分工情况如下：马海涛负责全书的立项构思和最终审阅定稿，张明昂、张楚卿撰写第一章，孙鲲鹏、姜胜杰撰写第二章，肖鹏、王亚琪撰写第三章，何韵文撰写第四章，李钊撰写第五章，温来成、莫钰杰撰写第六章，曹明星、刘晔撰写第七章，姚东旻、阮睿和陈怡心撰写第八章。

在书稿形成过程中，我们还学习和引用了诸多学界同仁的研究文献，从中受到很大启发和帮助，在此，也向学界的各位同仁表示谢意，当然文责自负。希望本书的出版，能够对推动我国中国式现代化进程中的新一轮财税体制改革作出微薄的贡献。本书在出版过程中，得到中国财政经济出版社高进水副总编辑和相关编校工作者的大力支持，在此表示感谢！

马海涛

2024 年 3 月 3 日

目　录

第一章　中国式现代化理论演进与中国特色 … 1
　第一节　中国式现代化的核心要义 … 3
　第二节　中国式现代化的中国特色 … 12
　第三节　中国式现代化的本质要求 … 20
　本章主要参考文献 … 24

第二章　中国式现代化视角下的中国式财政现代化 … 27
　第一节　世界主要发达经济体实现现代化过程中的财政作用 … 29
　第二节　中国式财政现代化的中国特色 … 41
　第三节　中国式财政现代化的溢出影响与文明价值 … 53
　本章主要参考文献 … 63

第三章　中国式财政现代化视角下的政府预算理论与制度创新 … 67
　第一节　中国式现代化对预算发展提出的新要求 … 69
　第二节　新中国成立以来政府预算理论与制度的发展逻辑 … 72
　第三节　构建与中国式现代化相适应的政府预算理论与制度体系 … 78
　本章主要参考文献 … 89

第四章　中国式财政现代化视角下的税收理论与制度创新 … 91
　第一节　中国式现代化对税收理论与制度创新的新要求 … 93

  第二节 新中国成立以来税收理论与制度的发展逻辑   100
  第三节 构建与中国式财政现代化相适应的税收理论与制度体系 109
 本章主要参考文献 114

第五章 中国式财政现代化视角下的政府间财政关系 117
  第一节 中国式现代化对政府间财政关系重构的新要求 119
  第二节 新中国成立以来政府间财政关系的发展逻辑 127
  第三节 构建与中国式现代化相适应的政府间财政关系 132
 本章主要参考文献 138

第六章 中国式财政现代化视角下的财政监督理论与制度创新 139
  第一节 中国式现代化对财政监督理论与制度创新的新要求 141
  第二节 新中国成立以来财政监督理论与制度的发展 146
  第三节 构建与中国式财政现代化相适应的财政监督理论与制度体系 150
 本章主要参考文献 161

第七章 中国式财政现代化视角下的财政法治理论与制度创新 163
  第一节 中国式现代化对财政法治理论与制度建设的新要求 165
  第二节 新时代以前财政法治理论与制度的发展逻辑 168
  第三节 新时代以来财政法治理论与制度的体系创新 178
 本章主要参考文献 189

第八章 中国式财政现代化视角下的财政宏观调控创新 191
  第一节 中国式现代化对财政宏观调控理论与制度创新的新要求 193
  第二节 新中国成立以来财政宏观调控理论与制度的发展逻辑 196
  第三节 构建与中国式现代化相适应的财政宏观调控理论与制度体系 211
 本章主要参考文献 222

第一章
中国式现代化理论演进与中国特色

"中国式现代化"是习近平总书记在庆祝中国共产党成立100周年大会上提出的重要论断。中国式现代化是中国共产党领导的社会主义现代化,既有各国现代化的共同特征,更有基于自己国情的中国特色。中国式现代化以马克思主义及其中国化理论为理论基础,进一步丰富了马克思主义现代化理论,为各国现代化提供了新的现代化路径选择,为人类创造了新的文明形态。本章从中国式现代化的核心要义、中国式现代化的中国特色和中国式现代化的本质要求三个角度对中国式现代化进行多维度介绍,详细介绍中国式现代化理论演进的过程与其本土化特色。

第一节　中国式现代化的核心要义

以工业革命为号，西方国家在时间上最早开启并创造了现代化。在工业化与全球化的助推下，资本主义现代化的文明形态成为主流，宣扬"现代化＝西方化"，夸大其词地阐释西方现代化的优越性。中国式现代化创造了新的人类文明形态，为世界提供了新的现代化途径，给予世界上希望自行拓展现代化路径的国家莫大的信心。本节从中国式现代化的概念、意义、推进方法三个角度阐述什么是中国式现代化，从资本主义"近代化"和社会主义"现代化"两个方面梳理中国式现代化的历史演进，并阐释中国式现代化的价值诉求，综合论述了中国式现代化的核心要义。

一、什么是中国式现代化

（一）中国式现代化的概念

中国式现代化是中国共产党领导的社会主义现代化。习近平总书记在党的二十大报告中指出："在新中国成立特别是改革开放以来的长期探索和实践基础上，经过党的十八大以来在理论上和实践上的创新突破，我们成功推进和拓展了中国式现代化。"百余年来，中国一直在实践上不断在现代化道路上开拓前进，中国式现代化的提出则在理论上为实现现代化的中国方案作出明确的概念界定和理论指导。

"中国式"是对中国文化、中国国情、中国特点的总结提炼，"现代化"是中国特色社会主义道路通向的现代化。通常意义下，现代化分为两个阶段，第一阶段为农业社会转变为工业社会，第二阶段为工业社会转变为知识社会，绝大多数发展中国家尚处在未完成第一次现代化的时期。西方国家借助工业革命踏上现代化道路，不少人由此误认为套用西方的现代化理论是唯一的现代化途径。中国式现代化的提出打破了"现代化＝西方化"的迷思，为发展中国家实现现代化提供了另一可选择与参考的范式。

"中国式现代化"是对邓小平"中国式的现代化"的延伸，在强调立足中国国情的基础上，更进一步对接新时代。中国式现代化的提出，标志着我国已形成具有中国特色的、独特且独立的现代化观，是"一种全新的人类文明形态"。不同于资本主义意识形态下的西方现代化，中国式现代化在经济发展、社会稳定、缩小贫富差距等方面展现出明显的优势。中国式现代化在推进过程中坚持可持续发展，在实现经济高速增长、社会长期稳定的同时致力于实现全体人民共同富裕、人与自然和谐共生和全球发展，即彻底地完成传统文明向现代文明的范式转变、人的全面发展和环境保护。

概括提出并深入阐述中国式现代化理论，是党的二十大重大理论创新之一，是科学社会主义的最新重大成果。中国式现代化理论既源于中国历史与文化，又吸收世界先进思想，它将中华优秀传统文化、科学社会主义的先进性和一切人类优秀文明成果有机地结合，是符合人类社会未来发展方向的灯塔。

（二）中国式现代化的重要意义

1. 中国式现代化是人类文明发展的最新形态

文明是衡量社会发展水平的尺度，文明形态是对文明发展阶段及其本质特征的概括。习近平总书记指出："中国式现代化，深深植根于中华优秀传统文化，体现科学社会主义的先进本质，借鉴吸收一切人类优秀文明成果，代表人类文明进步的发展方向，展现了不同于西方现代化模式的新图景，是一种全新的人类文明形态。"

中国式现代化是中华优秀传统文化在当今社会的延续与发展，是以中国文化为底蕴的现代文明。党的二十大报告对中华优秀传统文化作出如是评价："中华优秀传统文化源远流长、博大精深，是中华文明的智慧结晶，其中蕴含的天下为公、民为邦本、为政以德、革故鼎新、任人唯贤、天人合一、自强不息、厚德载物、讲信修睦、亲仁善邻等，是中国人民在长期生产生活中积累的宇宙观、天下观、社会观、道德观的重要体现，同科学社会主义价值观主张具有高度契合性。"中国文化的包容性允许其与不同文明的优秀成果融合，这样才能推动人类文明的发展，这一文明观也契合人类文明进步的方向。西方霸权主义国家对于发展中国家在政治、经济、科学等各方面的打压势必不利于全人类的发展，是全球发展的反作用力。随着全球化的发展，国际力量对比发生极大变化，"多极化"将成为未来国际战略格局发展的必然趋势，只有包容多边共同发展才能率先适应全球治理体系结构变革，在国际竞争格局中占领先机。

中国式现代化由科学社会主义的先进理论指引而生成，是超越资本主义现代化的文明形态，秉持社会主义科学性、人民性、实践性、开放性的先进本质。"在新中国成立特别是改革开放以来的长期探索和实践基础上，经过党的十八大以来在理论上和实践上的创新突破，我们成功推进和拓展了中国式现代化。"马克思现代化理论强调人与资本的关系，主张将人从资本逐利的道路上解放出来。以此为背景的中国式现代化以人民为中心，既坚持全体人民共同富裕，又关注世界人民福祉，坚持和平发展的前提下实现中华民族伟大复兴。中国在自身发展的同时，积极为发展中国家提供帮助，提倡互利共赢，通过共建"一带一路"、在多个非洲国家实施"万村通"工程、设立南南合作援助基金进行对外援助等，为全球共同发展和应对重大问题作出巨大贡献，是"穷则独善其身，达则兼济天下"在国家层面的现实体现。

2. 中国式现代化为人类实现现代化提供新选择

在方法论层面，中国式现代化代表的是以人民为中心的整体论观点，蕴含有机论的思想。西方现代化则围绕个体论展开，更多的是体现了机械论的观念。在现代化本质层面，中国式现代化是社会主义现代化，西方现代化是资本主义现代化。

在资本主义主导的西方现代化中，国家作为为私人利益服务的工具而存在，人因资本持续的自我扩张与增殖的特性而沦为资本的奴隶，以金钱为核心利益的社会中聚集巨大财富的少数人与多数劳动力对立，从而造成难以化解的社会矛盾。在资本逻辑的制约下，西方国家内部贫富两极分化严重、政治撕裂，在外以各种形式参与战争冲突、挑起贸易争端，以期对外进行资本输出，解决资本扩张带来的问题。在面临经济危机、环境危机等挑战时，西方现代化也未表现出足够的韧性承受、化解风险，表明其并不存在绝对性与优越性。

在科学社会主义指导下的中国式现代化中，中国从国家整体发展的角度看待社会问题和政策目标，从而实现社会整体效率和发展的提升。西方割裂地看待政府部门与私人部门，政府提供公共服务的动力源自维护公共秩序、纠正国家运行缺陷等的需要，主要是被动地解决、弥补私人利益部门产生的问题。中国将人民至上作为价值内核，高度重视人的自由全面发展，其改善民生、造福百姓的动力源自实现共同富裕的目标。

总体而言，中国式现代化为人类实现现代化提供了新的选择。中国共产党和中国人民为解决人类面临的共同问题提供了中国智慧、中国方案、中国力量，为人类和平与发展崇高事业作出了新的更大的贡献。尽管中国式现代化是人类文明发展的最新形态，在中国式现代化的发展进程中仍秉持尊重文明多样性的观念，鼓励、推动全球为开辟新的现代化发展道路作出探索与实践。

（三）如何推进中国式现代化

习近平总书记在《推进中国式现代化需要处理好若干重大关系》一文中，提出"推进中国式现代化是一个系统工程"，并重点强调了6个方面的重大关系处理。

1. 顶层设计与实践探索的关系

中国式现代化的顶层设计与实践探索存在辩证统一的关系。党的二十大报告深刻阐述了中国式现代化的中国特色、本质要求与重大原则，是对推进中国式现代化的最高顶层设计。由于中国式现代化具有分阶段、分领域推进的特点，对于现代化的各个发展阶段也需要分别进行顶层设计。中国式现代化各层次的顶层设计是在实践探索的基础上，对经济社会发展规律和人民共同愿望进行总结、对世界与人类社会发展趋势作出预测，形成的具有时代性、创造性、协调性和指导性的规划与政策体系。同时，推进中国式现代化的事业仍在路上，需要在各方面的实践中大胆探索，寻求解决新矛盾的办法，保持中国式现代化道路的先进性。探索与实践不能囿于顶层设计的框架，而是应当敢于探索未知领域、开拓解决问题的思路方法，为顶层设计提供具有规律性的新经验，发挥正反馈作用。

2. 战略与策略的关系

中国式现代化的战略与策略是相辅相成的关系。过去的历史中，党正确运用战略与策略，领导人民认识世界、改造世界，不断从胜利走向胜利。当下和未来推进中国式现代化的进程中，也必须传承和发展对战略与策略的运用。中国式现代化的战略需要具备前瞻性、全局性、稳定性的特点。第一，中国式现代化战略需要具有抓住人类社会发展道路上出现的机遇，预见前路上的风险挑战并为之做好全方位准备的能力。第二，局部性与阶段性战略服从总体战略目标，即战略举措与战略部署均要为党和国家事业作出积极贡献。第三，必须长期坚持既定战略，做到有始有终，不能在中途随意改变。我国在1963年正式将实现"四个现代化"确立为国家中长期发展战略，并克服万难坚持为现代农业、现代工业、现代国防和现代科学技术建设而奋斗，于1978年基本实现第一阶段发展战略目标。1987年10月，在"四个现代化"战略的基础上，党的十三大报告提出经济发展"三步走"战略。当前，我国已全面建成小康社会，正在朝基本实现社会主义现代化这一阶段目标迈进。我国现代化的丰硕果实印证了党在战略上卓越的前瞻性，战略的连续性则体现了战略稳定的必要性。策略为战略实施提供科学方法，其灵活性与战略的原则性互补，既避免死板应对多样化的问题，又防范没有行事原则和依据踌躇不定。

3. 守正与创新的关系

中国式现代化的守正与创新是相互依存的关系。习近平总书记指出，守正创新是我们党在新时代治国理政的重要思想方法。守正是守好中国式现代化的中国特色、本质要求和重大原则，坚持党的领导、党的基本路线和党的十八大以来的各项方针政策，保证中国式现代化的根基不动摇、不迷失方向。没有守正，创新就是无源之水、无本之木。而只守正不创新，无论是理论思想还是社会实践都会与时代脱轨。创新是在守正的基础上推进的理论创新、实践创新、制度创新、文化创新等各方面创新，是对一切新生事物在认识的广度与深度上不断拓展。以新的理论指导新的实践，是与时代接轨、把握和引领时代的必要途径。

4. 效率与公平的关系

中国式现代化的效率与公平是共存的关系。中国式现代化的目标是在维护社会公平的前提下创造出比资本主义更高的效率，即兼顾效率与公平。在经济上，要坚持和完善社会主义基本经济制度，促进公有制和非公有制经济发展，同步提高居民劳动报酬和劳动生产率。在法治上，要进一步提高人民民主制度化、规范化、程序化水平，加快建立以权利公平、机会公平、规则公平为主要内容的社会公平保障体系。在公共服务上，要加快提升基本公共服务均等化发展水平，健全多层次社会保障体系和基本公共服务体系，为实现共同富裕打下扎实的基础。

5. 活力与秩序的关系

中国式现代化的活力与秩序是对立统一的关系。中国式现代化的社会，应当既朝气蓬勃又井然有序，实现活跃有序的动态平衡。中国式现代化的活力体现在多方面：一是通过深化各方面体制机制改革，鼓励各方面人才创新、创造，二是积极发展党内民主，充分调动广大党员干部干事创业的积极性，三是借助社会舆论加强全社会思想建设，激发创造活力。中国式现代化的秩序体现在国家安全与社会安全两个方面：一是要贯彻总体国家安全观，坚定维护国家政权安全、制度安全、意识形态安全和重点领域安全，二是要完善社会治理与治安防控体系，正确处理新形势下人民内部矛盾，坚持依法治国的基本方略，引导人民群众合法维权，打击各类违法犯罪活动。

6. 自立自强与对外开放的关系

中国式现代化的自立自强与对外开放是互利共生的关系。党和国家从始至终坚持独立自主的原则，将国家和民族发展的主动权掌握在自己手上，带领中国从"落后就要挨打"走向世界强国。毛泽东同志指出："中国革命和中国的建设，都是依靠发挥中国人民自己的力量为主。"为实现自立自强，中国式现代化要求在多方面集中力量攻坚克难，一是维护好经济安全特别是粮食安全、能源安全、产业链供应链安全，确保在复杂严峻的全球形势下仍具有较高韧性，二是根据国家战略需求进行自主研发、科技攻关，率先抓住发展机遇。对外开放是我国一项基本国策，"十三五"规划纲要指出："开放是国家繁荣发展的必由之路。必须顺应我国经济深度融入世界经济的趋势，奉行互利共赢的开放战略。"坚持自立自强会为国家在全球竞争的格局中带来优势，对外开放也会对国内体制、经济等发展作出贡献。一是对外开放要求国内制度能够与国际规则接轨，督促加快健全国内制度建设。二是能够引进先进科学技术与思想，促进中国式现代化不断完善进步。三是加快构建以国内大循环为主体、国内国际双循环相互促进的新发展格局，维护多元稳定的国际经济格局和经贸关系，拓展中国式现代化的发展空间。

二、中国式现代化的历史演进

（一）资本主义"近代化"

中国式现代化是中国从传统走向现代的过程，中国从传统社会走向现代社会经历了漫长而艰难复杂的过渡期。虽然严格来讲中国现代化建设在改革开放后才有规划地展开，但是现代化萌芽阶段与奠基阶段也是中国式现代化历史的一部分。总体来讲，中国现代化进程包括资本主义"近代化"与社会主义"现代化"两个阶段。虽然中国式现代化并不包括资本主义近代化阶段，但是这一阶段也为社会主义现代化发展进行了一次现代化探索。

中国现代化的源头可追溯至19世纪60年代，以洋务运动为中国近代化的开端，直至1949年新中国成立才落下帷幕。鸦片战争让中国看清自身正处在"数千年未有之大变局"中，中国社会从内部与外部均发生重大变化，在这危急存亡之秋也进行了一系列革新探索。洋务运动中，洋务派以"中学为体，西学为用"作为指导思想，引进西方先进科学技术，兴办近代化企业，试图以资本主义方式实现工业化。

戊戌变法中，维新派发起了一场思想启蒙运动，是资本主义民主化的一次尝试。辛亥革命是一次反帝反封建的资产阶级民主革命，推动了思想解放。但是，诸多探索与实践并未改变旧中国半殖民地半封建的社会性质，同时受到封建势力、帝国主义国家的阻挠，几次尝试均未成功，在新中国成立以前中国仍未实现步入工业国家的目标。

（二）社会主义"现代化"

1. 奠基时期

资本主义"近代化"不成功的结果，使得新中国成立时国家仍处于一穷二白的境况。国土上长年的战火也使得国家难以发展，中国依然是落后的农业国家，工业化程度极低。1949 年新中国成立后，在中国共产党的领导下，我国开始了社会主义现代化建设。

1949—1978 年改革开放以前，中国的社会主义现代化处在奠基时期，这一阶段的主要内容是在制度框架上进行摸索。新中国成立初期，我国面临人口基数庞大、经济基础薄弱、科学技术水平落后、城市化程度低的基本国情，必须实行以公有制为基础的社会主义制度，解决人民日益增长的物质文化需要与落后的社会生产之间的矛盾。奠基时期确立的具有中国特色的社会主义制度展现了中国共产党卓越的洞察力与前瞻性，使中国彻底摆脱阶级压迫并改变封建主义社会旧貌，同时以中国国情为基础因地制宜地制定发展战略，在现代化道路上发挥了制度优势的重要作用。

在这一时期，中国也在实践上进行了一系列现代化建设道路上的初步探索。随着第一个五年计划顺利推进，党确立"逐步实现国家社会主义工业化"的总路线，并于第一届全国人民代表大会提出最初的"四个现代化"的要求。加之第二个五年计划期间进行的大规模工业化建设，大体构成了我国初步工业化的尝试。

2. 快速发展时期

以改革开放为标志，中国现代化进入快速发展时期，并取得了巨大成功。1978 年，党的十一届三中全会召开，标志着全党的工作重心从阶级斗争转移到了社会主义现代化建设上来。

1979 年 3 月 21 日，邓小平在会见英国代表团时首次提出"中国式的现代化"这一概念，并在 12 月 6 日会见日本首相大平正芳时指出"我们要实现的四个现代化,是中国式的四个现代化。我们的四个现代化的概念,不是像你们那样的现代化的概念,而是'小康之家'"。"中国式的现代化"以"四个现代化"为基础,在现代化的深度与广度上都有所发展。1986年邓小平提出"两手抓"的战略方针,强调"一手抓改革开放,一手抓打击犯罪;一手抓经济建设,一手抓民主法制;一手抓物质文明,一手抓精神文明",确保现代化建设全面发展、稳健开展。1987年邓小平以毛泽东和周恩来提出的"两步走"战略为基础,根据中国国情对其作出调整与发展,形成了"三步走"战略。党的十五大报告进而提出了"两个一百年"的奋斗目标,在党的十六大、党的十七大报告中对其进行了细化与调整。

党的十八大确立了"五位一体"的总体布局,并在党的十八届三中全会上提出要推进国家治理体系和治理能力现代化。党的十九大报告中指出,中国特色社会主义道路拓展了一条发展中国家独立、快速走向现代化的途径,为解决人类问题贡献了中国智慧和中国方案。同时,党的十九大报告明确提出,我国现代化建设目标为"建设富强民主文明和谐美丽的社会主义现代化强国"。2020年,在中国共产党的带领下,我国打赢脱贫攻坚战,实现全面建成小康社会,完成了第一个百年奋斗目标。在庆祝中国共产党成立100周年大会上,习近平总书记首次使用"中国式现代化"这一概念,并将其归类为"人类文明新形态"。在党的二十大报告中,习近平总书记对中国式现代化的中国特色、本质要求、重大原则等作出全面阐述。

三、中国式现代化的价值诉求

(一) 中国共产党根本价值立场——人民至上

中国共产党自成立以来坚持以全心全意为人民服务为根本宗旨,践行人民当家作主这一的社会主义民主本质。党的二十大报告指出,党和国家必须坚持人民至上。人民性是马克思主义的本质属性,党的理论围绕造福人民才能发挥实质性作用,为人民谋幸福的理论也要依靠人民的创造性实践提供理论创新的来源,在理论不断发展的同时成为指导人民认识世界、改造世界的强大武器。

中国式现代化理论也充分体现了人民至上的价值立场。全体人民共同富裕的现代化是中国式现代化的中国特色之一,要"坚持把实现人民对美好生活的向往作为现代化建设的出发点和落脚点"。"发展全过程人民民主,丰富人民精神世界,实现全体人民共同富裕"是中国式现代化本质要求的一部分,强调现代化的直接受益对象是人民。"坚持以人民为中心的发展思想"是中国式现代化的重大原则之一,主张促进现代化建设成果惠及人民。总体来讲，中国式现代化开创了规避资本逻辑带来的负面影响，支持人民自由全面发展的新现代化道路。

（二）社会主义核心价值观

党的十八大倡导积极培育和践行社会主义核心价值观，富强、民主、文明、和谐，自由、平等、公正、法治，爱国、敬业、诚信、友善是社会主义核心价值观的主要内容。其中，富强、民主、文明、和谐是国家层面的价值目标，自由、平等、公正、法治是社会层面的价值取向，爱国、敬业、诚信、友善是公民个人层面的价值准则。中共中央办公厅在《关于培育和践行社会主义核心价值观的意见》中指出，积极培育和践行社会主义核心价值观，有助于巩固马克思主义在意识形态上的指导地位，能够对促进人的全面发展和社会进步起到积极作用。

中国式现代化的目标是到21世纪中叶建成富强民主文明和谐美丽的社会主义现代化强国，这符合社会主义核心价值观国家层面的价值目标，与中国式现代化的本质要求一一对应，是个人与社会遵循正确价值观导向发展的合力形成的国家价值。而为实现社会价值，应当深入推进社会主义法治国家建设，全面依法治国、公正司法；完善分配制度，促进平等就业；健全社会保障，坚持男女平等的基本国策等。为实现个人价值，应对社会主义抱有文化自信，用社会主义核心价值观铸魂育人，把社会主义核心价值观融入日常生活，弘扬劳动精神、奋斗精神、奉献精神、创造精神、勤俭节约精神，培育新时代新风貌。

（三）全人类共同价值

中国式现代化恪守全人类共同价值，意味着中国不会在自身谋发展的过程中在任何方面打压其他国家，而是为其他国家创造发展条件与机会，促进全人类共同进步，是依靠自身力量以和平方式推进的现代化。

2015年9月，习近平总书记在第七十届联合国大会进行一般性辩论时，首次提出全人类共同价值，并将其阐述为"和平、发展、公平、正义、民主、自由"。随着全球化的日益加深，各国间事务休戚相关，携手构建合作共赢的国际关系对于各国均会产生有利影响。在中国式现代化理论上，我国坚定维护国际公平正义，倡导多边主义，将构建人类命运共同体纳入中国式现代化的本质要求之中。在实践上，我国积极参与全球治理，提出并开展"一带一路"建设，新冠疫情期间开展抗击新冠疫情的国际合作，从理论上和实践上都符合全人类共同价值的要求。

第二节　中国式现代化的中国特色

中国式现代化是基于中国国情的现代化，具有强烈的中国特色。中国式现代化扎根于中国优秀传统文化，立足于中国实际情况，服从于中国发展目标，是显著区别于西方现代化的另一条道路。习近平总书记在党的二十大报告中详细阐述了中国式现代化的六大中国特色、五个重大原则，本节分别对六大特色与五个原则进行解释，帮助读者把握中国式现代化的特征与内涵。

一、中国式现代化的中国特色

（一）中国式现代化是人口规模巨大的现代化

第七次人口普查数据显示，我国拥有 14 亿多人口。中国现代化需要带领全体人民迈进现代化社会，人口规模超过现有发达国家人口的总和，具有前所未有的艰巨性和复杂性，现代化的发展途径和推进方式必然不能照搬西方现代化的经验。中国式现代化始终坚持从国情出发想问题、作决策、办事情，在现代化发展中汲取博大精深的优秀传统文化，又借鉴先进文明成果，坚持稳中求进、循序渐进、持续推进。

具体而言，巨大的人口规模使得我国提供住房保障、劳动就业创业、医疗卫生、教育、养老服务等社会公共服务的压力也很大。在人口规模大、经济基础弱的情况下，我国仅用了几十年时间就完成了发达国家历经几百年才完成的工业化进程，成为世界制造大国，可以被称为世界奇迹。在新中国成立伊始，在教育、经济、科学、医疗等水平落后的时期，巨大的人口规模一度制约我国发展。在随后的几十年内，我国人口经历了从高出生、低死亡、高增长到低出生、低死亡、低增长的转变，人口素质也不断提高，此时我国终于完成人口大国到人力资源大国的转型，成功运用人口红利创造经济发展优势。在中国共产党的领导下，我国已成为世界第二大经济体、第一大工业国，目前正逐步扩展人口优势，挖掘市场潜力与需求，努力实现从人力资源大国到人力资源强国的转型。我国现代化的成功彰显了中国特色社会主义制度的优越性，反映出中国式现代化道路与我国国情的高度适配性。

对比西方现代化标志性的时间节点，第一次工业革命时英国人口不到 900 万，第二次工业革命时期美国人口不到 8000 万，与中国现代化的人口规模相差甚远。从比较意义上看，与西方现代化理论相比，中国式现代化理论更能与大多数人口密集的发展中国家的国情相适应，为其提供可借鉴的现代化途径。

（二）中国式现代化是全体人民共同富裕的现代化

共同富裕是中国特色社会主义的本质要求。党的十八大以来，党中央把逐步实现全体人民共同富裕摆在更高的位置上，通过创造性地提出并实施精准扶贫方略，我国在2020年年底实现832个贫困县全部摘帽，贫困人口生活水平显著提高，贫困地区落后面貌根本改变，全方位打赢了脱贫攻坚战。目前，我国不平衡不充分发展的问题仍然较为严重，城乡发展差距较大。

实现全体人民共同富裕的目标要循序渐进，不能一蹴而就。党对共同富裕提出如下阶段性目标：到"十四五"末，全面推进全体人民共同富裕，居民收入和实际消费水平差距逐步缩小。到2035年，全体人民共同富裕取得更为明显的实质性进展，基本公共服务实现均等化。到本世纪中叶，全体人民共同富裕基本实现，居民收入和实际消费水平差距缩小到合理区间。

习近平总书记指出，促进共同富裕应当把握好四大原则。一是创造公平、利于人发展和致富的社会环境，鼓励勤劳创新致富。二是巩固发展公有制经济、支持非公有制经济发展，坚持基本经济制度。三是完善分配制度，坚持以按劳分配为主体、多种分配方式并存，科学制定目标，尽力而为量力而行。四是各地依照地方实际情况逐步解决共同富裕面临的问题，坚持循序渐进。

为推进全体人民共同富裕，我国落实了一系列扶贫惠民政策。在地域上，东西部通力协作，希望通过先富帮助后富的结对帮扶方式实现共同富裕目标。在资源上，中央单位和军队投入并引进资金、物资，培训基层干部与技术人才，定点帮扶了592个国家扶贫开发工作重点县。在企业上，充分调动民营企业积极性，以产业、就业、公益、智力扶贫为主要帮扶形式开展精准扶贫工作。

当前，一些国家收入不平等问题严重，社会贫富两极分化，国家政治极化、社会动荡不安。中国式现代化带领全体人民走向富裕，既不是资本逻辑下少数人的富裕，也不是易滋生懒惰和丧失活力的平均主义。中国式现代化力求通过共同奋斗和科技创新推进全体人民共同富裕，走出一条通往社会长期稳定、人民团结向上的道路。中国消除绝对贫困也为人类减贫事业作出重要贡献，为国际社会带来希望。

（三）中国式现代化是物质文明和精神文明相协调的现代化

物质富足、精神富有是社会主义现代化的根本要求。物质文明与精神文明可以对应地理解为人的现代化与人的自由发展，两者在马克思主义看来紧密联系、互为条件，是相互统一的关系。

中国共产党始终强调物质文明与精神文明的协调发展。新中国成立后，毛泽东提出要将带领全国人民进行大规模经济建设和文化建设，"扫除旧中国所留下来的贫困和愚昧，逐步地改善人民的物质生活和提高人民的文化生活"。党的十一届三中全会后，邓小平指出，要在建设高度物质文明的同时建设高度的社会主义精神文明，两个文明"两手抓"。党的十五大报告中详细阐述了中国特色社会主义经济建设、政治建设、文化建设的基本目标和基本政策，提出要建设"立足中国现实、继承历史文化优秀传统、吸取外国文化有益成果的社会主义精神文明"。党的十八大以来，习近平总书记多次强调，应当以辩证的、全面的、平衡的观点正确处理物质文明与精神文明的关系，只有两者均衡发展、相互促进，才能顺利推进中国特色社会主义事业，实现中华民族伟大复兴的中国梦。

在资本主义现代化发展模式中，人在资本逻辑下以逐利为价值导向，人的人生目标和价值取向被资本束缚，丧失了自由发展的能力。这种文明形态下，精神文明仍旧单方面服从于物质文明，不能填补精神世界的空白。中国式现代化进程中，社会主义核心价值观深入人心，为人民树立了正确的价值取向与价值追求。为进一步实现物质文明与精神文明的协调发展，一是需要坚持马克思主义在意识形态领域的指导地位，加强理想信念教育、思想政治工作。二是大力发展物质文明，继续推动经济社会高质量发展，为精神文明建设打下雄厚基础并提供发展动力。三是增强战略思维、历史思维、辩证思维、创新思维、法治思维、底线思维能力，总结历史经验，推动两个文明共同建设。

（四）中国式现代化是人与自然和谐共生的现代化

人与自然是生命共同体，中国式现代化坚持可持续发展，坚定不移走生产发展、生活富裕、生态良好的文明发展道路，力求提供更多优质生态产品以满足人民日益增长的优美生态环境需要。

中国自古以来就提倡泛爱万物、尊重自然，有许多优秀的中华传统生态文化观念。《庄子》有言："天地者，万物之父母也。"中国古代哲学思想中即有"天人合一"的自然观，认为人与自然是一元统一的关系，世间万事万物也紧密联系。《周易》中也阐述了"与天地合其德，与日月合其明，与四时合其序"的观点，认为人的行为应当遵循自然规律，保持万物自然生长。《孟子》中"不违农时，谷不可胜食也；数罟不入洿池，鱼鳖不可胜食也；斧斤以时入山林，材木不可胜用也"之句，更是直白地以按时播种收获、不以密网捕鱼、按季节入林伐木的例子，展现了古人取之有度、用之有节的生态智慧，是中国式现代化在建设过程中需要传承和发扬的生态文明真谛。

为在现代化进程中在经济发展的同时处理好人类开发利用自然的需求与保护环

境之间的平衡，要建章立制，明确划定制度、法治红线。2018年宪法修正案将新发展理念、生态文明和建设美丽中国的要求载入宪法，目前我国已有30余部生态环境保护法律，为推进生态环境治理体系和治理能力现代化提供了坚实的制度保障和法律保障。

党的十九大报告中指出，要坚持节约资源和保护环境的基本国策，形成绿色发展方式和生活方式，坚定走生产发展、生活富裕、生态良好的文明发展道路。在思想上，我国经历了从利用自然、征服自然、改造自然到坚持人与自然和谐共生的理念转变。在实践中，党的十八大以来各地积极践行"绿水青山就是金山银山"的理念，继续巩固拆坝还海、退田还湖、退耕还林的成果落实，开展生态环境修复工作，动员企业与人民节能减排，制定碳中和、碳达峰等战略目标，取得了显著的成果。从西方现代化的发展情况来看，人与自然协调发展是晚近现代才具备的现代化共性，而中国式现代化具有自身独异性，突破了西方发展模式，在保护环境的前提下实现经济增长、社会发展。

（五）中国式现代化是走和平发展道路的现代化

中国式现代化是和平发展的现代化，不是暴力攫取他国利益的现代化。中国坚持独立自主的和平外交政策，坚定站在历史正确的一边、站在人类文明进步的一边，高举和平、发展、合作、共赢旗帜，在坚定维护世界和平与发展中谋求自身发展，又以自身发展更好维护世界和平与发展。

1953年，周恩来同志在与印度政府代表团谈话时首次提出和平共处五项原则，经修改完善为"互相尊重主权和领土完整、互不侵犯、互不干涉内政、平等互利、和平共处"五项基本原则。1955年万隆会议上，中国代表提出求同存异、协商一致的准则，为促进各国在世界和平与合作等事项上达成共识作出重要贡献。万隆会议在中国和平共处五项原则的基础上提出了处理国家间关系的十项原则，意味着中国在国际关系上也贡献了中国智慧。

西方现代化道路仅通往资本主义世界体系，该体系仅接受少数国家与民族的现代化，对体系之外的国家通过战争、殖民、掠夺等方式，达到争夺资源、消耗过剩产能的目的。为进一步维持这些国家的现代化发展，世界性的两极分化、不平等是不可避免的，几乎所有西方现代化国家都走上了对外侵略扩张的道路。为将霸权主义、单边主义在国际关系中合理化，这些国家用霸权稳定论、自由世界秩序观等理论，为其干涉他国内政、公然挑战集体性和平提供所谓的理论支撑，否认、打压国家探索独立的现代化道路，严重阻碍了人类社会发展。

中国式现代化的本质是社会主义现代化，在发展的过程中没有通过殖民扩张使其他发展中国家为本国发展而服务,而是以内生发展作为原动力,努力与国际各国实现合作共赢。中国式现代化道路真正引导中国人民走出资本主义体系,为推动国际关系解放作出巨大贡献。

党的十八大以来,以习近平同志为核心的党中央清晰定位我国所处历史方位和国际地位,正确把握国际局势,走出了一条中国特色大国外交新路。中国以"维护世界和平,促进共同发展,推动构建人类命运共同体"为宗旨和目标,深化同周边国家的和睦友好关系,推动建设持久和平、共同繁荣的开放世界。中国愿意在和平共处五项原则的基础上同所有国家建立和发展友好合作关系,党的十八大以来,已有10个国家与中国建交或复交,目前中国拥有183个建交国。同时,中国积极参与区域合作,维护多边贸易体制,共绘协同发展蓝图。自新中国成立以来,中国加入了二十国集团(G20)、东盟与中日韩(10+3)、中亚区域经济合作、大湄公河次区域经济合作等全球和区域合作机制,提出"一带一路"倡议携手沿线国家共同发展,倡议成立亚洲基础设施投资银行等,促进国家间互联互通,开辟世界各国合作共赢、共同发展的新途径。

二、中国式现代化的重大原则

为全面建设社会主义现代化强国,以中国式现代化全面推进中华民族伟大复兴,需要深入理解和牢牢把握中国式现代化的五个重大原则:坚持和加强党的全面领导,坚持中国特色社会主义道路,坚持以人民为中心的发展思想,坚持深化改革开放,坚持发扬斗争精神。

(一)坚持和加强党的全面领导

党的二十大报告,将坚持和加强党的全面领导作为首要原则,表明了党的领导在推进中国式现代化过程中起到了重要作用。要坚决维护党中央权威和集中统一领导,坚决维护习近平总书记党中央的核心、全党的核心地位。在《习近平谈治国理政》中,详细阐述了坚持和加强党的全面领导的必要性,既要强调党在政治领导方面的最高地位,又要强化党的领导的全面性。

1. 坚持党的最高政治领导力量

在近代中国的历史上,中国共产党是唯一带领中国实现民族独立、人民解放的政党。在中国共产党的领导下,中国在短时间内实现了国家富强、人民幸福的辉煌成就，向着社会主义现代化强国的目标奋进。没有中国共产党的领导，就没有今天中国的和谐社会和国际地位。

《习近平谈治国理政》第三卷指出："党中央权威和集中统一领导，最关键的是政治领导。"党善于运用辩证法解决社会主义现代化发展道路上遇到的难题，在历次事关重大的历史性抉择中作出最有利于国家和民族发展的选择，展现出了强大的执政能力和很高的全面领导水平。党正确把握中国特色社会主义道路的发展方向，坚持党的领导能够保障党和国家各项工作有序开展，确保我国的社会运行稳定、经济高速发展、人民安居乐业。

2. 坚持党的领导的全面性

习近平总书记多次强调党的领导必须具有全面性，指出"党政军民学，东西南北中，党是领导一切的"，"党的领导必须是全面的、系统的、整体的，必须体现到经济建设、政治建设、文化建设、社会建设、生态文明建设和国防军队、祖国统一、外交工作、党的建设等各方面"。《中国共产党章程》中明确记载："中国共产党的领导是中国特色社会主义最本质的特征，是中国特色社会主义制度的最大优势。"坚持党的全面领导，有助于党总领全局，统筹协调各方，推进全方位发展和改革。

加强党对一切工作的领导不只停留在理论层面，而是作为实践指导在各方面落实。多年来，党的领导制度不断完善并上升为我国根本领导制度，党的领导方式更为科学，党的领导覆盖面更为广泛和深入。在新时代新征程和百年未有之大变局的节点上，只有坚持党对各方面工作的全面领导，统筹推进"五位一体"总体布局、"四个全面"新时代战略布局，才能上下形成合力，完成实现社会主义现代化和中华民族伟大复兴的总任务。

（二）坚持中国特色社会主义道路

党的十九大报告指出："中国特色社会主义道路是实现社会主义现代化、创造人民美好生活的必由之路，中国特色社会主义理论体系是指导党和人民实现中华民族伟大复兴的正确理论，中国特色社会主义制度是当代中国发展进步的根本制度保障，中国特色社会主义文化是激励全党全国各族人民奋勇前进的强大精神力量。"中国特色社会主义道路，就是在中国共产党领导下，立足基本国情，以经济建设为中心，坚持四项基本原则，坚持改革开放，解放和发展社会生产力，建设社会主义市场经济、社会主义民主政治、社会主义先进文化、社会主义和谐社会、社会主义生态文明，促进人的全面发展，逐步实现全体人民共同富裕，建设富强民主文明和谐的社会主义现代化国家。

中国特色社会主义为中国的发展指引了正确的方向。中国特色社会主义理论体系为中国特色社会主义道路提供了理论支撑，它包括邓小平理论、"三个代表"重要思想、科学发展观在内的科学理论体系，是对马克思列宁主义、毛泽东思想的继承和发展。经过长期实践探索、总结已有理论体系和正确把握新时代国内外局势，习近平新时代中国特色社会主义思想作为马克思主义中国化最新成果应运而生，标志着党对共产党执政规律、社会主义建设规律、人类社会发展规律有了新的认识。全党必须坚持全面贯彻习近平新时代中国特色社会主义思想，科学运用理论指导中国式现代化的创新发展，为建设人类文明新形态作出进一步努力。

中国特色社会主义理论体系是中国特色社会主义实践的成果，理论的创新突破也意味着实践上的巨大成功。中国特色社会主义道路，是党和人民付出巨大代价闯出来的道路，从革命解放到开国建设，从改革开放到民富国强，党和国家的建设者们筚路蓝缕，开辟出中国特色社会主义道路这条"自己的路"。今天，实现全面小康社会已成为来时路上的里程碑，基本实现社会主义现代化的新站台就在前方。全党和各族人民要认识到中国特色社会主义道路的正确性、优越性，增强道路自信、理论自信、制度自信、文化自信，创造新时期的历史伟业。

（三）坚持以人民为中心的发展思想

始终同人民在一起，为人民利益而奋斗，是马克思主义政党同其他政党的根本区别。以人民为中心是中国特色社会主义的根本立场。中国式现代化是实现人的全面自由发展的现代化，以人民为中心是中国式现代化的根本价值立场，围绕人民进行中国特色社会主义各方面建设才能实现现代化目标。

在制度与实践上，我国坚持人民民主专政，坚持发展全过程人民民主。全过程人民民主是我国社会主义民主特征的高度概括，人民当家作主是我国社会主义民主的本质。中国共产党自成立以来，就高度重视人民的声音。从革命时期到1954年确立人民代表大会制度，党一直注重并持续拓展公民选举权利，通过各级人大自下而上公平投票、选举民主和协商民主并存等举措，落实人民当家作主的权利。在出台政策、制定法律法规时，我国均广泛征求并听取人民群众的意见，坚持民主决策与科学决策，从制度上既保障人民合法权利，又保证政府工作有序开展。

在管理与监督上，我国采取村庄自治、居民委员会、职工代表大会等方式，让人民群众广泛参与基层治理，开通纪委举报、信访投诉、网络评论、民主评议、电视问政等群众反馈渠道，加强民主监督，实现反腐倡廉、扫黑除恶，保证人民的权益不受损失。在政府信息公开上，各层级各部门主动加大信息披露力度，提高政府工作透明度，最大程度发挥民主监督的效用。

人民是推动中国式现代化的主体力量，是全面建设社会主义现代化国家的决定性力量。为加快建设教育强国、科技强国、人才强国，提高国民综合素质，必须在中国式现代化进程中坚持人民的主体地位，坚持以增进人民福祉为目标驱动高质量发展，实现全体人民的物质与精神富裕，满足人民对美好生活的向往。"中国式现代化是强国建设、民族复兴的康庄大道。"坚持以人民为中心的发展思想，中国式现代化道路才会永远通往正确的方向。

（四）坚持深化改革开放

习近平总书记指出："改革开放是决定当代中国命运的关键一招，也是决定实现'两个一百年'奋斗目标、实现中华民族伟大复兴的关键一招。"改革开放是党的一次伟大觉醒，是中国人民和中华民族发展史上一次伟大革命。改革开放对于我国解放和发展社会生产力起到了至关重要的作用，是我国的强国之路。

党的十一届三中全会以后，以邓小平为代表的中国共产党人作出把党和国家工作中心转移到经济建设上来、实行改革开放的历史性决策，并为之制定详细的配套战略计划。党十三大报告在先前"两步走"发展战略的基础上提出"三步走"的战略部署：第一步，实现国民生产总值比1980年翻一番，解决人民的温饱问题。第二步，到本世纪末，使国民生产总值再增长一倍，人民生活达到小康水平。第三步，到下个世纪中叶，人均国民生产总值达到中等发达国家水平，人民生活比较富裕，基本实现现代化。随后的40余年里，党持续推进改革开放，实现了计划经济到社会主义市场经济的变革，创造了从生产力相对落后到经济总量位居世界第二、社会长期稳定的奇迹，在全国范围内消除了绝对贫困，决胜全面建成小康社会取得决定性成就。一路走来，改革开放为我国全方位发展进步都作出了重要贡献，已经引领中华民族实现了从站起来到富起来的伟大飞跃，也必将成为带领我们从富起来到强起来的必由之路。

党的十八届三中全会开启全面深化改革的新时期。这一阶段，党必须团结带领全国各族人民将局部改革拓展为系统集成、全面深化改革，同时推进重要领域关键环节深化改革和开放水平的全面提高，不断完善国家治理体系和系统完备、科学规范、运行有效的制度体系，以中国特色社会主义制度优势为全面深化改革保驾护航，以全面深化改革为经济社会发展增加活力。这一阶段，我国将坚持对外开放的基本国策，在更大范围、更宽领域、更深层次上提高开放型经济水平。要做好促进国内国际双循环运转，推动共建"一带一路"高质量发展，对接高标准国际市场规则体系并完善开放相关法治与制度保障，加快自由贸易港和自由贸易试验区建设等，逐步扩大对外开放的广度与深度，为我国深度参与全球经济治理体系建设、产业分工合作打好基础。

坚持深化改革开放是中国式现代化的重要原则。我国改革开放已经走过波澜壮阔的历程，在新时代改革进入攻坚区和深水区的关键时点上，党和国家也必将带领全体人民攻坚克难，再创辉煌。

（五）坚持发扬斗争精神

坚持发扬斗争精神是对党发展过程和历史经验的深刻总结，也是党未来改革实践与创新发展的必须要求。一代代中国共产党人为实现中华民族伟大复兴不断奋进、砥砺前行，既以身作则践行坚持发扬斗争精神，也让自身成为坚持发扬斗争精神的延续。2019年习近平总书记就指出："当前和今后一个时期，我国发展进入各种风险挑战不断积累甚至集中显露的时期。"为应对风险挑战、抓住发展机遇，必须坚持发扬斗争精神，依靠顽强斗争的精神啃硬骨头、打持久战。

党的百年奋斗史就是一部伟大斗争史。从建党到解放全中国，先驱者们浴血奋战，用生命拼搏出中国的美好未来。从改革开放到中国式现代化建设，党带领人民进行了具有许多新的历史特点的斗争。近10年来，我们与政治意识淡化、党的领导弱化、党建工作虚化、责任落实软化进行斗争，解决机关党建"灯下黑"问题，确保党的集中统一领导；我们坚定不移推动反腐败斗争，直面党在执政过程中的最大威胁，进行彻底的自我革命，推进全面从严治党；我们对国家治理进行深刻的现代化革命，坚持全面依法治国，保障党执政兴国、人民幸福安康、党和国家长治久安；我们全面、系统地进行制度改革，完善和发展中国特色社会主义制度、推进国家治理体系和治理能力现代化，持续深化改革开放；我们注重精神文明建设，与错误思潮作斗争，提高人民思想觉悟和道德水平；我们勇于同黑恶势力及其保护伞作斗争，扫黑除恶行动成效更进一步，提高人民安全感，为社会安定保驾护航；我们强调生态文明建设，在资源约束趋紧、环境污染严重、生态系统退化的严峻形势下，仍坚持进行资源节约型、环境友好型社会建设，将生态文明建设融入经济建设、政治建设、文化建设与社会建设之中，为建设美丽中国、实现可持续发展不懈努力。

新时代的伟大成就是党和全体人民齐心协力艰苦奋斗的结果。面对中国式现代化带来的新风险新挑战，唯有坚持发扬斗争精神迎难而上、勇于探索，才能开创未来、抓住机遇，在新时代新征程上取得更辉煌的成就。

第三节　中国式现代化的本质要求

党的二十大报告中明确说明了中国式现代化的本质要求，并对未来中国发展目标作出长远规划。中国式现代化的本质要求与实现中国梦的宏伟蓝图是统一的，这决定了中国式现代化目标导向特性。本节通过解释中国式现代化本质要求的内容以及说明中国式现代化本质要求与中国特色的内在联系，加深对中国式现代化的理解。

一、中国式现代化的本质要求

中国式现代化的本质要求是：坚持中国共产党领导，坚持中国特色社会主义，实现高质量发展，发展全过程人民民主，丰富人民精神世界，实现全体人民共同富裕，促进人与自然和谐共生，推动构建人类命运共同体，创造人类文明新形态。

（一）中国式现代化的领导力量是中国共产党

坚持中国共产党领导是中国式现代化的首要要求。党的二十大报告中强调："中国式现代化，是中国共产党领导的社会主义现代化。"坚持中国共产党的领导和中国特色社会主义道路，是从我国历史经验和发展规律的角度为中国式现代化作出的统筹规划。

习近平总书记指出："党的领导决定中国式现代化的根本性质，只有毫不动摇坚持党的领导，中国式现代化才能前景光明、繁荣兴盛；否则就会偏离航向、丧失灵魂，甚至犯颠覆性错误。"中国共产党作为我国执政党，对于我国现代化的性质、特点、优势都有深远的影响。党以马克思主义及其中国化创新为理论武装，其指导思想具有与时俱进、求真务实的先进特征，为中国式现代化提供科学的理论指引。必须坚持马克思列宁主义、毛泽东思想、邓小平理论、"三个代表"重要思想、科学发展观，全面贯彻习近平新时代中国特色社会主义思想，坚持把马克思主义基本原理同中国具体实际相结合、同中华优秀传统文化相结合，在党的指导思想引领下用深邃的历史眼光、宽广的国际视野把握事物发展的本质和内在联系，从而运用马克思主义观察时代、把握时代、引领时代，确保中国式现代化始终朝着正确的方向发展。

中国共产党以全心全意为人民服务为根本宗旨，党能够带领全国人民实现革命胜利和民族解放，离不开群众的支持和努力；党能够得到人民的拥护和支持，靠的就是不变"为人民服务"的初心和坚守始终代表人民的意愿。在党史上涌现出许多优秀党员，用行动贯彻执行为人民服务的宗旨，是党员的楷模、群众可靠的主心骨。雷锋一生乐于助人、无私奉献，是践行全心全意为人民服务的标杆和典范。周恩来指出,应学习雷锋同志"憎爱分明的阶级立场,言行一致的革命精神,公而忘私的共产主义风格,奋不顾身的无产阶级斗志"。焦裕禄一生艰苦朴素,即使长期疾病缠身也心系群众,深受百姓爱戴,在兰考亲力亲为率领群众整治三害并取得明显成效,在生命的最后时刻依然挂念灾区建设。这些优秀党员的精神是党的发展之路上永远的明灯,照亮一代又一代共产党人不忘初心、牢记使命,始终与人民站在一起、为人民服务。

中国共产党为中国实现现代化创造了必要的制度、社会、物质条件,也领导、开创和发展了中国式现代化事业。党站在战略制高点上把握中国式现代化的发展方向,统筹各项资源探索符合中国国情的现代化方案,为推进中国式现代化提供强大动力。坚持中国共产党的领导、坚持中国特色社会主义,中国式现代化才能走出新的时代特色。

(二)中国式现代化的本质要求与中国特色的内在联系

中国式现代化是人口规模巨大的现代化。为保证14亿多人口整体迈进现代化社会,必须坚持中国共产党的领导,发挥党的核心领导作用,带领全国人民心往一处想、劲往一处使,戮力同心解决在现代化进程中遇到的问题。必须坚持中国特色社会主义,遵循中国式现代化的社会主义现代化本质,充分发挥制度优势集中力量办大事。发展全过程人民民主,保证民主选举、民主协商、民主决策、民主管理、民主监督各个环节运行有效,保障人民在政治、经济、文化、社会、生态等各方面权利,满足现代化发展过程中人民的需要。

中国式现代化是全体人民共同富裕的现代化。共同富裕不是通过劫富济贫的方式实现,而是通过先富带动后富补齐短板的方式实现。共同富裕不是通过照搬北欧高税收、高福利模式来提供过高社会保障水平的方式实现,而是扎根于中国人口基数大、国土面积较大的实际情况,实行减税降费政策降低人民纳税负担。

中国式现代化是物质文明和精神文明相协调的现代化。为实现全体人民的物质富有,必须实现高质量发展,巩固脱贫攻坚成果,为中国式现代化全面推进打好物质和经济层面的基础。在全面建成小康社会的基础上实现共同富裕。为满足人民的精神富足,要加强文化建设,树立文化自信,不断提高人民群众的获得感、幸福感、安全感,丰富人民精神世界。

中国式现代化是人与自然和谐共生的现代化。党的二十大报告中指出,尊重自然、顺应自然、保护自然是全面建设社会主义现代化国家的内在要求。中国式现代化不是为了发展而牺牲环境生态的现代化,而是人与自然和谐共生的现代化。要认识到我国人口多但自然资源相对并不富裕的特点,努力构建环境友好型社会,提倡绿色出行、节能减排，将生态文明理念贯彻落实到实践上，坚定不移走可持续发展道路。

中国式现代化是走和平发展道路的现代化。中国式现代化与人类发展并不是冲突矛盾的关系，而是对全人类发展起到促进作用。中国深刻认识到恐怖主义、金融危机、环境威胁已成为全球性挑战，任何国家都不可能置身事外，必须通力协作、患难与共；也关注到经济全球化将各国紧密联系在一起，带来了巨大发展机遇。因此，中国式现代化推动构建人类命运共同体，既符合中国走和平发展道路的中国特色，又符合世界发展规律和世界多极化发展，是不同于资本主义现代化唯霸权主义、单边主义独尊的人类文明新形态，拓展发展中国家走向现代化的新途径。

综上所述，中国式现代化的本质要求与中国特色紧密相关，是立足于中国国情的现代化途径。应当牢牢把握中国式现代化的本质要求，确保中国现代化发展的方向始终正确。

二、中国式现代化的目标导向

中国式现代化的目标是全面建成社会主义现代化强国和实现中华民族伟大复兴。党的十九大对全面建成社会主义现代化强国作出了战略部署，总的战略安排是分两步走：从2020年到2035年基本实现社会主义现代化；从2035年到本世纪中叶把我国建成富强民主文明和谐美丽的社会主义现代化强国。

党的二十大提出了我国到2035年的总体发展目标，即：经济实力、科技实力、综合国力大幅跃升，人均国内生产总值迈上新的大台阶，达到中等发达国家水平；实现高水平科技自立自强，进入创新型国家前列；建成现代化经济体系，形成新发展格局，基本实现新型工业化、信息化、城镇化、农业现代化；基本实现国家治理体系和治理能力现代化，全过程人民民主制度更加健全，基本建成法治国家、法治政府、法治社会；建成教育强国、科技强国、人才强国、文化强国、体育强国、健康中国，国家文化软实力显著增强；人民生活更加幸福美好，居民人均可支配收入再上新台阶，中等收入群体比重明显提高，基本公共服务实现均等化，农村基本具备现代生活条件，社会保持长期稳定，人的全面发展、全体人民共同富裕取得更为明显的实质性进展；广泛形成绿色生产生活方式，碳排放达峰后稳中有降，生态环境根本好转，美丽中国目标基本实现；国家安全体系和能力全面加强，基本实现国防和军队现代化。不难看出，中国式现代化的中国特色意味着它以解决中国问题为目标，中国式现代化的本质要求与中国发展的总体目标相对应，中国式现代化的重大原则紧紧依靠建设社会主义现代化强国的战略目标。

党的二十大也重点部署了未来五年的目标任务，保障全面建设社会主义现代化国家有一个良好的开端。在起步时期，我国主要目标任务是：经济高质量发展取得新突破，科技自立自强能力显著提升，构建新发展格局和建设现代化经济体系取得重大进展；改革开放迈出新步伐，国家治理体系和治理能力现代化深入推进，社会主义市场经济体制更加完善，更高水平开放型经济新体制基本形成；全过程人民民主制度化、规范化、程序化水平进一步提高，中国特色社会主义法治体系更加完善；人民精神文化生活更加丰富，中华民族凝聚力和中华文化影响力不断增强；居民收入增长和经济增长基本同步，劳动报酬提高与劳动生产率提高基本同步，基本公共服务均等化水平明显提升，多层次社会保障体系更加健全；城乡人居环境明显改善，美丽中国建设成效显著；国家安全更为巩固，建军一百年奋斗目标如期实现，平安中国建设扎实推进；中国国际地位和影响进一步提高，在全球治理中发挥更大作用。

中国式现代化是认清国际形势现状和立足于中国国情的现代化，是目标任务和完成期限明确、高瞻远瞩又脚踏实地的现代化，是目标导向的现代化。新时代新征程，在中国式现代化发展的关键阶段，我们要更加紧密地团结在以习近平同志为核心的党中央周围，增强"四个意识"、坚定"四个自信"、做到"两个维护"，不断推进中国式现代化进程，完善人类文明新形态建设，再次为世界贡献中国智慧和中国力量。

本章主要参考文献

［1］柏晓斐，陈金龙．中国式现代化的价值观［N］．光明日报，2023－04－10．

［2］曹普．坚持全心全意为人民服务的根本宗旨［N］．人民日报，2022－08－10．

［3］柴尚金．中国式现代化为人类作出新的更大贡献［N］．光明日报，2022－11－24．

［4］邓小平．邓小平文选［M］．北京：人民出版社，1993．

［5］冯鹏志．深刻理解坚持和加强党的全面领导［J］．红旗文稿，2021（05）：22－25．

［6］郭春丽．坚持深化改革开放［J］．红旗文稿，2022（23）：41－44．

［7］韩庆祥．中国式现代化的理论体系和话语体系——兼论中国式现代化是如何成功创造和建构起来的［J］．哲学研究，2023（08）：15－26，127．

［8］郝永平．坚持发扬斗争精神［J］．红旗文稿，2022（23）：44－46．

［9］贾丽民，赵天淼．实现物质文明和精神文明相协调的"高度的文明"［N］．光明日报，2022－01－14．

[10] 李建国. 坚持以人民为中心的发展思想 [N]. 中国社会科学报, 2023-09-22.

[11] 马建堂. 中国发展战略的回顾与展望 [J]. 管理世界, 2018, 34 (10): 2-10, 231.

[12] 欧阳雪梅. 推动"两个文明"协调发展 [N]. 人民日报, 2021-04-16 (009).

[13] 曲青山. 深刻理解中国式现代化的科学内涵 [J]. 延安市人民政府政报, 2023 (07): 43-46.

[14] 武晓立. 我国传统文化中的生态智慧 [J]. 人民论坛, 2018 (25): 140-141.

[15] 习近平. 高举中国特色社会主义伟大旗帜为全面建设社会主义现代化国家而团结奋斗——在中国共产党第二十次全国代表大会上的报告 [J]. 创造, 2022, 30 (11): 6-29.

[16] 习近平. 扎实推动共同富裕 [J]. 中国民政, 2021 (20): 4-6.

[17] 项久雨. 世界变局中的文明形态变革及其未来图景 [J]. 中国社会科学, 2023 (04): 26-47, 204-205.

[18] 新华通讯社. "十个明确"彰显马克思主义中国化新飞跃述评之一 [M]. 北京: 人民出版社、新华出版社, 2022.

[19] 邢丽, 陈龙. 积极财政政策: 中国实践的新逻辑 [J]. 中国社会科学, 2023 (02).

[20] 徐永利, 刘伟光. 全过程人民民主, 是我国社会主义民主特征的高度概括——"人民当家作主"具体怎样实现? [N]. 北京日报, 2022-01-10.

[21] 王金阳, 刘珂, 刘光明. 坚定不移走中国特色社会主义道路——理解把握"五个必由之路"系列谈② [N]. 解放军报, 2022-05-09.

[22] 王婧. 中国积极推动区域经济合作新发展 [EB/OL]. 人民网, 2019.

[23] 颜晓峰. 深入理解和把握中国式现代化的本质要求 [J]. 学习月刊, 2022, (12): 4-6.

[24] 郁建兴, 任杰. 共同富裕及其实践议程 [EB/OL]. 光明网, 2021-08-19.

[25] 昝涛. 现代化研究的宏观历史学洞见——浅论罗荣渠先生的现代化研究 [J]. 国家现代化建设研究, 2023, 2 (03): 134-144.

[26] 翟媛, 高广景. 中国式现代化的百年探索、多重超越和重要价值 [J]. 社会科学论坛, 2023 (06): 58-68.

[27] 张车伟. 论人口规模巨大的现代化 [N]. 经济日报, 2022-04-19.

[28] 张来明. 形成中国特色社会主义理论体系 [N]. 光明日报, 2021-11-24.

[29] 张士海: 推进中国式现代化必须坚持中国共产党的领导 [EB/OL]. 光明网, 2023-06-30.

[30] 张树华. 发展全过程人民民主 [J]. 红旗文稿, 2021 (17): 16-19.

[31] 中共中央关于党的百年奋斗重大成就和历史经验的决议 [N]. 人民日报, 2021-11-17 (001).

[32] 中国社科院直属机关党委课题组. 机关党建"灯下黑"问题具体表现及治理研究 [J]. 机关党建研究, 2021 (09): 49-52.

[33] 钟纪言. 反腐败是最彻底的自我革命 [EB/OL]. 中央纪委国家监委网站, 2023.

第二章
中国式现代化视角下的中国式财政现代化

  财政是伴随着国家的产生和发展而发展起来的,"财"是政府收支,"政"是治理,因此财政就是政府的收支及治理活动。党的十八届三中全会通过的《中共中央关于全面深化改革若干重大问题的决定》提出:"财政是国家治理的基础和重要支柱。"这将财政提到了国家治理的新高度。从中国式现代化的视角下研究财政问题,不断健全与中国式现代化相适应的现代财政制度,是以中国式现代化全面推进中华民族伟大复兴的应有之义。本章将从其他发达国家的现代化进程中财政的作用、中国式财政现代化的中国特色及其溢出影响与文明价值三个角度对中国式财政现代化展开详细论述。

第一节 世界主要发达经济体实现现代化过程中的财政作用

现代化是一个世界范畴，也是一个历史概念，它是各国追赶、达到和保持世界发展前沿水平的行为和过程，它包括两个阶段，第一阶段是从农业社会向工业社会的转变，主要特征是工业化，由英国引领；第二阶段是从工业社会向知识社会的转变，主要特征是信息化，由美国引领。而现代化又是一个包含经济、政治、文化、社会、生态等各方面现代化的综合概念，这其中财政的现代化在发达国家现代化变革史中扮演着重要角色，换言之，财政现代化是实现国家现代化进而走向强盛的关键一环。

财政现代化是以现代财政制度为核心的一系列制度和政策安排的统称。一般来说财政现代化具有以下五个主要特征：第一，法治性，即有完备的财政法律制度体系，一切财政活动都在法治化框架下进行；第二，高效性，即具备健全的预算管理体系，公共资金使用效益高，政府部门间分工合理；第三，民主性，即财政活动要接受人民监督，政府收支公开透明；第四，可持续性，即财政收支要保持相对平衡，政府拥有必要的财政汲取能力，赤字率和政府债务规模应保持在合理水平；第五，规范性，即中央和地方的财政关系要规范、政府和市场间的关系要规范。

18世纪工业革命以来，以英国为代表的西方国家率先打开了通往现代化的大门，其走过的道路对后起的发展中国家推进现代化有重大的参考价值，研究财政在英美等发达国家实现现代化过程中发挥了什么样的作用，有助于我们更深刻地认识财政现代化和国家现代化之间的关系，为使财政现代化更好地服务于中国式现代化提供经验和教训。

一、英国的财政现代化

（一）税制的现代化

税收是公共性最强的收入形式，这种强公共性主要体现在两个方面：第一，税收的目的是满足公共需要和实现共同利益；第二，税款征收要得到社会公众的同意。这里要注意的是，得到社会公众的同意和税收的强制性并不矛盾，前者强调的是税收这种基于对社会公众私有财产的普遍性征收行为必须由代表民意的立法机构来行使，税款必须在法律的规定下用于体现公众意愿的事业，且这个过程要接受民众的监督，而税收的强制性指的是在法律层面规定的个人必须履行依法纳税的义务。

1. 领地国家

英国的财政现代化道路就是从税制的现代化开始的。封建时期英国属于王室财政，当时英国经济制度的主要特点是土地完全私有化和高度分散化，土地被划分为一块块领地，国王是最高领主。因此，封建时代的英国也被称为"领地国家"。在"领地国家"制度下，国王的财政收入主要来自领地收入和下级领主的贡纳，其水平仅仅能够维持王室日常开销。随着政府职能的扩大和频繁的战争开支，英国政府面临日益严峻的财政危机，满足财政支出的现实需要推动了英国的税制改革。

2. 间接税体系

为了增加财政收入、满足战争开支，英国在原来关税的基础上开始引进消费税，并且逐渐扩大其征税范围。随着18世纪工业革命带来生产力的蓬勃发展，以关税和消费税为主的间接税成为英国财政最主要的收入来源。但是，随着商品经济的发展，以间接税为主的税制体系也逐渐暴露问题：一是间接税具有累退性，给低收入群体带来了沉重的税收负担，激化了英国当时的社会矛盾；二是间接税无法适应英国对外贸易扩张的需要；三是间接税征税成本高昂，其造成的贫富差距问题也会反过来继续增加征税成本。

3. 直接税改革

基于间接税体系存在的种种问题及增发国债的收入无法继续维持战争开支，英国开始实行直接税改革。首先是在所得税开征的同时逐步降低间接税比重；其次是改革个人所得税，将个人所得划分为劳动所得和非劳动所得，实行累进征收原则，个人收入越高，税率越高，纳税越多；最后是遗产税改革，征收"叮嘱税"并扩大了遗产税的征税范围。直接税改革消除了传统间接税体系的诸多弊端，发挥了税收的调节功能，有效缓解了英国当时的贫富差距和尖锐的国内矛盾。

4. 公债制度的设立

为了满足膨胀的战争开支，英国除了进行税制改革之外，还创造性地设计了公债制度。

由于税收从开征到收到收入之间需要一定的时间，而战争开支带来的财政需求往往是紧迫的，因此，为了满足及时性的收入需求，英国政府开始靠借债来筹集财政收入。1693年，英国政府与国会首次确立了采用政府长期借贷的原则，并于次年4月创立英格兰银行，标志着英国正式迈向建立规范化公债制度的道路。为了提高政府信用，确保国债能够被顺利认购，英国政府还制定了略高于市场利率的法定利率，并且建立偿债基金保证政府可以按时偿还债务。国债制度的建立为英国在17—18世纪的战争开支提供了重要的支撑，为英国创造了一个相对安全的财政收支环境，极大地推动了后来英国的经济发展。

英国是最早通过工业革命实现工业化的国家，但现代化的意义远远不局限于工业化。从财政的角度来看，只有税收国家才能称得上真正意义上的现代国家，回望英国税制现代化的历程，我们不难发现，当旧税制不再适应经济社会发展的时候，新税制就会出现，并反过来继续推动经济的发展。我们认为，英国的税制现代化对其国家现代化的发展主要起到了以下的推动作用：

第一，它拓宽了政府财政收入的来源，确保财政收入对发展商品经济、对外贸易、战争和殖民扩张等的支撑，用政府财力保障了国家现代化的发展需要。

第二，它改变了政府财政收入的结构，从传统的依赖土地这种国有财产获得财政收入到依赖税收。我们在上文中提到过，税收的强公共性就体现在它要征得公众同意、要用于公共事业，这种转变一方面要求政府必须注重公共需求，进而推动了英国社会福利的发展；另一方面，社会公众通过对征税过程和税款使用的监督来参与到政治生活中，既可确保税收公平，又有助于社会公共意识的培养，推动了英国民主现代化的发展。

第三，它推动了英国私有财产的保护。根据我们开篇的论述，征税针对的是社会公众的私有财产，只有对征税行为进行严格的法律规定，才能确保政府对私有财产的保护。回望英国的现代化历史，从议会财政的诞生到光荣革命，再到《权利法案》的签署，每一步都对政府的征税权力作出更加严格的规定和限制，"税收法定主义"一步步得到落实，人们的私有财产在法律层面得到保护，政府的征税行为在法律层面受到约束，人们才会更加信任政府，税收才能"取之有度、用之有节"，国家的运转才能更高效、发展更迅速。

（二）财政支出的现代化

除了税制的现代化，英国在财政支出上的现代化发展也意义重大。财政支出走向公共化和规范化，意味着财政机构的职能日益完善，全国的财政活动能够得到统一管理。具体表现在预算制度的现代化和社会保障制度建设两个主要方面。

1. 预算制度的现代化

英国是世界上最早确立现代预算制度的国家，它在英国的财政现代化历程中具有里程碑式的意义，它实际上标志着英国现代财政制度的真正形成。英国的预算制度现代化，用一句话总结就是从王室财政和君主管理转向国家财政和议会主导下的公共预算管理，其最核心的特征是国家财政要和君主个人分开、财政支出必须接受代表民意的公共机构的监督。英国现代预算制度的起点是1215年《大宪章》的签订，它确立了"法律至上、王在法下"的原则，并将"非赞同毋纳税、无代表权不纳税"的预算原则以法律形式确立下来；1681年，英国议会规定财政资金的使用必须获得批准；光荣革命后，为了避免国王对国家财政资金的滥用，议会建立"王室俸禄制度"，将王室收入的性质彻底明确为公共性收入；18世纪初期，议会开始加强对政府财政支出的审核，并开始推行预算报告和审批制度；1787年，议会通过《统一基金法》，规定所有的财政收支均在英格兰银行开设统一账户；1789年议会通过《联合王国综合基金法案》，规定全部财政收入纳入统一的综合基金并集中拨付，自此，国库单一账户制度正式建立；1816年联合王国综合基金形成；1832年，国会再次以立法形式规定，财政必须每年向国会提供财政收支计划书并由国会批准。至此，英国建立了现代意义上的预算制度。

2. 社会保障制度建设

在领地国家时代，财政支出的主要目的为满足王室的私人需求。随着英国现代化进程的推进和向税收国家的转型，财政支出也越来越多地转向公共需求和社会福利，其中最典型的就是英国社保体系的建立和完善。

18世纪工业革命的发展给英国带来的负面影响之一就是贫富问题的加剧，再加之自由放任经济政策的实行，到19世纪末期，英国的贫富差距问题已经造成社会矛盾的空前尖锐，对此，英国开始转向国家干预，并建立了社会保障体系。例如，1904年政府出台失业工人法案规定地方有救助失业工人的义务，1906年通过教育法案用国家税收推动国立学校发展，1911年通过国民保险法并在随后几年中将投保范围扩大到全体劳动者，1921年后英国开始推行妇幼福利工作，1944年再次颁布教育法在全国范围内推行义务教育。直至1942年，贝弗里奇提出了著名的《社会保险及有关服务的报告》，标志着英国全面社会保障体系的建立。

除了在财政支出结构上从过去的侧重私人需求、满足军费和行政开支到侧重经济和社会支出、满足福利开支之外，英国财政支出的现代化还体现在基本公共服务的均等化上。早在20世纪20年代，英国著名经济学家庇古就提出了福利经济学的思想，强调国民收入均等化的提高能够提升社会总福利水平，第二次世界大战后中央政府更是通过财力的集中大规模介入公共服务领域，直接负责公共物品和服务的提供，将大量公共服务机构国有化。虽然在20世纪80年代后随着"滞胀"和财政危机而使公共服务走向市场化改革，但不可否认的是，西方较为健全的公共服务体系，正是在财政支出"公共化"之后才真正建立起来的。

作为税制现代化的一体两面，财政支出的公共化本质上体现了国家政治权力的公共性，它推动了英国政府职能向服务社会转变，推动国家向现代化、民主化的转型，具体来说：

第一，推动了民主国家的建设。首先，它强化了政治权力的民主性。以预算制度为例，财政资金的配置与使用背后是政治权力的分配，英国现代预算制度的政治基础是民主代议制，政府预算需要对社会公众负责，所有收支项目的确定都要接受以议会为代表的社会公众的监督来约束政府的理财权，且在法律上明确规定政府预算的公开透明；其次，它强化了国家的公共性。现代预算制度的确立标志着英国公共财政框架的形成，预算权力作为一种公共权力被行使的同时财政资金也更多地投入满足社会公共需要中，社会福利水平大幅提高，推动了英国向"福利国家"的转型。

第二，推动了法治国家的建设。正是出于对政府征税权、支出权等权力约束的需要，出于保护公民私有财产权神圣不受侵犯的需要，才推动了英国当代法律制度的发展。公共权力必须受到法律的约束，依法治国、依法理财，真正做到"法无授权不可为"，法律体系的完善反过来进一步规范财政活动并推动国家现代化的发展。

二、美国的财政现代化

（一）美国现代税收制度的演进

1. 关税主导的间接税体系

美国的现代税收制度是从以关税为主的间接税体系向以所得税为主的直接税体系的演进过程。建国初期美国主要面临着偿还独立战争欠款的财政压力，1789年汉密尔顿起草关税法案，在他的指导下美国逐渐建立起以关税为主的间接税体系。汉密尔顿所设计的关税制度主要有三个作用：一是筹集财政收入，用以偿还政府债务和维持政府正常运转，这是关税的财政功能。自此关税逐渐成为美国财政收入的最主要来源，直到南北战争之前，关税始终占据美国财政总收入的80%—95%。二是通过关税设置贸易壁垒，保护美国本土制造业的发展，进而推动了美国的工业化进程。汉密尔顿早在1789年关税法案中就提出将保护性关税作为推动快速工业化的杠杆，关税保护主义通过推动作为工业代表的制造业的发展帮助美国实现了综合国力的提升和经济独立，这种经济独立的背后离不开财政力量的支持。三是关税作为间接税，相比直接税它更适合建国初期的美国需要安稳的国内环境的需要，因为间接税更隐蔽，社会公众对税负的感知比较小，这一点上美国充分吸取了英国的教训。

但是，高关税制度也带来了诸多问题，比较明显的就是持续的高关税率加剧了国内矛盾，由于南北方产业结构的不同，北方的共和党希望继续保持高关税率来保护民族工业的发展，而南方民主党则希望降低关税税率以降低进口商品的成本。从这里可以看出，财政天然带有政治性，财政制度演变的背后其实是政治力量的博弈。美国高关税为主的间接税体系激发了共和党和民主党之间的冲突，一定程度上推动了美国内战的爆发。而内战又进一步改变了美国的产业结构，内战后南方的工业化进程加快，在这个过程中，高关税的贸易保护主义在保护美国本土工业企业发展的过程中发挥了重要作用，促进了美国产业结构的优化升级，成为第二次科技革命爆发的关键推动力量。

2. 所得税改革

历史上，美国政府曾两次征收所得税未果，主要原因是社会公众的反抗以及缺乏相关的法律规定。1909年国会通过第十六条宪法修正案规定："国会有权对任何来源的收入规定和征收所得税，无须在各州按比例进行分配，也无须考虑任何人口普查或人口统计"，标志着所得税征收正式合法化。第一次世界大战时期，政府面临融资需求带来的财政压力，开始对企业的超额利润征收累进所得税，但当时所得税税基很窄，并未涉及一般工资收入；大萧条时期为了弥补财政赤字，联邦政府开始对工薪收入征税，第二次世界大战后所得税的税基进一步扩大，逐渐成为美国的税收支柱并延续到今天。

综合来看，美国的所得税改革主要受到了三重因素的推动：两次世界大战的融资需求、高关税为主的间接税体系不再适应工业化的发展、缓解收入分配不平等和贫富差距的社会需要。相应的，美国现代税制的变革也从上述这三个方面推动了国家现代化的发展。

首先，为战争融资的财政需要推动了美国现代税收制度的演进，它又反过来通过筹集财政收入强化了国家的财政能力，保障了国家的主权安全，为国内自由市场经济的发展创造了平稳的环境，国内竞争市场的活跃也在一定程度上推动了制造业的技术革命，成为推动美国国家现代化的动力之一。

其次，美国现代税制的演进推动了其工业化进程。在建国初期以高关税为主的间接税体系保护了国内制造业企业的发展，内战后南方的工业化进程加快，高关税在这个过程中通过保护本土企业免受国际竞争压力为第二次工业革命做了铺垫。

最后，累进所得税的征收通过调节收入分配、缩小贫富差距缓解了当时尖锐的国内矛盾，在战争的大环境和爱国主义的影响下，美国的民族凝聚力通过所得税得到强化，社会公众通过交税履行对国家的支出责任，同时加强对政府的监督，推动了美国现代预算制度的建立和民主建设。

（二）政府支出改革——现代预算制度的建立

英国是世界上第一个建立公共预算制度的国家，相比之下美国的进程要晚很多。美国的现代预算制度产生于进步时期。19世纪末到20世纪初，工业化的深入发展和大量移民的涌入使美国的社会结构趋于复杂，对政府治理水平提出了更高的要求，但当时美国并没有建立规范的预算制度作为配套，管理的混乱带来严重的政府腐败和低效率。在这样的背景下，纽约市在1905年成立"纽约市政研究所"并于1908年推出了美国历史上的第一份现代预算，其他城市陆续效仿，到1919年，全美通过预算法的州已经达到44个，1921年6月10日，国会通过《预算与会计法》标志着美国现代预算制度正式诞生。

现代预算制度对美国的国家现代化转型最大的贡献在于，它形成了一套全新的、规范的、公开透明的、高效率的政府运作机制，使美国完成了从税收国家向预算国家的转变。我国学者王绍光在其2006年的文章《走向"预算国家"——财政转型与国家建设》中首次提出"预算国家"的概念[①]，他认为，预算国家是采用现代预算制度来组织管理财政收支的国家，它有两个基本特征：一是财政统一；二是预算监督。每个大国在其发展过程中，都是实现了财政统一和预算监督，完成向预算国家的转变进而实现现代化转型的。美国现代预算制度的建立，一方面将政府的收支行为带到阳光下，利用"预算民主"来遏制腐败，推动了美国的民主建设；另一方面，它提高了美国的政府运作效率和国家治理水平，使美国从此迈入国家治理现代化的新阶段。

[①] 王绍光，马骏. 走向"预算国家"——财政转型与国家建设[J]. 公共行政评论，2008（01）：1-37，198.

(三) 罗斯福新政

1929—1933 年，美国经历了建国以来最严重的经济危机，本质上是传统的现代化发展道路积累的问题爆发。1933 年富兰克林·罗斯福就任美国总统，大刀阔斧地展开了一系列缓解经济和社会危机的改革措施，史称"罗斯福新政"。

罗斯福新政最大的成就之一莫过于它开创了国家干预经济的新模式。这种干预主要体现在以下几个方面：一是用财政扶持农业，提高农业机械化水平，建立农业保险和信贷体系，推动了农业现代化；二是振兴工业，颁布《全国工业复兴法》，通过大修基础设施提供就业岗位，以工代赈，并在法律层面提高资产阶级下层劳工的社会地位；三是调整金融体系，由政府直接投入资金帮助银行恢复信用，颁布《证券法》整顿金融秩序来增强投资者的信心；四是通过减税和增加财政支出为主的赤字政策刺激消费和投资，提振社会总需求；五是颁布《财产税法》对个人和企业征收累进所得税并加征财产赠与税和遗产继承税。

罗斯福新政的另一个成就，就是建立了美国社会保障制度的基本框架。一方面通过《全国工业复兴法》扩大公共工程建设的规模，为年轻人提供了大量的就业岗位；另一方面国家成立了众多社会保障管理运营机构来完善政府职能、提高社保政策的实施效率。1935 年《社会保障法案》的出台，标志着美国逐步建立起以联邦政府为主导的社会保险和公共救济相结合的社会保障体系和普遍福利制度的开始，美国从此迈入福利国家建设的新阶段。

判断一个国家是否是现代化国家的标准之一就是这个国家是否具备完备的社会保障体系。实际上，社会保障体系的建设贯穿美国现代化建设的始终，它起步于进步时期，成型于大萧条时期，完善于第二次世界大战后的黄金时期。社会保障体系越完善，说明这个国家的财政实力越雄厚、公共服务水平越高、社会越和谐稳定、国家治理能力越强大。一个现代化国家绝不仅是经济发展好、GDP 水平高，相反的，现代化是一个综合的概念，它代表着社会能够给每个人平等的追求美好生活的权利，这种权利的平等需要高度发达的生产力水平做支撑。从财政的角度来看，就是需要政府为人们通过自己的努力过上美好生活提供条件，而这需要完善的社会保障体系做支撑。

罗斯福新政在美国现代化发展历史上有举足轻重的地位，它推动了美国垄断资本主义发展到国家垄断资本主义的新阶段，标志着美国从传统资本主义转向了现代资本主义的发展道路。首先，它成功挽救了崩溃的经济，使美国置之死地而后生，有了继续发展的机会，而不是像德、日一样走上了法西斯的道路。其次，它推动了美国向福利国家的转型。从新政之后，保障人民福利不仅成为政府财政工作的重要部分，更重要的是它在全社会达成了这样一种共识，即政府有义务利用公共性的税收满足公共性的需求，公共性是国家现代化的重要特点，也保证了美国长久的稳定。最后，罗斯福新政开创性地发展了国家通过宏观调控干预经济的新模式。这一点是非常重要的，我们在上节讲英国时说过，现代化本质上是各国追赶、达到和保持世界发展前沿水平的行为和过程，现代化的核心在于追赶、在于进步、在于制度的创新。罗斯福新政之后，政府职能从根本上发生改变，资本主义从此告别了自由放任时代，政府开始通过财政政策对宏观经济进行干预，美国也进入了现代化发展的全新阶段。

三、日本的财政现代化

日本是亚洲最早进入现代化的国家，也是"后发赶超型"现代化国家的典型代表，第二次世界大战后创造过经济高速增长的黄金时代，也是创造"东亚奇迹"的代表国之一。作为我们的重要邻邦国，日本在文化上与我们有诸多相似之处，但它的现代化道路又深受以美国为主的发达西方资本主义国家的影响。作为推动国家现代化的重要因素之一，日本的财政体制改革也有许多经验值得我们借鉴。

（一）税制改革

1. 地税改革

日本的地税改革发生在1868年，彼时日本刚刚开启明治时代，在经历了"奉还版籍""废藩置县"改革后，日本正式成为中央集权的统一国家，中央政府掌握了全国的财政大权，也为资本和劳动力在全国的流动创造了政治条件。但是，改革并未触动日本残存的封建土地所有制，由此引发的农民起义不断加剧政府和农民间的矛盾，地税收入持续减少，而政府财政收入中地税占主要部分，再加上战争和改革带来的开支和债务，中央政府面临严重的财政危机，阻碍了日本商品经济的发展。

于是，明治政府在1873年颁布《地税改革布告》和《地税改革条例》，宣布土地所有者均要缴纳地税，税率为土地价格的3%（1877年降为2.5%），且一律现金缴纳，不以产品价格波动为转移，从此确立起以地税为主的近代税收体系。地税改革的意义是重大的，它成功化解了日本政府的财政危机，保证了政府财源的稳定，到1875年，地税收入已经占据财政总收入的近80%，成为政府最主要的财政收入来源。有了财政资金的支持，日本开启了殖产兴业计划，大力发展国营军事工业，建立纺织工厂，引进西方先进的技术设备，修建铁路和通信设施，推动了日本商品经济的发展和资本积累，为工业化奠定了物质基础。

2. 战时经济体制与战后成长期

1937 年日本侵略东亚各国并挑起太平洋战争，政府为了满足巨大的财政开支，开启了新一轮税制改革。此次税制改革主要包括三个方面的内容：一是开征所得税和法人税，重点向个人所得征税，并将货物税的统一税率改为按商品属性实行差别税率；二是规定税收全部统一上交国家，再由国家按照需要下拨地方，从而加强中央对财政收入的支配力度；三是改革土地制度，推行"双轨米价制"，国家直接高价从农民手中收购粮食并规定固定的地租金额，减轻了农民的税收负担。

战时税制改革的主要特点是以增税为主，中央的税收权利高度集中，其主要目的是为满足战争开支而服务，具有一定的局限性。1945 年 8 月 15 日，日本天皇发布停战诏书，宣布接受波茨坦公告，第二次世界大战结束，日本经济也随之进入战后恢复期。由于日本在第二次世界大战时期发行了大量国债，再加上巨额的战争赔款和恢复经济增长的压力，日本政府面临严峻的财政危机。

1946 年 11 月，日本政府颁布《财产税法》，规定全国所有阶层必须缴纳财产税，将除了生活必需品和墓地之外的所有动产和不动产都划定在征收范围内。财产税的征收一方面筹集了大量财政收入用于战后重建；另一方面，通过征收财产税起到财富二次分配的作用，即将贵族阶级手里的钱以财政补贴的形式用于推动倾斜生产对策，以达到刺激工业、恢复经济的目的。

1948 年起，美国开始帮助日本进行战后复兴，1949 年美国政府派遣道奇作为日本经济顾问根据"稳定日本经济的九项原则"来指导日本的战后恢复，其系列政策措施被称为"道奇路线"。"道奇路线"的核心是重建日本的财税体系，即利用平衡预算来约束政府支出；同年 9 月日本政府公布《夏普劝告》，其主旨是要重视个人所得税和法人税作为直接税的作用，扩大直接税基并采用累进税率，建立以所得税为主体的税收体系。在夏普劝告的指导下，日本逐渐建立起以所得税为主体的稳定的现代税制体系，缓和了国内严重的通货膨胀，为经济的高速增长奠定了制度基础。

1959—1970 年是日本经济增长的黄金时期，以全面减税和租税特别措施为主的税制改革在推动日本经济高速增长中发挥了重要作用。减税为企业营造了宽松的生产经营环境，帮助企业快速扩大生产和积累资本，同时在国家产业政策的指导下，政府利用租税特别措施对钢铁、机械、化学等重工企业进行扶持，加大产品出口力度，推动了产业现代化的进程。

3. 财政重建时期的税制改革

自夏普税制确立后，以所得税为主的直接税比重不断提高，高累进税率使国民的税负压力越来越大。1988年，日本通过《税制改革法》，确定了"所得课税减轻、消费课税负担广而轻、资产课税负担适当"为主的税制改革方针，主要内容是引入消费税来提高间接税比例，同时降低以所得税和法人税为主的直接税比例，通过实行统一3%的低税率推动税制的"公平、公正、简化"建设。至此，日本基本形成了完善的现代化税制体系。

综上所述，在日本的现代化进程中，税制改革主要从以下几个方面发挥了推动作用：

第一，财政为日本的现代化建设提供最基本的资金支持。不同于英国的"内源性"现代化，日本是典型的"外源性"现代化国家，"向西方学习"一度是日本现代化建设的口号，日本之所以能追赶的这么快，很大程度上得益于日本直接借鉴了西方现代化建设的经验，大力发展重工业，引进现成的先进的技术设备、招聘海外人才和派遣留学生，在第二次世界大战后利用产业政策来刺激工业和加大出口，这些都离不开财政资金的根本支持。

第二，日本是典型的橄榄型社会。根据日本厚生劳动省《收入再分配调查报告》显示，20世纪50—80年代，日本的基尼系数一直低于0.4，社会贫富差距也一直处在全球的低水平，这其中离不开税收的调节作用。一方面，夏普税制后日本逐渐建立起以直接税为主、间接税为辅的税制结构，直接税的累进性有助于调节收入分配，此外日本还征收高额的遗产税；另一方面，日本也通过对农产品征收高额关税来保护本国农业的发展、缩小城乡收入差距。

第三，日本擅长利用税收政策来发挥宏观调控作用，例如在战争时期利用税改实行大规模征税满足战争开支，在战后全面减税并利用租税特别措施有针对性的帮扶企业来促进经济的恢复并创造了经济高速增长的奇迹。

（二）现代预算制度

日本的预算制度产生于明治财政时期，主要特点是形式上的立宪和实质上的专制，财权本质上还是由天皇掌控，预算体制未反映财政民主；第二次世界大战后的1947年，日本宣布实施新宪法并先后颁布《财政法》《会计法》《国库法》《会计检查院法》和《财政监督法》，标志着现代预算管理体制的确立。

日本的现代预算制度有以下几个要点：一是以财政民主主义原则为基础，国家的财政收支活动必须经过议会同意。二是实现了财政统一。在新宪法的规定下,皇家财政的个体性被剥离,统一到国家财政中去,包括皇家在内的一切开支必须列入预算并由国会审议,财政的公共性初步体现。三是预算的法治化程度高、监督力度强、公开透明。不仅政府的一切收支行为必须依法且由国会决定,还专门设立独立于国会的会计检察院单独对中央财政预算进行监督,并且预算的编制、审查、决算、检查结果全部公开透明,社会公众可以通过公开渠道掌握政府收支活动的信息。四是以地方财政计划作为地方政府预算的中心环节,中央通过国库支出金等转移支付形式向地方拨付资金,实现地方自治。现代预算体制从根本上支撑着日本央地关系的协调,从而在确保中央宏观调控能力的同时保证地方政府各司其职、履行职能,维持国家财政的合理运作和实现公共利益最大化。

(三) 社保制度与福利国家建设

第二次世界大战后,日本在恢复经济的同时开始增大基本公共服务开支。新宪法第 25 条作出规定:"所有国民都享有健康和文化上最低限度生活的权利,国家必须在一切生活层面上提高和增进社会福利、社会保障和公共卫生。" 1950 年 10 月,日本社会保障制度审议会提出《关于社会保障制度的劝告》,标志着日本开始逐步建立现代意义上的社会保障体系。1961 年,日本开始实行全民皆年金、皆保险的社保体系,1973 年又推行老年公费医疗制;在应对失业问题上,早在 1947 年日本就建立了失业保险制度,在此基础上 1974 年国会通过《雇佣保险法》,进一步提高了就业保险金数额;在教育上,日本从 1960 年开始实行九年制义务教育,随后又在全国范围内推广普及全民基础教育和城乡教育资源均等化;此外在工伤保险、儿童福利、国家救助、残疾人和老年人福利方面也有相关配套政策并随着经济发展得到完善。

日本的社会保障制度的建设具有很强的政府主导性,其福利国家建设也借鉴了美国等西方国家的经验,但又具有自身的特点,例如在社会救助的同时更倡导个人的辛勤劳作、在社保制度的建设中重视法律法规的完善等。它对经济社会发展起到"稳定器"的作用,在提高人民生活水平、促进收入分配公平、缩小贫富差距、提高人力资本素质和资源配置效率等方面有重要的意义。

纵观大国的现代化历程,从英国引领工业革命率先成为发达国家,到美国的繁荣时代,再到日本的战后复兴,财政制度都在其中发挥了关键作用,其中我们可以发现一些共性:第一,从驱动因素上看,战争等造成的财政危机是推动财政制度现代化变革的最主要因素,反过来,通过战争进行对外扩张所掠夺的别国资源和财富成为本国财政收入的主要来源之一。第二,从发展历程上看,三者都经历了税制的现代化、预算制度的现代化和社会保障制度的现代化这三个关键阶段，每迈入一个新阶段，都推动着国家制度的变革，税制现代化是国家从帝国时期依赖国家财产收入转向依赖公共性的税收并推动民主政府建立的过程，预算制度的现代化是不断约束政府征税权、支出权等行政权力进而推动国家法制建设的过程，社会保障制度的现代化是国家从重视经济增长转向重视可持续发展、重视社会公平、重视作为发展动力的人的保障的过程。第三，从约束力量上看，三者都重视财政法治建设，有非常强的法律属性约束。但同时，英、美、日的财政现代化也具有一些自身特色，例如在领导力量上，由于美英的现代化是内源性的，因此其财政现代化也是在政治博弈的过程中自发进行的，而日本作为外源性现代化国家，其财政现代化的进程有非常强的政府主导性，"向西方学习"是日本财政建设的特点；在财政权力的分配上日本更偏向于中央政府集权，而英国和美国则偏向分权等。总而言之，国家实现现代化的历史就是财政制度不断变革的历史，财政制度的每一次变革都是国家现代化向下一个新阶段发展的要求和体现，它又反过来推动国家现代化的发展。

第二节 中国式财政现代化的中国特色

中国式财政现代化是与中国式现代化相适应的以现代财政制度为核心的一系列制度和政策安排的总称。党的二十大报告明确提出："从现在起，中国共产党的中心任务就是团结带领全国各族人民全面建成社会主义现代化强国、实现第二个百年奋斗目标，以中国式现代化全面推进中华民族伟大复兴。在推进中国式现代化的道路上，财政现代化要发挥基础性和支撑性作用。"这为我国的财政现代化建设指明了方向，即财政现代化要放在国家治理体系和治理能力现代化的框架内去推进，在推进的过程中始终坚持沿着中国特色社会主义道路前进。本节先梳理改革开放以来我国的财政现代化之路，在此基础上阐述中国式财政现代化的中国特色。

一、改革开放以来中国的财政现代化之路

（一）1978—1993年：改革开放的前期探索

1978年是中国历史上具有划时代意义的转折点。这一年，党的十一届三中全会召开，中国从此迈入了改革开放和社会主义现代化建设的新时期。在改革开放之前，

我国财政体制的主要特点是高度计划和集中统一，严重压制了国民经济的活力。因此，为了充分调动生产经营者的积极性，这个时期财政改革的重点是"放权让利"。

在税收制度上，从1980—1981年我国先后颁布《中外合资经营企业所得税法》《个人所得税法》和《外国企业所得税法》及三项实施细则，通过建立涉外税制以适应对外开放的需要，并建立了针对不同所有制企业的所得税体系，对工商税制进行全面调整，同时构建个人所得税制度体系、逐步扩大资源税种、改革和完善了关税制度等。此外，我国从1983年先后实施的两步利改税标志着我国基本建立起现代税制的雏形。到1993年，我国已经初步建立起一套以流转税和所得税为主体、其他税种相配合的税制体系。

在财政体制上，我国从1978年开始逐步推进"分灶吃饭"的财政体制改革，其核心是实行财政包干制，共历经三个发展阶段：第一阶段是1980—1984年，实行"划分收支、分级包干"体制，其特点是明确划分中央和地方的财政收支范围，地方权力开始集中；第二阶段是1985—1988年，实行"划分税种、核定收支、分级包干"体制，根据第二步利改税后的税种设置来划分各级财政收入，进一步完善财政包干制；第三阶段是1989—1993年，实行"收入递增包干、总额分成、总额分成加增长分成、上解额递增包干、定额上解和定额补助"等多种形式的包干制。从效果上看，财政包干制增强了地方政府的主体意识，调动了地方政府和企业发展经济的积极性。

在预算制度上，其改革步伐相对落后于税制改革，这个阶段我国预算制度的改革仍处在探索时期，其目标是推动预算制度走上法治化和规范化的轨道，并于1991年出台《国家预算管理条例》。

（二）1993—2012年：社会主义市场经济体制改革时期

放权让利的激励式改革措施也带来诸多问题，"两个比重"持续下降，中央财政面临史无前例的困难。1992年10月，党的十四大明确提出要建立社会主义市场经济体制。因此，为了加强中央统筹能力，发挥我国体制集中财力办大事的优势，充分适应建立社会主义市场经济体制的改革要求，尽快建立与市场经济相适应的财政制度势在必行，新一轮的财政改革迫在眉睫。

在税收制度上，1994年的税制改革意义十分重大，一方面建立了以增值税为主体、消费税和营业税为补充的流转税制，统一内资企业所得税和个人所得税制，扩大了资源税的征收范围并开征了土地增值税；同时分设中央、地方两套税务机构分别征税，税务系统独立出来并实行垂直化管理，并在重新划分央地财事权的基础上将税种划分为中央税、地方税和中央地方共享税。此次税制改革标志着我国已基本建立适应社会主义市场经济体制的税收体系,财政收入的汲取能力逐步回升,初步实现了"统一税法、公平税负、简化税制、合理分权"的改革目标。1998年12月15日召开的全国财政工作会议明确提出,要积极创造条件,逐步建立中国的公共财政基本框架,此后税收制度也做了一些相应调整,例如,2006年取消农业税、2008年统一内外资企业所得税、2009年取消城市房地产税并对内外资企业和个人统一征收房产税等。

在财政体制上,1994年的分税制改革确立了我国中央和地方政府事权和支出责任划分的基本框架,为现代财政制度的建立奠定了坚实的制度基础。一方面,划分中央与地方收入,将关税和消费税划为中央税,企业所得税、个人所得税、营业税划为地方税,增值税划为中央地方共享税(中央和地方75∶25分享);另一方面,我国逐渐形成了以一般性转移支付、专项转移支付和税收返还为核心的转移支付制度。自分税制改革之后,为了进一步适应社会主义市场经济体制,我国财政体制也做了一系列调整。例如,2002年的所得税收入分享改革将所得税中央与地方分成比例调整为50∶50,2003年进一步调整为60∶40;2016年的增值税分享改革将中央与地方的增值税分享比例从75∶25调整为50∶50;2004年建立了中央与地方共同承担出口退税的新机制等。

在预算制度上,我国从1994—1996年先后颁布《中华人民共和国预算法》《中华人民共和国预算法实施条例》《关于加强预算外资金管理的决定》,标志着我国预算制度正式走上规范化和法治化的道路。1999年我国全面启动预算管理改革,主要包括五个方面的内容:第一,实行部门预算改革,政府预算以部门为基础采用综合预算的方法进行编制,并从2007年开始采用全新的政府收支分类体系编制预算;第二,实行"收支两条线"管理,将预算外资金逐步纳入预算管理;第三,实行国库集中收付制度改革,集中财政管理体制,强化对预算资金的动态监控;第四,实行政府采购改革,颁布《政府采购法》系列文件,规定了政府采购的基本程序,引入委托代理机制和代理机构审批准入机制,逐步建立起较为完善的政府采购执行体系;第五,实施全口径预算和预算绩效管理。

(三) 2012年至今:全面深化改革新时期

2012年以来,中国经济发展进入新常态。2013年党的十八届三中全会顺利召开,会议通过《中共中央关于全面深化改革若干重大问题的决定》强调,全面深化改革的总目标是完善和发展中国特色社会主义制度,推进国家治理体系和治理能力现代化。因此,在初步建立起公共财政体制的基础上,为了更好地匹配国家治理现代化,我国启动了以建立现代财政制度为目标的一系列财政改革。

在税收制度上，2012年以来我国的税制改革进程明显加快。党的十八届三中全会提出要"深化税收制度改革，完善地方税体系，逐步提高直接税比重"。到2016年，"营改增"改革全面推开，营业税正式退出历史舞台。2017年党的十九大进一步提出"深化税收制度改革，健全地方税体系"，2018年我国实行了增值税税率三档并两档改革，并开始试点增值税留抵退税，不断减轻企业的税收负担，且合并了国地税两套税务机构，提高了征税效率。其他税种也做了些许调整，例如支持中小微企业和高新技术企业的研发投入和研发加计扣除政策、开征环境保护税、资源税从价计征及水资源税改革等。个税方面，我国从2019年起开始实行综合和分类相结合的个人所得税制，引入专项附加扣除制度，发挥个税减轻中低收入者负担、维护社会公平的作用。党的十九届四中全会提出"健全以税收、社会保障、转移支付等为主要手段的再分配调节机制，强化税收调节，完善直接税制度并逐步提高其比重"，进一步地，党的二十大报告继续强调税制结构的优化。今后税制改革的重点主要集中于如何更好地发挥税收的调节和再分配效应、如何将减税降费落到实处以及税收征管的数字化建设等。

在财政体制上，2013年以来的财政体制改革主要包括三个方面的内容：首先，在事权和支出责任的划分上，党的十八届三中全会提出要"建立事权和支出责任相适应的制度"，2016年出台的《关于推进中央与地方财政事权和支出责任划分改革的指导意见》将中央与地方的财政事权以法律法规的形式明确规定和规范化，尤其强调省以下要结合财政实际来确定事权；到2017年党的十九大提出"建立权责清晰、财力协调、区域均衡的中央和地方财政关系"，党的十九届四中全会将这一命题继续细化为"优化政府间事权和财权划分，建立权责清晰、财力协调、区域均衡的中央和地方财政关系，形成稳定的各级政府事权、支出责任和财力相适应的制度"。其次，在税权划分上，为了维持地方财力稳定，我国从2016年起开始实行与全面"营改增"相配套的系列改革，例如规定所有行业企业缴纳的增值税均纳入央地共享、中央集中的收入通过均衡性转移支付分配给地方来加大对中西部地区的财政支持。最后，完善转移支付制度，在一般性转移支付下设立共同财政事权分类分档转移支付，增设增值税"五五分享"税收返还，并推动省以下支出责任划分改革等，推动了转移支付制度结构的优化和规范。党的二十大报告也指出："要继续完善财政转移支付体系，纵深推进转移支付制度改革"。今后财政体制改革的重点在于构建以权责配置和有效激励为核心的财政体制机制，从而更好地发挥中央与地方两个积极性。

在预算制度上，从党的十八届三中全会到党的十九大，再到党的十九届四中全会，预算制度改革先后经历了"全面规范、公开透明""全面规范透明、标准科学、约束有力""标准科学、规范透明、约束有力"三个阶段,其中"标准科学"是预算制度改革的重点,"约束有力"是新《预算法》从对预算的管理深化为预算的管理和监督这个定位的体现和要求。此外,党的十八届三中全会还提出要建立中期预算框架,实行严格意义上的中期滚动预算,将审核预算的重点由平衡状态和赤字规模向支出预算和政策拓展,建立跨年度预算平衡机制,随后的新《预算法》也对实施中期财政规划提出了明确要求。2022年党的二十大进一步指明了预算制度改革的方向——健全现代预算制度,为推进中国式现代化和构建高水平的社会主义市场经济体制提供制度保障。

综上所述,从改革开放以来,我国不断探索符合中国国情的财政制度,坚持在实践中推进财政现代化的发展,而财政现代化又从以下三个维度推进了中国式现代化的发展:首先,财政现代化为中国式现代化发展提供资金支持和财力保障;其次,财政现代化通过推进共同富裕赋予中国式现代化发展的不竭动力,中国式现代化是全体人民共同富裕的现代化,是建立在全体中国人民勤劳奋斗对美好生活追求的基础之上的,而财政就是让发展成果更多、更公平地惠及全体人民的重要抓手;最后,财政现代化为中国式现代化发展的关键领域配置资源,即以供给侧结构性改革为主线,通过积极的财政政策引导资源更多地流向科学技术、教育、自主创新等关乎国家发展的重要领域。

二、中国式财政现代化的中国特色

(一)中国式财政现代化坚持走独立自主、自力更生的发展道路

独立自主、自力更生是党和国家的精神传统,中国所取得的发展成就完全凭自己的艰苦奋斗。而西方的历史是对外侵略扩张的历史,西方的资本主义现代化是靠掠夺别国的物质和劳动力资源来完成自身的资本原始积累和弥补财政亏空。相比之下,我国从新中国成立以来就旗帜鲜明地反对通过对外侵略发展本国经济的模式,而是坚持走独立自主、自力更生的道路。中国式现代化是走和平发展道路的现代化也体现了我国既不依附别国、也不掠夺别国,而是寻求合作共赢的主张。

新中国成立之初,面临国内资本的严重匮乏和外部条件的严峻性,为了筹集建立工业化体系所需要的财政资金,中国没有像西方一样靠对外侵略来维持本国的发展,而是坚持自力更生,以自我牺牲的形式通过实施"高积累、低消费"的财政经济政策、高度集中的计划经济和相配套的财政体制尽可能将所有资源集中到工业化建设中,在一个一穷二白的国家通过自身努力建立了完整的现代化工业体系,为后来的经济腾飞奠定了基础;改革开放以来,构建公共财政体制框架成

为财税体制改革的主题,虽然我们借鉴了西方财政建设的经验,但又从本国实际出发,突破了西方以弥补市场失灵为主的公共财政的局限性,强调了公共财政是为市场提供一视同仁服务的、非盈利性的财政,创新性的完善了公共财政的概念;党的十八大以来,财政工作的重点转向建立和完善现代财政制度,它是对财政的定位进行科学研判后提出的,不仅是日后财政建设的方向,更是对我国改革开放以来财政改革走过的曲折之路的经验总结和高度凝练。它意味着财政必须要发挥对国家治理的基础性和支撑性作用,财政制度的建设要综合考虑经济、政治、社会、文化、生态来进行全局性谋划,代表着我国发展的全新阶段,是中国特色社会主义进入新时代、国家治理体系和治理能力迈向更高水平现代化的客观要求。

总而言之,中国式财政现代化的发展历史就是党领导人民独立自主、自力更生进行社会主义现代化建设的历史,以财政现代化助力中国式现代化没有现成模板,必须牢牢立足本国国情,解放思想、实事求是,将顶层设计和"摸着石头过河"相结合,把财政现代化建设放在自己力量的基点上。

(二) 中国式财政现代化坚持党的全面领导

坚持党的领导是中国特色社会主义最本质的特征,也是中国式财政现代化的本质特征。"党政军民学,东西南北中,党是领导一切的",而一切工作中自然也包括财政工作。因此,中国特色财政是党全面领导下的财政,是党管财政,具体来说,就是党领导着财政建设的大方向、把握着财政政策的着力点、指引着财政改革的方向和路径。

党管财政的特色主要体现在以下几个方面:

第一,从历史和实践的角度看,中国式财政现代化深深扎根于社会主义国家建设实践基础上的财政实践中,而社会主义国家建设实践是在中国共产党的领导下进行的社会主义革命、建设和改革,是谋求国家现代化和中华民族伟大复兴的实践。它决定着中国式财政现代化也是由党领导并服务于国家建设的,财税体制的每一次重大变革牵一发而动全身,都是经过党深思熟虑下作出的决策,体现着党和国家的意志。

第二,中国式财政现代化始终坚持以"政"领"财",坚持以党的理论和精神为指导。一方面,财政工作始终坚持把习近平新时代中国特色社会主义思想作为"指南针"和"定盘星",在认真贯彻党中央关于财经工作的方针政策和决策部署的同时不断用党的理论武装头脑;另一方面,财政工作继承了党的许多优良传统,例如党的艰苦奋斗和勤俭节约精神,反映在财政工作上就是由政府带头过紧日子,压缩非急需非刚性支出，把钱花在刀刃上，将减税降费落到实处，把财政资金更多地投入到民生建设中去。

第三，中国式财政现代化有集中力量办大事的特点和优点，其背后的根本原因还是党的领导。一方面，党的集中统一领导能提高财政效率。具体表现为由中央牢牢把握财政大权，在系统设计下统筹地方各部门的工作，朝着同一个目标共同发力，形成"全国一盘棋"。这样一来降低了沟通成本，二来财政上下都能够根据最新的经济社会形势及时调整支出方向，以适应经济发展和社会需求的变化，党领导下的疫情防控攻坚战就是最好的例子。另一方面，党的集中统一领导能发挥集中力量办大事的优势。具体表现为党以高屋建瓴的智慧，在不同的历史时期根据经济社会发展形势制定不同的纲领和目标，然后在目标的引领下将财力集中到财政要发挥关键作用才能办成的大事上。这其中最具代表性的是科技创新领域，习总书记曾多次强调要在科技创新领域充分发挥社会主义制度能够集中力量办大事的政治优势，对内是政府一任一任接着干，形成推动科技创新的政府接力棒，对外则是让市场在资源配置中起决定性作用的同时更好发挥政府作用，鼓励和引领社会积极参与到科技创新中去，形成推进自主创新的强大合力。

（三）中国式财政现代化坚持人民至上的根本立场

人民性是中国式财政现代化的根本属性和根本立场。党的宗旨是全心全意为人民服务，中国共产党始终代表最广大人民根本利益，与人民休戚与共、生死相依，没有任何自己的特殊利益，这既是党的优势和中国特色社会主义制度的优势，也是财政工作的优势，中国式财政现代化的核心是人民财政，具体来说，就是坚持以人民为中心，将维护人民利益作为财政工作的基本出发点和落脚点。

除了人民性，中国式财政现代化也具有西方财政的公共性特点。财政的公共性是其固有的内在属性，一方面是财政运行目标的公共性，即财政运行是为了满足社会的公共需要；另一方面是财政收支活动的公共性，即把公共性最强的税收作为财政收入的最主要来源，并将主要的财政支出用于为国民提供均等化的公共服务。但是与西方不同的是，中国式财政现代化实现了人民性与公共性的高度统一。

第一，我国是社会主义国家，中国特色社会主义制度的性质决定着我国财政必须把人民性作为自己的根本属性，同时我国现代财政制度的基本框架是从过去匹配社会主义市场经济体制的公共财政框架演化而来，与公共财政一脉相承，公共性仍然是我国现代财政的基本属性。因此，人民性与公共性是中国式财政现代化的一体两面。相比之下，西方是资本主义国家，资本性是西方财政的根本属性，虽然也具有公共性，但它绝不是为人民服务，而是为资本服务的。

第二，我国财政制度的根本原则是取之于民、用之于民，其目的是满足公共需要和实现社会福利的最大化，落脚点是人民，是兼顾公平和效率；而西方财政的根本原则是弥补市场失灵，落脚点是资本，是重效率而非重公平。一方面，中国式现代财政是真正的民主财政。我国实行人大财政监督制度，财政监督权牢牢掌握在人民手中。相比之下，虽然西方代议制民主规定议会代表人民行使对财政的监督，但实际上其民众权力很大程度上被资本和党派竞争所裹挟，表现为社会利益的分殊化和政党利益的集团化。另一方面，中国式现代财政是民生财政，始终坚持在发展中保障和改善民生。民生领域支出占全国财政支出的比重在70%以上，尤其从支出政策上看有两个鲜明特点，一是重民生，二是重基建。2022年我国"三大项"民生支出（教育、社保、卫生健康）占据财政总支出的37.8%左右，基建相关支出占22.8%①。具体来看，首先在养老保险支出上，我国稳步推进养老保险的全国统筹，在中央调剂制度下，既可确保养老金按时足额发放，又可以实现"全国一盘棋"，打破地区利益壁垒，缓解区域间的收支不平衡；而英国作为世界上最早建立现代社会保障制度的国家之一，其公共养老金制度经历过私有化、市场化和强制参与改革形成了"三支柱"体系，养老保险实现高度覆盖，但是英国的养老保险体系也存在一些问题，比较突出的就是基本养老金提供水平较低、职业养老金制度增加了个人负担、养老金投资的高度金融化容易引发系统性风险。其次在医疗方面，我国近年来不断加大医疗卫生和健康投入，推动优质医疗资源均衡布局和扩容下沉，财政支出效率较高，根据国家卫健委《2022年我国卫生健康事业发展统计公报》显示，2022年我国个人卫生支出22914.5亿元，占比27.0%，保持了自2011年以来持续的下降趋势，说明我国个人医疗卫生负担不断减轻，且基层医疗机构数量逐年增加，百姓就医变得更加便利；相比之下，美国是一个资本绑架医疗体系的国家，2022年美国医疗开支高达4.3万亿美元，但这些开支中行政开支和设备采购占了大多数，而并非将钱花在保障公民健康权益上，虽然美国自称有完善的公共医疗体系，但实际上大部分项目并非政府出资而是参保者自费，私人医院费用昂贵，药物价格制定缺乏监督，体现了美国目前的医疗保险制度仍旧问题严峻。最后在基础设施建设上我国注重以"新基建"引领经济发展，尤其是以5G和物联网为代表的通信网络基础设施和智慧能源基础设施，既可以作为逆周期调节的工具来维稳经济，又可以通过政府引导将社会投资引入新基建行业，增强政府对全社会资本的带动作用；而在美国，基建建设由联邦政府、州政府和地方政府共同负责，但各级政府之间缺乏有效的协调和沟通，导致资源分配不合理，建设缓慢，甚至出现浪费和腐败问题。此

---

① 数据来源：财政部官网。

外，美国政府机构的分散化和烦琐化，也导致基建建设常常需要经过多轮批准和审批，建设周期长、效率低下、注重短期效益而忽略长期效益和可持续性。

（四）中国式财政现代化兼具经济和政治的双重属性

从经济属性上看，生产资料所有制的性质决定着财政的性质，财政是社会再生产总体中的一个分配关系，是以国家为主体的分配活动，这种分配关系本质上是经济关系。从政治属性上看，财政是对政府收支的治理活动，体现着国家的发展目标和决策行为，尤其是党的十八届三中全会在提出全面深化改革的总目标基础上赋予了财政全新的定位："财政是国家治理的基础和重要支柱"，将财政提到了国家治理的范畴，也是财政政治属性的体现。

具体来说，财政的这种双重属性主要体现在三个方面：

第一，它体现在我国现代财政制度与国家治理能力的匹配上，这也是中国式财政现代化与西方财政现代化的不同，即我国的财政现代化不仅仅是经济意义上的现代化，更是政治意义上的国家治理体系和治理能力的现代化，财政所影响的不仅是经济治理，而且会在更广泛的范围内影响国家治理。回顾改革开放以来我国的财政发展历程可以发现，无论是以"公共财政"匹配"社会主义市场经济"，还是以"现代财政"匹配"现代国家治理体系和治理能力"，中国式财政现代化始终与整体改革的步伐紧密联系并服从于整体改革。在全面深化改革的新时期，现代财政制度的建设更要在完善和发展中国特色社会主义制度、在推进国家治理体系和治理能力现代化框架内去推进。

第二，它体现在我国高度重视法治财政建设。财政乃庶政之母，财政在社会范围内配置资源、提供公共产品和公共服务、调节收入分配、维护社会公平等既是财政本身的职能，也在治国安邦中发挥着基础和保障作用。同时，财政工作也是政府工作的重要组成部分，因此通过财政法治建设实现依法理财，既可以强化党的执政能力建设，提高政府的治理能力，切实做到执政为民，又可以依法规范财权和保障公民权利，为国家治理现代化奠定基础。

第三，财政的经济政治双重属性还体现在宏观政策调控上。一是我国的金融体系具有准财政的性质。金融信用以政府信用为支撑，对于政策性金融工具的使用比较频繁，例如再贷款工具和抵押补充贷款，主要特点是通过财政补贴贷款。此外，金融体系也承担了许多政策任务，例如可以通过政策性银行来参与政府投资活动，但是在美国等西方国家并没有这种职能的银行。二是我国宏观政策调控经济的范围和传导机制与西方不同。西方的宏观政策本质上是整体、系统的黑箱式分析法，它假设参与经济的微观个体是独立且利益导向性的，因此政策的传导机制以市场机制为主，更侧重总量调控，且由于西方的财政制度和市场体系相对比较完善，因此在宏观调控中能够更好地发挥财政政策"自动稳定器"的作用，依靠财政自身的运行规律来调节经济；而我国宏观政策的传导机制不仅局限于市场机制，还涉及政府与市场、横向和纵向政府部门之间的政策互动，相比总量调控我们更侧重总量调控和结构调控的结合，且由于我国的市场体系还不够完善，财政收入的汲取能力相对较低，因此无法依靠自动稳定的财政政策实现宏观调控，而是更加侧重于使用相机抉择的财政政策主动地调控国民经济。

（五）中国式财政现代化有立足国情的特殊结构和职能

1. 社会主义市场经济体制的特殊性

我国是社会主义国家，实行以公有制为主体的社会主义市场经济体制；而西方是资本主义国家，实行以私有制为主体的资本主义市场经济体制，这一中西方国家体制及经济体制的不同，决定着我国既有西方资本主义市场经济体制的共性，也有以社会主义制度为基础的特殊性。

这种特殊性使中国拥有在根本上区别于西方财政的特色财政结构——双元财政。双元财政是由公共财政和国有资本财政构成的财政模式，是社会主义市场经济体制下特有的。相比之下，西方财政是以公共财政为主的单元财政模式，是弥补市场失灵和提供公共服务的非盈利性财政，而双元财政还包括通过市场竞争追求利润最大化的国有资本财政。具体来说，公共财政和国有资本财政有以下几个区别：一是在构成上，前者的主体是作为政治权力行使者的政府，是以税收为收入来源通过财政活动来提供公共服务，追求社会利益的最大化。而后者的主体是作为国有资本所有者的政府，是以国有资本收益为收入来源通过市场竞争来满足国有资本增值的盈利目标。其中"追求利润"这一行为是国有资产财政的核心，西方国家虽然也有国企和国有资产，但其履行的还是弥补市场失灵、追求社会公共利益的职能，因此仍处于公共财政的范畴内。二是财政活动的领域上，前者不以企业为主体，主要活动于市场失灵领域，而后者以企业为主体，主要活动于市场有效领域。三是宏观调控的方式上，前者对于市场来说是从外部施加的间接调控，后者则是直接通过市场活动进行直接调控。公共财政和国有资本财政的这三个区别也可以总结为"一体五重"的财政关系，即一个主体（政府）、两种身份（政权行使者、国有资产所有者）、两种权力（政治权力、财产权力）、两种职能（经济管理、社会管理）、两种分配形式（税收收入、国有资产收益）、两种分配关系（征税、上缴利润），它也是我国"一体两翼"财政格局的基础。

2. 政府与市场关系的特殊性

我国是发展中国家，仍处于并将长期处于社会主义初级阶段，无论是生产力发展水平还是市场发育的程度相比西方国家都还有所欠缺，且我国属于典型的后发现代化国家，这就决定了我国政府的定位与发达国家不同，政府除了弥补市场失灵，还需要制定相关政策和制度来支持市场的发展，承担起培育和完善市场的责任。这就导致许多应该由市场来解决的问题不得不依靠政府，政府也不得不比发达国家更多地对经济进行干预，保持一定程度的"越位"。而正是这一基本国情决定着我国财政职能的特殊性。

第一，在财政的资源配置职能上不再局限于为提供公共物品配置资源，而是更多地在非竞争和不完全竞争的生产领域保持较强的资源配置能力，具体体现为支柱产业、基础产业和高新技术产业中国有企业的占比很高。相比之下，西方财政在生产领域的资源配置范围更小且更倾向于以财政补贴为主的间接配置，而非直接控股。

第二，在宏观调控上，西方国家有较为发达的市场经济，因此财政的宏观调控以"稳定"经济为主，但对于我国的特殊国情和政府的特殊定位而言，财政不能仅把稳定经济作为宏观调控的目标，还应加上"发展"经济，即需要由政府作为引导者来规划和组织发展。我国著名财政学家陈共将这一职能描述为"稳定与发展职能"。发展是解决我国一切问题的基础和关键，发展职能是中国财政的特色职能，是对社会主义本质规定的反映，是中国式财政现代化建设的独特优势。

3. 人口规模巨大的特殊性

我国是人口大国。一方面是农村劳动力和农村人口规模大，另一方面是人口结构复杂，城市化落后于工业化，存在工农、城乡双重二元结构。正是基于人口规模巨大的基本国情，使得财政在利用收入和支出工具来调节收入分配时要更加重视城乡发展不平衡和区域性贫富差距等问题。

具体来说，在分配主体上，相比西方财政侧重个体分配和总量分配，我国财政收入分配职能则侧重于整个宏观经济背景下的国民经济分配，并且在总量分配的基础上更注重结构分配，体现为初次分配、再分配和三次分配协同配合，着重提高中低收入者、农业劳动者、少数民族和贫困地区等特殊群体的收入水平；其次是在社会公平的内涵上更加强调共同富裕。全体人民的共同富裕是社会主义的本质要求，是对坚持以人民为中心的发展思想的贯彻落实，也是社会主义财政在西方财政的基础上提出的更高、更彻底的标准。

（六）中国式财政现代化开放包容、服务大局

开放包容、服务大局与"大国财政"的理念相适应，既是中国式财政现代化的时代属性，符合经济全球化的总体趋势和我国高水平对外开放的客观需要，同时也反映了中华优秀传统文化中"大道之行，天下为公"的理念，体现着中华文明独特的包容性。

第一，中国式财政现代化所匹配的不仅是国家治理层面，更有全球治理层面。中国是全球治理的积极参与者和建设者，党的十八大以来，在习近平总书记提出的"共商共建共享"全球治理理念和"平等、开放、合作、共享"的全球治理观指导下，我国积极参与全球治理实践和治理体制的变革，而财政现代化在这其中始终发挥保障和支撑作用。首先，中国式现代化是走和平发展道路的现代化，我国非常重视财政对外交流与合作，通过与其他国家和经济体、世界银行等国际金融组织在财经领域展开对话和合作来宣传我国致力于走和平发展道路、谋求世界大同的发展理念。其次，财政工作通过推进高质量共建"一带一路"不断统筹和提高其服务大局的能力。"一带一路"建设是我国推动人类命运共同体构想的重要举措，科学的财税体制在其中发挥着重要作用，一方面通过财政资金给予重点支持，例如通过发行"一带一路"债券、设立境外股权投资基金等方式来拓宽融资渠道，建立多元、稳定的投融资体系；另一方面通过优化营商环境为"一带一路"国家的贸易畅通和投资自由化便利化创造良好条件。

第二，积极有为、开放包容的财政政策是中国式财政现代化服务大局的重要抓手。首先是税收政策上，随着我国对外开放的水平不断提高，国家出台了一系列外资企业的税收支持政策和征管服务便利化措施，并通过国际税收会议等形式不断加强合作机制建设。2019年第一届"一带一路"税收征管合作论坛在浙江乌镇召开并签署《"一带一路"税收征管合作机制谅解备忘录》，标志着"一带一路"税收征管合作机制的正式建立，此外我国与多个国家签署税收协定，不断扩大税收协定网络，为避免国际重复征税、减轻企业税收负担作出重要贡献。其次是在支出政策上坚持政府对财政资金的支配和对社会资金的引导相结合，吸引我国的投资主体积极参与到国际合作中，尤其是为"一带一路"沿线国家提供基础设施和互联互通项目的资金支持。最后是在援助政策上更加侧重对广大发展中国家的援助，综合采用无偿援助、政府贴息优惠贷款、援外项目合资合作等多种方式来为困难国家提供经济、物质支持和技术培训。

第三节　中国式财政现代化的溢出影响与文明价值

一、中国式财政现代化的溢出影响

当前，全球范围内的各个国家正在经历一系列重大变革和挑战，世界百年未有之大变局正在加速演进，资本主义矛盾日益深刻，逆全球化愈演愈烈，广大新兴经济体的发展面临诸多困难。而我国作为第三世界国家的代表，在发展过程中始终立足于中国国情、发挥中国特色，不断推进国家治理体系和治理能力现代化。在全面深化改革的总棋局中、在推进国家治理体系和治理能力现代化的总目标下，财政现代化对于国家现代化有关键支撑作用，国家治理现代化的大厦必须建立在财政现代化的坚实地基之上。在中国式现代化道路的形成和发展过程中，财政始终是我们落实国家战略、提供发展动力、保障改革顺利进行的关键抓手，我们牢牢把握中国特色，走出了一条中国式的财政现代化之路。如今，中国式财政现代化也正凭借其蓬勃的生命力对世界其他国家的发展提供中国智慧。

（一）对全球经济格局的影响

1. 带动全球经济增长

我国是拉动世界经济增长的重要引擎，是推动全球经济复苏的强大动力。2012年我国经济发展进入新常态以来，财政减税降费的力度持续增大。从供给侧来看，2012年我国推行"营改增"改革，2019年开始实行大规模增值税留抵退税，极大减轻了企业负担，充分调动了市场主体的活力，个体工商户、小微企业和困难行业受到减税的重点照顾，根据国家税务总局数据显示，2023年全国新增减税降费及退税缓费超2.2万亿元，其中，中小微企业占比高达64%；此外，"银税互动"系统帮助全国小微企业在2023年获得2.84万亿元的贷款支持，同比增长23.48%[①]；从需求侧来看，2019年个税实行专项附加扣除，免征额从过去的3500元上调至5000元，社保费率也在不断降低，通过减负激发消费潜力。此外，财政还鼓励民间资本参与到社会建设中来，以政府投资带动社会投资，充分激发社会的投资活力。得益于财政对经济增长的支持作用，进入新时代以来我国经济始终

---

① 数据来源：Wind数据库。

保持持续健康的稳定增长，2013—2021年，我国对世界经济增长的平均贡献率超过30%，居世界第一。

2. 影响国际贸易与投资格局

在全球贸易复苏的大背景下，我国持续推进高水平对外开放，履行降税承诺，多次降低关税税率，关税总水平从2010年的9.8%降至2023年的7.3%，同时不断提高出口退税率，极大提高了我国出口商品的国际竞争能力。根据海关数据，2023年我国货物贸易进出口总值达到41.76万亿元，连续7年保持世界第一货物贸易国地位。此外，我国还配套相关财政政策支持外贸企业的数字化转型，例如提高企业研发加计扣除的比例、对传统外贸企业的数字化升级提供税收优惠和人才补贴等资金支持，从而带动了我国对外贸易和全球贸易的繁荣发展。相比之下，美国的贸易保护主义完全以自我利益为出发点，不仅阻碍了国际经贸关系的正常发展，也不利于多边贸易体制的构建和全球产业链供应链的安全。

在投资方面，我国近年来吸引外资的比重和质量都有明显提高，全球投资重心呈现向我国倾斜的趋势。从投资总量上看，根据商务部数据显示，2023年我国全行业对外直接投资10418.5亿元，同比增长5.7%，已连续11年位列全球前三大投资国。这得益于我国财政工作对吸引外资的支持力度，例如通过设立自贸区、放宽市场准入、提供税收优惠等措施吸引更多优质外资进入中国市场，通过中央外经贸发展专项资金统筹加大对外资标志性项目的资金支持，以及通过提高金融市场的开放程度和监督管理强度来增强我国金融市场流动性和资本吸引力；从投资结构上看则是更加侧重技术创新和绿色转型。

3. 推动全球绿色转型

中国式现代化是人与自然和谐共生的现代化，统筹环境保护与经济发展是推进中国式现代化的重要主题，也是财政工作的重要主题。

第一，财政支持绿色金融发展。具体而言主要包括三个方面：一是政府重视绿色信贷体系的构建，引导银行业金融机构加大对生态保护和清洁能源等项目的信贷支持力度，同时绿色信贷体系也会通过限制高污染行业的融资来推动企业绿色转型；二是政府鼓励符合条件的企业发行绿色债券，相关资金用于生态保护和环保项目的投资；三是政府作为领路人积极探索更高效的绿色投资基金机制，为其他国家的绿色转型提供先行经验。

第二，我国通过积极参与全球治理和国际贸易的方式，将环保技术推广到全球，利用国际合作将所积累的技术和经验分享给其他国家，并对他们提供资金支持，积极推动全球环境治理。

第三，财政支持企业绿色技术创新。一方面对于那些通过绿色技术创新方式改善环境绩效的企业，财政会予以补贴和税收优惠作为激励；另一方面政府鼓励外贸企业的绿色转型，用财政资金支持外贸企业对电动汽车、锂电池等绿色产品的出口和参与国际合作。

第四，我国积极践行"双碳"战略，通过"一带一路"倡议推动周边国家绿色基础设施建设，进而推动全球绿色转型，例如太阳能、风力发电厂和大型水电站等清洁项目和绿色城市交通轨道设施建设。

4. 推动全球技术创新

科技是财政支出的重点领域，财政工作全力支持高水平科技自立自强，以国内创新拉动全球技术创新。

第一，财政支持"走出去"和"引进来"相结合，以高水平的对外开放推动技术创新。在"走出去"上，财政鼓励国内高新技术企业积极开展国际合作，利用全球资源开展国际竞争，同时对企业技术创新予以财政支持，例如提高企业研发加计扣除比例、对于企业组建创新联合体来承担国家重大科技项目给予资金支持、对企业基础研究提供税收优惠和人才补贴等。在"引进来"上，通过高水平对外开放吸引全球的高新技术企业进入国内市场，利用国际合作推动全球技术创新。根据商务部数据显示，2023年我国实际使用外资11339.1亿元，其中高技术产业引资4233.4亿元，占实际使用外资金额比重最高，为37.3%，许多国内代表性企业也在全球科技创新中扮演"领头羊"角色，例如小米打造了全球最大的消费级智能物联网平台，华为在5G芯片领域突破"卡脖子"难题，比亚迪通过技术驱动成为全球领先的新能源汽车企业。

第二，以数字财政建设作为推进现代化的重要抓手，全面深化数字化改革。一方面，通过"一带一路"税收征管合作机制强化与周边国家的数字财政建设合作，为相关来华税务人员提供培训，分享我国预算管理一体化和智慧税务建设的经验；另一方面，我国积极响应OECD倡议，通过参与全球事务改善国际税收营商环境，在全球数字化转型中努力把握规则制定的主动权，加强国际税收合作，以实际行动推进全球经济健康发展和数字化转型升级。

(二) 积极参与全球治理

作为全球第二大经济体,中国在参与全球治理的过程中积极承担大国责任,彰显大国财政的气度。

第一,我国坚持对外援助,不断扩大国际财政支出规模,是全球公共产品的提供者。2019—2021年,我国累计对外援助金额达2562.9亿元(约合400亿美元),其中无偿援助1062亿元,无息贷款765.4亿元,优惠贷款735.5亿元[①]。

第二,我国积极开展对外交流合作,在全球公共财政治理体系建设中发挥主动性。一是我国作为联合国第二大会费国,积极履行联合国的财政义务,坚持做全球发展的贡献者;二是财政支持"一带一路"倡议、丝路基金和亚投行建设,利用这些平台与其他国家积极开展双边和多边对话,提高我国在全球的财税话语权;三是积极参与国际重大财政事务的开展,为气候治理、粮食安全、创新驱动、债务危机、减贫等全球重大议题的讨论贡献中国智慧。

(三) 发展模式的经验借鉴

作为第三世界国家的代表,我国在推进财政现代化的道路上始终坚持立足于基本国情,坚持沿着中国特色社会主义道路发展,在党的集中统一领导下取得了一系列瞩目的成就,既体现了社会主义制度的优越性,也为诸多发展中国家的财政建设提供了宝贵的借鉴经验。

1. 财政建设要以人民为中心

发展为了人民、发展依靠人民、发展成果由人民共享是我国财政建设的基本出发点和落脚点。新时代以来,我国财政建设的系列措施都体现了以人民为中心的发展理念,这也是推动我国财政现代化行稳致远的重要法宝。

首先,在财政的支持下,我国走出了一条中国特色的减贫道路,为全球的减贫事业提供了有益借鉴。2021年,是中国共产党成立100周年,也是我国打赢全面脱贫攻坚战的胜利之年,在脱贫攻坚、实现全体人民共同富裕这条道路上,政府有针对性的扶贫政策起到了关键作用,这种针对性主要包括资金和制度两个方面。一方面,财政资金在脱贫攻坚中始终发挥支撑和保障作用。我们在设置中央财政专项扶贫资金作为主导的基础上,结合各地区的特点因地制宜,设置中央专项彩票公益金

---

① 数据来源:《中国对外援助》白皮书。

来支持革命老区的基础设施建设，并通过财政补助和贴息支持乡村教育、医疗、卫生事业的发展，设置农田水利、交通、生态等专项转移支付，鼓励金融机构发放扶贫小额贷款，多渠道推动精准扶贫。另一方面，财政政策在脱贫攻坚中发挥制度指导和引领作用。例如各种形式支持脱贫攻坚的税费优惠和政府采购，以及通过建立扶贫资金监管机制对财政资金的使用进行全过程监督，并设置奖惩机制和绩效考核评价体系推动扶贫工作真正作出实在成果。

其次，我国近年来推行的减税降费系列政策也是以人民为中心的生动体现，例如在个税改革上通过提高起征点、增加6项专项附加扣除提高中低收入群体的可支配收入，对小微企业实行普惠性的税收减免，面对疫情冲击时及时出台政策延缓住房公积金贷款缴纳、出台阶段性减免企业社保费政策来纾解企业资金困难等；在教育方面，为加快推进义务教育优质均衡发展和城乡一体化，财政部下达义务教育相关转移支付资金，不断提高义务教育经费保障水平，对困难家庭提供物质和资金补助；在医疗方面，更加注重基层医疗建设，下达2000亿元财政资金促进优质医疗资源扩容下沉和向县级医疗的倾斜，通过深化药品集中带量采购制度改革减轻普通百姓的就医和用药负担；在就业方面，2023年中央财政下达就业补助资金667.6亿元支持各地区落实就业创业扶持政策，更加侧重农民工、贫困人口和高校毕业生等重点人群的就业；此外，中央财政还安排补助资金推动完善住房保障体系，支持符合条件的公租房建设并发放租赁补贴，积极开展城镇老旧小区改造，制定"保交楼"专项借款工作方案维护购房者的合法权益。

2. 财政建设要走可持续发展道路

可持续性的财政体系是财政现代化的重要特征，很多发展中国家之所以陷入中等收入陷阱，很大一部分原因在于其财政缺乏可持续性。这种可持续性主要体现在以下几个方面：

第一，财政收支要维持基本平衡，赤字要控制在合理范围内。

第二，财政工作要坚持底线思维，时刻做好防范化解重大风险的准备。

首先，注重防范财政自身的运行风险。从整体宏观经济上看，虽然2023年以来我国经济恢复常态化运行，但宏观税负仍呈下行状态，2023年一般公共预算收入占GDP比重为17.2%，虽然较2022年回升0.4个百分点，但整体仍呈下行趋势。面对收支矛盾的加剧和财政紧平衡，我国财政工作坚持稳中求进、不断扩大内需，通过大规模减税降费和退税缓税缓费政策来稳住市场主体，避免经济大幅下滑和失业率攀升；通过专项债等财政工具扩大政府投资从而带动社会基建和房地产投资，扎实做好"六稳""六保",多渠道增加城乡居民收入,推动恢复消费,财政支出始终保持较强的力度。

其次,我国财政工作始终将地方政府债务风险尤其是隐性债务风险作为财政风险治理的重中之重,坚持遏增量、化存量、强监管、严追责,建立了常态化的跨部门协同监管机制,将地方政府隐性债务风险保持在可控状态,避免了财政风险向金融风险的蔓延。同时,对于一些地方财政运行呈现紧平衡状态的问题,中央财政加大转移支付力度,支持地方特别是基层财政平稳运行。2023年中央财政安排对地方转移支付 10.06 万亿元,同比增长 7.9%,为支持地方财政平稳运行提供了有力保障。

最后,防范经济社会风险财政化。以房地产风险为例,地方政府对土地出让收入的可依赖程度早已今非昔比,再加上疫情冲击,居民普遍缺乏购房信心,房地产企业面临流动性困难、投资水平下降和破产风险等,给房地产行业带来了较大的经济风险,为了稳住楼市,政府采取了一系列财政举措,例如下调二套房首付比、下调首套房贷款利率、对低收入家庭和应届毕业生的租房支出给予适当补贴、放开二线城市的外地首套购房限制、降低交易税费等等,提振了房地产市场的信心。

3. 财政建设要有集中统一的领导力量

第一,财政工作要始终把握正确的政治方向。我国财政各项工作的安排、财政政策的制定都是在党的集中统一领导下进行、从政治高度和大局角度进行谋划的,讲政治是财政制度安排的第一要求,做到"财"服务于"政",确保党能够充分发挥对财政的领导与统筹作用,推动财政现代化沿着正确的政治方向前进。

第二,央地关系要形成良性互动。改革开放以来,我国之所以能够取得举世瞩目的成就,一个关键环节就是充分调动了中央和地方两个积极性。近年来"放管服"改革的推进有助于进一步理顺中央与地方的职责关系,推动央地权力配置更加科学,更好地激发地方经济发展的活力和动力。

二、中国式财政现代化的文明价值

要探寻中国式财政现代化的文明价值,我们首先要弄清楚"财政"的真正含义。财政本质上是一种分配行为,这个行为的主体是政府,而政府是要代表人民的。因此,财政活动的背后实际上反映的是人民的价值观念和文化诉求。中国式现代化开创了人类文明的新形态，而财政现代化作为中国式现代化的重要组成部分，其蕴含的文明价值对于人类文明的发展进步有重要意义。

（一）中国式财政现代化促进人的全面发展

马克思早在《1844 年经济学哲学手稿》中就提出了人的全面发展学说，其主要思想是人的体力、智力及思想道德等方面全面而自由的发展，它是马克思主义的基本价值取向，也是科学社会主义的重要价值目标。习近平总书记指出："现代化的本质是人的现代化，人的现代化建立在人的全面发展持续推进的基础之上"，实现人的全面发展是一个长远的、渐进的过程，而财政作为国家治理的基础和重要支柱，也是体现人的主体性、为人的自由全面发展创造基础条件的。

第一，财政现代化通过建设高质量的教育体系来促进人的全面发展。一方面，高质量的教育能够提高个人的劳动能力和发展能力，提高人们的综合素质，在受教育的过程中，人们可以塑造自己的精神世界和价值观念，培养个人品德，挖掘个人的潜能和兴趣。进一步地，大力发展教育也是社会主义精神文明建设的重要依托。中国式现代化是物质文明与精神文明相协调的现代化，通过教育可以提高整个社会的文明程度，从而更好地培育和践行社会主义核心价值观，更好地培养青年人担当民族复兴大任的使命感，推进社会主义事业的顺利前进。另一方面，公平的教育能够为每个人的发展提供机会，财政教育经费之所以不断向基础义务教育和乡村教育倾斜，就是为了让那些家庭困难的、落后地区的人们也能拥有平等的受教育机会，让每一个人都能得到自由全面的发展。

第二，财政现代化通过推动健康中国建设来促进人的全面发展。健康是促进人的全面发展的必然要求，是经济社会发展的基础条件，是民族昌盛和国家富强的重要标志，也是广大人民群众的共同追求。财政建设坚定维护人民健康，一方面财政资金的投入力度大，社会资本也能通过 PPP 模式积极参与健康服务建设；另一方面财政政策导向性强，尤其注重基层医疗建设，推动优质医疗资源扩容下沉。

第三，财政现代化通过推动共同富裕来促进人的全面发展。中国式现代化是全体人民共同富裕的现代化，高质量教育能够提高个人的发展能力，但要实现人的全面发展，仅靠个人发展能力的提高还不够，消除贫困才是一切的根本。比较通俗的理解就是，贫穷会束缚人的发展，这种"束缚"主要体现在两个方面：一方面是贫穷会束缚人的思想。很多人虽然有发展的能力，但贫穷使他们只能忙于生计，没有多余的时间去思考个人的发展；另一方面就是贫穷阻挡了社会阶级向上流通的通道，机会公平、规则公平和权利公平得不到保障，普惠性的基本公共服务无法惠及每个人，使贫穷的人越来越贫穷。因此，只有通过推动共同富裕，不断增大基础性、普惠性、公共性的资源投入，让所有人都能有机会通过自身的努力富起来，才能打破两个"束缚"，真正实现人的全面发展。

（二）中国式财政现代化扎根于中华优秀传统文化的沃土

财政运行和文化之间有着深刻的关系，文化观念指导着财政活动，财政活动反过来体现文化精神。党的二十大报告指出，要坚持马克思主义基本原理同中国具体实际相结合、同中华优秀传统文化相结合。财政现代化作为中国式现代化的基础和支撑，更要坚持"两个结合"，将建设现代财政制度深深扎根于中华优秀传统文化的沃土之上。

第一，中国式财政现代化本身就拥有悠久的历史，它与我国传统的治国理念和文化价值相契合，并且继续指导着我国的财政建设。回顾我国的财税思想史可以发现，中国财税文化自古以来就强调以人为本、重视立政养民。唐代著名政治家陆贽在其治国理念中就提到过："以人为本，以财为末，人安则财赡，本固则邦宁"，也就是说，财对国家固然重要，但君主治理天下要以民为重，要轻徭薄赋，让百姓安居乐业，国家财政收入才能生生不息；丘濬在《大学衍义补·固邦本》中强调："人君修德以善其政，不过为养民而已"，意思就是为政者不可剥削百姓，要制定合理的政策让百姓从事生产生活以赡养财源；此外，古代先贤在治国理财的过程中就强调"量入为出"，管子在《权修》中说过："取于民有度，用之有止，国虽小必安；取于民无度，用之不止，国虽大必危"，表达的就是财政要收支合理、注重平衡。这些重要的理念至今仍指导着我国的财政活动，它标志着我国财政的独特性。相应的，从"十三五"规划到"十四五"规划，财政工作在习近平新时代中国特色社会主义思想的指导下牢牢把握以人民为中心的发展理念，以预算制度、央地财政关系和税收制度三项重点任务为抓手，不断健全和完善中国特色现代财政制度，本身就是对中华优秀传统文化的继承与弘扬。

第二，在理论建设上，我们正在努力构建中国自主的财政学知识体系，这种独特的体系是以中华优秀传统文化为根基的。"以史为鉴，可以知兴替"，通过加强对财政史的研究，我们可以更深刻地理解和把握财政应该在社会发展中扮演什么样的角色、财政与文化之间应该保持什么样的关系，从中华优秀传统文化的宝库中发掘有利于财政发展的内容，将财政理论建设融入社会主义精神文明建设中去。

（三）中国式财政现代化推动社会主义生态文明建设

生态文明建设是社会主义文明建设的重要内容，它体现了人类尊重自然、顺应自然、保护自然、与自然和谐相处的文明理念。对于生态文明建设，我们要跳出常规的思维去理解，它绝不仅仅意味着污染防控、环境治理和生态保护，这些都只是手段而非目的，生态文明建设真正要做的是要克服传统工业文明的弊端，探索一条可持续发展的、人与自然和谐共生的、能够形成良性循环的、环境友好的新型发展道路，它体现的是一种先进的发展观念，是人类积极向上的生活态度，是社会主义文明乃至整个人类文明的重要组成部分，这一点在党的二十大报告中已经给出了精炼总结："坚持可持续发展，坚持节约优先、保护优先、自然恢复为主的方针，像保护眼睛一样保护自然和生态环境，坚定不移走生产发展、生活富裕、生态良好的文明发展道路，实现中华民族永续发展。"

中国式现代化是人与自然和谐共生的现代化，生态文明建设的水平实际上体现了国家治理能力现代化的水平，财政作为国家治理的基础和重要支柱，在生态文明建设中扮演着至关重要的角色。

一方面，财政不断加大对生态文明建设的资金投入力度，在资金结构上重点向污染防治、生态系统保护和修复、绿色低碳科技创新上倾斜；在资金投入方式上有机结合鼓励性和约束性税收优惠、政府绿色采购、专项资金等多种形式共同发力；在资金投入主体上由政府鼓励社会资本多渠道参与（如PPP模式），既能发挥政府的引领作用，又能激发企业作为市场主体参与生态文明建设的积极性。

另一方面，财政通过机制创新充分发挥顶层设计的作用，激发地方政府参与生态文明建设的主观能动性，例如地方政府可以结合本地的生态条件、资源条件因地制宜，以试点的方式探索新机制并根据实施效果逐步推行；同时以"一带一路"倡议为抓手积极寻求国际合作，在全球生态文明建设中贡献中国力量。

（四）中国式财政现代化弘扬全人类的共同价值追求

1. 中国式财政现代化是和平与发展的现代化

和平与发展是当今时代的主题，它关切着全世界人民的共同福祉。我国能够做世界和平的建设者、全球发展的贡献者、国际秩序的维护者，其背后离不开财政的支撑。

首先是财政对经济实力的支撑。经济实力是综合国力的核心要素，一个强大的国家背后一定具备强大的经济实力，而强大的经济实力要以强大的财政实力为基础。有了财政实力，我们才能投入更多经费用于军事国防建设，保障国家安全；同时我们也有资格、有条件去牺牲短期的经济利益来换取更加长远的发展利益，也有条件向全世界传递中国声音，输出我们的文化理念，利用全球号召力和国际话语权来推动世界的和平与发展，提出和推动人类命运共同体建设就是最好的例子。

其次是财政能力对国家治理能力的支撑。财政能力主要包含三个层次的含义，一是政府安排财政收支的能力，主要体现在预算编制和执行的质量、对资源的合理配置和政府财政支出的效率；二是财政防范化解重大风险的能力；三是处理政府与市场关系的能力。财政能力从上述的三个层次上体现着国家治理能力的高低，而在全球化愈演愈烈的今天，每个国家都不可能脱离世界独立存在，因此国家治理是深深嵌入全球治理体系中的，我国就是在财政能力的支撑下通过提高国家治理水平更好地参与全球治理，从而推动世界的和平与发展。

2. 中国式财政现代化是公平与正义的现代化

公平与正义是人类社会进步的标尺，财政的公共性决定了财政必须要做公平正义的坚守者。

首先，财政通过对社会公众提供均等化的公共服务为每个人提供平等的发展机会；其次，财政作为调节社会资源配置的主体，是维护收入分配公平的核心力量；最后，我国始终坚持在高质量发展中促进共同富裕。习近平总书记强调，共同富裕是社会主义的本质要求，是中国式现代化的重要特征。财政工作也朝着全体人民共同富裕的目标扎实迈进：一是在个税制度设计上更加鼓励辛勤劳动、合法经营和创造所得，加强对资本利得等消极所得的税收调节力度；二是在预算管理上加强党对财政资源的领导和统筹能力，并且大力发展数字财政，不断提高预算管理的信息化水平和管理效率；三是在消费税征收上后移征收环节并稳步下滑地方，减少消费税流失的同时为推动共同富裕发挥保障作用等。

3. 中国式财政现代化是民主与自由的现代化

民主与自由是社会主义政治文明的价值取向，是人类社会的精神追求，它也喻于中国的现代财政制度建设中，其中最具代表性的就是在预算监督中坚持落实全过程人民民主。

预算从表面上看是政府的收支计划，但本质上预算是通过资源配置的形式来对政治权力进行分配，它与一个国家的政治制度是深刻联系的，并进一步通过预算理念体现国家的财政文化。西方的预算民主成型于代议制，虽然也是基于民主的价值观念，但西方的民主更多是倾向于一种基于个人主义的、形式上的民主；而我国是社会主义国家，国家的一切权力属于人民，人民至上是我们的制度优势，集体主义是我们的道德原则,全过程人民民主是我们的价值取向。

具体来说,在预算的编制上,支出部门在对下一年度收支进行测算时会广泛听取人民群众的意见,以人民利益为导向编制预算;在预算审查上建立相关机制广泛听取人大代表、社会各界专家和基层工作人员的意见并据此进行整改,同时充分发挥大会审查预算草案的优势,集思广益;在预算执行上利用数字平台提高事中和事后监督效率,跟踪预算执行进度;在决算信息公开上依法、透明,让人民在整个预算流程中全过程参与、全方位监督、全流程知情,将全过程人民民主的理念深入贯彻到预算民主中。

本章主要参考文献

[1] 马金华,刘锐. 税收现代化推动经济社会现代化:英国路径分析 [J]. 税务研究,2019(09):123-127.

[2] 黄安年. 美国的崛起:17—19世纪的美国 [M]. 北京:中国社会科学出版社,1992.

[3] 金荣学,傅鑫. 中美地方债务管理制度比较 [J]. 当代经济,2017(13):6-8.

[4] 刘绪贻. 富兰克林·D. 罗斯福时代:1929—1945年 [M]. 北京:人民出版社,1994.

[5] 马海涛,陈宇. 完善宏观经济治理,建立现代税收体制 [J]. 东岳论丛,2021,42(08):65-73,191-192.

[6] 殷明,倪永刚. 税收治理视角下税收征管现代化的时代要求及路径取向 [J]. 国际税收,2023(03):24-31.

[7] 刘守刚. 国家的财政面相 [M]. 上海:上海远东出版社,2022.

[8] 马可垚. 英国封建社会研究 [M]. 北京:北京大学出版社,2005.

[9] 罗荣渠. 现代化新论(增订版)[M]. 北京:商务印书馆,2004.

[10] 张斌. 减税降费、资源统筹与增强财政可持续性 [J]. 国际税收,2022(06):3-9.

[11] 高培勇. 从结构失衡到结构优化——建立现代税收制度的理论分析 [J]. 中国社会科学,2023(03):4-25,204.

[12] 刘英. 中外政府采购法律制度之比较 [D]. 山东大学,2013.

[13] 刘晓路. 现代财政制度的强国性与集中性——基于荷兰和英国财政史的分析 [J]. 中国人民大学学报,2014,28(05):2-10.

［14］卢洪友．西方现代财政制度：理论渊源、制度变迁及启示［J］．公共财政研究，2015（01）：28－41．

［15］吕炜，靳继东．从财政视角看中国式现代化道路［J］．中国社会科学，2022（11）：165－184，208．

［16］邓力平，王智烜．坚持人民财政理念，完善现代财政制度［J］．中国财政，2020（17）：19－24．

［17］吕冰洋．中国化财政要与传统文化精神相结合［J］．财经智库，2022，7（06）：65－76，137－138．

［18］马珺，高培勇．新中国财政基础理论70年［M］．北京：中国财政经济出版社，2020．

［19］高培勇．从结构失衡到结构优化——建立现代税收制度的理论分析［J］．中国社会科学，2023（03）：4－25，204．

［20］刘新波．新时代财政体制改革：新理念、新格局与新路径［J］．上海经济研究，2023（09）：13－25．

［21］白彦锋．中国式财政现代化与我国税制改革的正确方向［J］．预算管理与会计，2023（06）：22－25．

［22］裴桂芬，刘继荣，王曼．战后日本土地税制改革及其效应［J］．日本学刊，2016（03）：115－133．

［23］白彦锋．深入贯彻以人民为中心的发展思想，健全与中国式现代化相适应的现代财政制度［J］．中国财政，2023（10）：47－49．

［24］陆铭，杨汝岱，等．大国经济学［M］．上海：上海人民出版社，2023．

［25］周强．国家治理现代化视角下的央地财政关系［D］．首都经济贸易大学，2019．

［26］张衡之，马金华．十年两会财税改革回顾与展望［J］．财政监督，2023（08）：12－23．

［27］陈智华，黄京菁．疫情冲击下的美国财政政策及思考［J］．中国财政，2022（04）：77－79．

［28］叶建芳，王万光．日本税制改革思想变迁及评析［J］．税务研究，2016（01）：83－86．

［29］郑谦．以全过程人民民主引领公共预算［N］．中国社会科学报，2023－02－01．

［30］马海涛，白彦锋，岳童．新中国70年来我国财政理论的演变与发展［J］．社会科学文摘，2019（12）：44－46．

［31］叶振鹏，张馨．论双元财政［Z］，全国第七届财政基础理论讨论会打印稿，1993．

[32] 叶振鹏，张馨. 双元结构财政——中国财政模式研究 [M]. 北京：经济科学出版社，1995.

[33] 张馨. 论国企的根本问题是资本问题——《资本论》框架下的国企改革分析 [J]. 财贸经济，2014（07）：11-21.

[34] 陈共. 财政学 [M]. 北京：中国人民大学出版社，1999.

[35] 史卫. 财政文明视角下的中国式现代化道路：历史逻辑、路径选择与改革方向 [J]. 财政监督，2023（21）：5-10.

[36] 杨灿明. 基于财政视角理解国家治理体系和治理能力现代化 [J]. 国家治理，2019（41）：9-12.

[37] 高培勇. 中国财税改革40年：基本轨迹、基本经验和基本规律 [J]. 中国财政，2018（17）：60-71.

[38] 陈道富. 财政货币政策协调需要从三方面推进 [N]. 中国经济时报. 2023-09-20.

第三章
中国式财政现代化视角下的政府预算理论与制度创新

中国式现代化是中国共产党领导的中国特色社会主义实践，是实现中华民族伟大复兴的光明大道。财政是国家治理之基，预算是财政管理之柱。预算作为党执政的重要资源，体现党和国家的意志，始终服从和服务于党和国家事业大局，是政府施政和调控经济的重要手段，为社会主义现代化建设提供财力支持和制度保障。随着中国式现代化的逐步推进，预算理论和制度安排始终处于动态调整之中，预算的本质、职能定位以及制度建设都发生了深刻的变化。党的二十大从战略和全局的高度，提出"健全现代预算制度"，为新时代预算发展指明了方向。

第一节 中国式现代化对预算发展提出的新要求

党的二十大报告深刻阐述了中国式现代化的重要特征，明确了中国式现代化的逻辑起点、发展方式、总体布局、发展路径，为全面建设社会主义国家提供理论依据，同时也为深化财税体制改革提供行动指南。本章主要从主体维度、实践维度、属性维度全面思考中国式现代化对预算理论与制度创新提出的新要求，对于实现预算理论与制度创新具有至关重要的意义。

一、主体维度：坚持以人民为中心的发展思想，凸显公共价值属性

中国式现代化坚守人民立场，是为了人民、依靠人民、发展成果由人民共享的现代化。"为了人民"明确了现代化建设的价值目标和发展方向；"依靠人民"强调了人民群众是中国式现代化的根本力量源泉；"发展成果由人民共享"指明了中国式现代化的发展成果由全体人民共同享有。中国式现代化的核心和逻辑起点是实现人的现代化，人的现代化既是中国式现代化建设的主体依托和动力之源，也是中国式现代化追求的最终目标和价值旨归。习近平总书记强调"现代化道路最终能否走得通、行得稳，关键要看是否坚持以人民为中心"。[①] 从主体维度来看，中国式现代化对政府预算理论与制度创新提出的新要求就是：坚持以人民为中心的发展思想，进一步凸显公共价值属性。

与中国式现代化的"人本逻辑"相适应，预算现代化必须坚持以人为本，避免为了发展而发展。政府预算之所以被称为公共预算，是因为它事关全体人民的切身利益，属于公共性质的收支活动。预算安排涉及"蛋糕"分配，关系民生福祉，因此，政府预算管理必须坚持以人民为中心的发展思想，把实现好、维护好、发展好最广大人民群众的根本利益作为健全现代预算制度的出发点和落脚点，用好、管好政府预算的每一笔收支，确保预算收入有序合规、预算支出提质增效，提高预算信息透明度，将全部政府收支活动置于全体人民的监督之下，提高资源配置效率。取之于民，用之于民，兜牢民生底线，健全民生领域投入保障机制，着力解决地区差异、城乡差异、收入分配差距，促进全体人民共同富裕。

---

① 习近平. 携手同行现代化之路——在中国共产党与世界政党高层对话会上的主旨讲话［N］. 人民日报，2023－03－16（02）.

为了进一步凸显政府预算的公共价值属性,就必须加强政府预算领域的民主和法治建设。一要强化基于宪法安排的人民代表大会预算权力。人民代表大会制度是中国的根本政治制度,各级人大是规约各级政府的法定权威机构,能否真正发挥监督、规约政府预算行为的功能,是中国预算制度现代化建设的关键。二要提高立法机构的预算话语权,减少立法机构向行政部门授权过多,使立法机构在预算编制、审批、执行、调整、决算审查中享有充分的监督权,至关重要。三要坚持预算法定原则。从"预算法定"的目标来看,现代预算制度应该做到预算集中统一和预算监督,实现预算的统一性、准确性和严密性,就需要制定统一的规则来进行收支管理;进行预算监督,是为了确保财政收支活动是严格按照制度和规则进行的,受到有效约束。四要立足社会主要矛盾,优化财政资源配置结构,重点保障和改善民生,兜牢民生底线,打造完善的公共服务体系,实现更高层次的均等化;重点支持教育、医疗、社会保障、就业等民生事业的发展,让人民群众共享发展成果,满足人民群众对美好生活的需要;重点支持生态建设、区域协调发展、乡村振兴战略,充分释放高质量绩效。

二、实践维度:围绕高质量发展的主题,助力中国式现代化建设

站在新的历史方位,要准确把握时代特征,深入剖析当前发展中存在的问题,将包括预算制度改革在内的各个领域的实践活动统一于中国式现代化建设中,通过中国式现代化全面推进中华民族伟大复兴。党的二十大报告指出,"高质量发展是全面建设社会主义现代化国家的首要任务"。我国经济已经由高速增长阶段转向高质量发展阶段,高质量发展,是适应社会主要矛盾变化、引领新时代现代化建设的重大战略,是建设中国式现代化的本质要求,已经成为时代主题。当前财政收支矛盾加剧,财政可持续性面临挑战,财税体制改革要趟过"深水区"、加强财政政策的宏观调控能力、实现高质量发展,离不开现代预算制度的支撑和保障作用。从实践维度来看,中国式现代化对预算理论与制度创新提出的新要求是:始终围绕高质量发展的主题,助力中国式现代化建设。

建立与高质量发展相适应的现代预算理论与制度,就要基于中国特色社会主义实践和财政改革实践,不断研究新课题,回答时代提出的新要求,着力解决不平衡不充分问题,充分发挥预算在资源配置、财力保障等方面的重要作用,真正为中国式现代化提供财力支持和制度保障。具体来讲,一是要求现代预算制度能够提高财政政策执行力,充分发挥宏观调控能力。现代预算管理是一项涵盖预算编制、审批、执行、监督的系统工程,通过融入先进理念和方法,嵌入运行规则和衔接机制,提

高信息化管理水平，系统把握并协同推进各种管理要素，实现预算管理高质量发展，通过释放预算管理效能，提高财政政策的宏观调控能力。此外，预算制度与财政制度、经济政治体制是息息相关的。健全现代预算制度，是构建现代财政制度的重要组成部分，为高水平社会主义市场经济体制提供支撑。二是为政府施政提供财力支持，保障国家重大战略实施。现代预算是一种重要的治理工具，通过对稀缺的财政资源进行科学合理分配，将财政资源高效配置于经济、政治、社会、文化、生态等各个领域，提高财政支出的有效性，为高质量发展提供财力支持和制度保障，是实现国家治理现代化的重要手段。三是坚持统筹发展和安全，防范化解风险。健全现代预算制度，要深刻把握我国经济社会发展面临的复杂性艰巨性，牢固树立底线思维，平衡好促发展和防风险的关系，既注重壮大财政实力，为宏观调控提供充足的资源保障，也要从全过程严防财政风险。具体地，在预算编制环节，科学合理地预测财政收支、确定财政赤字，从更长远的视角谋划事业发展，对重大政策或者重大项目进行财政承受能力评估，根据评估结果合理安排预算。预算制度的现代化关键在于规范和约束政府收支行为，核心在于"控权"，形成有力的监督制约机制，规范政府行为，抑制财政支出规模的随意扩张和财政资源的随意浪费，提高财政资金的使用效率，加强地方债管理，提高财政可持续性。

三、属性维度：把握"现代"二字对预算管理制度的要求，健全现代预算制度

中国式现代化中的"现代化"是一个宽泛而丰富的概念，既象征特定历史进程，又形容相对发展状态。现代化的标准具有鲜明的时代特征，并且随着经济社会的发展呈现出动态演进的特点。中国式现代化实现了从经济现代化到全面现代化的发展，较好地把握了现代性特征。制度现代化，既是中国式现代化的基本内容，也是推动社会主义现代化建设的有力保障。改革开放以来我们国家经济社会建设取得的伟大成就，主要得益于不断深化改革开放，不断完善中国特色社会主义制度，不断完善社会主义市场经济体制和不断推进国家治理体系和治理能力现代化。现代预算制度是中国特色社会主义制度的重要组成部分，同时也是判断一个国家现代化与否的重要标志。因此，在中国式现代化背景下，全面提升预算管理现代化水平，要能够运用先进的理念方法深化改革创新，着力构建涵盖预算编制、预算执行、预算监督和基础支撑等科学规范的现代预算制度，关键在于要深刻把握"现代"二字对预算管理制度的要求。

中国式现代化进入新阶段，深刻把握"现代"二字对预算制度的要求，就是要

建立健全现代预算制度，持续强化预算制度的完整性、统一性、法治性、有效性、公开性、年度性特征，提高预算管理信息化水平。"完整性"指的是实现政府预算的全口径管理，凡是以政府名义发生的收支包括政府债务性收支，都应列入政府预算，并有效协调一般公共预算与政府性基金预算、国有资本经营预算、社会保险基金预算之间的关系，并完整地向国家权力机关报告，接受权力机关监督。不允许有预算之外的政府收支，不允许有在政府预算管辖之外的财政活动。"统一性"指的是政府预算必须按照统一的程序来计算和编制，任何机构的收支都要以总额列入政府预算，而不应只列入收支相抵后的净额。所有预算资源都必须采用同样的规则进行分配与管理，所有关于财政收支的决策过程也必须是统一的。"法治性"指的是政府预算必须在现行法律框架和预算制度约束下进行，政府所有的预算收支都必须获得立法机构的批准，批准之后的预算执行也必须依法开展，所有预算参与者都必须依法行事，确保财政资源使用的合规可控。"有效性"就要求强化预算绩效管理，预算绩效管理强调预算支出的责任和效率，要求在预算编制、执行、监督的全过程更加关注预算资金的产出和结果。将绩效理念贯穿预算管理的全过程，使得预算编制更为科学，减少事后追加或者调剂，将资金优先分配到亟须的领域，有利于提高财政资金的使用效率。"公开性"指的是政府预算的制定过程应该是透明的，全部政府收支必须经过立法机关审议，并且采取一定形式向社会公开，政府公开的预算文件和内容必须真实和准确，保证预算资金运行过程透明且易于监督，政府预算的执行、审计以及决算也须向社会公众全面公开，真正将"看不见的政府"变为"看得见的政府"，实现预算公开和财政民主。"年度性"指的是政府预算决策必须每年进行，针对每年的新情况对预算做出适时调整。进一步完善中期财政规划管理，加强中期财政规划与年度预算之间的衔接，强化中期财政规划对年度预算的约束。此外，"预算管理信息化水平"指的是以信息化驱动预算管理现代化，通过将规则嵌入系统强化制度执行力，为完善标准科学、规范透明、约束有力的预算制度提供基础保障。

第二节 新中国成立以来政府预算理论与制度的发展逻辑

一、历史逻辑：顺应时代发展要求，具有鲜明的时代特征

中国预算理论与制度整体呈现出曲折发展、螺旋上升的态势，具有连续性和阶段性相统一的特点。在不同历史阶段，中国预算理论发展既是时代要求，又充分体现时代特征。"论从史出，以史出论"，从预算理论与制度的历史演变中，能够准确

把握中国预算实践的本质和规律，也能够正确认识到新时代预算理论与制度发展的必然趋势。

（一）中国式现代化发展的历史脉络

新中国成立初期，对现代化的探索是在极为艰苦的条件下推进，主要任务是快速恢复国民经济，遵循"综合平衡地恢复经济"的理念。在社会主义建设时期，1954年第一届全国人民代表大会首次明确提出了要实现"四个现代化"，即工业、农业、交通运输业和国防现代化。这一时期，对于现代化的探索经历了从工业化到"四个现代化"的发展过程。改革开放初期，党的十一届三中全会把全党的工作重点转移到社会主义现代化建设上来，推动中国式现代化重新步入轨道，进入社会主义现代化建设新时期。当时我国社会主要矛盾仍然是人民日益增长的物质文化需要同落后的社会生产之间的矛盾，因此这一时期社会主义现代化建设坚持"发展才是硬道理"的理念。中国共产党人对社会主义现代化进行了不懈探索，1987年邓小平首次提出了实现现代化的"三步走"战略规划，然后经过了不断发展完善的过程，党的十五大提出了二十一世纪新的"三步走"战略，将"基本实现现代化，建成富强民主文明的社会主义国家"确定为第三阶段的目标。"三步走"战略成为指导社会主义现代化建设的行动纲领。党的十八大以来，中国特色社会主义进入新时代，以习近平同志为核心的党中央立足于新发展阶段，贯彻新发展理念，基于新发展格局，在四个现代化的基础上，提出了国家治理体系和治理能力现代化。"国家治理体系和治理能力现代化"的新命题极大地丰富和拓展了中国式现代化的内涵，使其涵盖经济、政治、文化、社会、生态等国家治理体系的方方面面。新中国成立以来，中国式现代化的发展过程，成为我国预算制度改革重要的历史基点，同时也为预算制度改革指明了方向。

（二）中国预算理论与制度发展的历史逻辑

在不同的历史条件下，包括理念、政策、制度在内的中国财政实践都在快速变化，预算制度改革经历了规范形成阶段、长期稳定阶段、变革阶段、深化阶段以及现代预算制度构建阶段，具有鲜明的时代特征。新中国成立初期，重在构建预算管理的制度、组织体系与编审操作流程等内容，逐步建立起我国政府预算制度的技术规范。计划经济时期，预算主要是服务于国家总体的经济管理布局，实行单式预算，预算编制贯彻国民经济综合平衡原则，长期沿用基数法。财政资金分配呈现出明显的供给制特点，预算管理的重点在于实现财政的分配、调节、监督三大职能。在由计划经济体制向市场经济体制转轨时期，政府职能和资源配置方式逐渐转变，相应地,对预算制度提出了新要求。这一阶段改革的重点是理顺政府间财政分配关系,此时的预算管理改革是逐步建立起与市场经济相适应的管理体系,呈现多变和探索性的特点。1994年,分税制财政体制改革后,我国建立了财政收入稳定增长机制,随着所得税分享改革的完成,一个较为规范的政府间收入分配机制已经建立。但与公共财政的要求相比,我国的支出管理相对滞后,这就导致了预算改革的重心转移到支出管理改革上面。2013年,党的十八届三中全会召开之后,预算成为推动国家治理能力提升和实现国家治理体系现代化的重要技术支撑。在全面深化改革的背景下,预算制度改革突出全面完整性原则,构建四本预算的复式预算体系;强化公开透明原则,循序渐进推进预算公开;拓展年度性原则,建立跨年度预算平衡机制;强化绩效性原则,倡导"用钱必问效、无效必问责"的理念。因此,与国家治理能力和治理体系现代化相适应的现代预算制度基本形成。

我国的预算制度改革主要采取"渐进性"的改革模式,具体体现在:第一,预算管理体系的改革紧跟经济改革和政治改革的步伐。我国的政治体制和经济体制改革是渐进的,因此预算体系的改革也是渐进式的。新中国成立以来,预算制度改革虽然已经取得了很大的成绩,但是仍然存在很大的改进空间,比如预算监督问题在人大层面尚未得到充分落实。这就意味着渐进的政治改革在一定程度上会制约现代预算制度的形成,而中国的政治改革一直是以渐进的方式展开,因此,预算体制改革同样采用渐进模式。第二,预算管理体系改革具有强制性制度变迁中的诱致性。即在预算管理体系改革中把政府自上而下的领导、组织和协调与基层单位自下而上的探索和试验相结合。第三,体系内改革与体系外推进相结合、普遍性与特殊性相结合的特点。预算管理体系的改革牵涉许多配套改革,因此预算管理体系的改革必须配套其他体制的改革推进。同时,改革过程中坚持普遍性与特殊性相结合的原则。我国预算管理体系的改革必须遵循预算管理的规律,在借鉴发达国家成功预算管理改革经验的同时,又要结合我国的实际情况进行创新,建立适合我国财政管理的预算管理体系。

二、理论逻辑:始终立足实践,回应时代需求

新中国成立以来,中国预算理论的发展蕴含着深刻的理论逻辑。政府预算理论与思想的演变与财政理论保持一致,始终围绕着服从和服务于社会主义现代化建设的主题,立足于中国特色社会主义实践和财政改革实践,以中国预算的本质、概念、职能界定、制度建设为主要内容,不断突破传统理论局限,增强对财政实践的解释力和预测力。

（一）时间维度：与时俱进

计划经济时期，"国家分配论"因为适应高度集中的计划经济体制和财政运行特征而占据主流地位。"国家分配论"以马克思的国家观为理论支撑，认为财政是以国家为主体的分配，预算是国家参与社会再分配的工具。"预算工具说"是此阶段预算理论的主要特征，预算只是政府财政收支管理的一种反映和工具，并且这一时期财政改革的重点在收入的管理，缺乏一个有效规范的预算制度，预算制度碎片化特征明显。改革开放初期，预算理论仍然处于自我探索和发展的阶段，研究范式尚未完全清晰。但是，围绕预算过程而形成的分析框架基本统一，研究逐步向预算编制制度与方法、预算收支科目的规范与优化、预算报告信息的公开与透明、预算管理法治化等领域拓展。在建立社会主义市场经济体制时期，逐渐强化市场在资源配置中的基础性作用。在此背景下，以西方卢梭"社会契约论"国家观为基础的"公共财政论"逐步发展起来。其主要观点认为公共财政是与市场经济相适应的一种财政类型，公共财政的逻辑出发点是弥补市场失灵，是为满足公民的共同需要而合理安排财政收支活动。传统预算理论研究重点关注预算收支本身，对预算分配、执行和监督进行现状描述。随着改革进程加快，政府与市场的关系、政府与公民的关系、政府与社会的关系成为财政预算领域讨论的热点话题。预算理论研究已经突破了传统预算理论的局限，开始关注预算规则、预算参与者及其活动、预算管理及其结果的影响因素等问题，并且更加重视预算公开透明以及人大预算监督等研究。在公共财政框架下，预算成为政府实施宏观调控的重要财政政策工具，并且其政治性特征逐渐受到关注，也推动了以合规性导向的预算管理制度的变革。党的十八大以来，在党的十八届三中全会提出"财政是国家治理的基础和重要支柱"的重要论断后，财政在全面深化改革中的地位到达新的战略高度。"国家治理理论体系"下的现代预算理论呈现出新特征，不再局限于经济学视角，而是通过多元研究不断推动预算理论创新。与建立健全现代预算制度相适应，构建中国现代预算理论既能体现时代特征，又能回应时代需求。

（二）空间维度：开放包容

从空间维度上看，中国预算理论的发展，既是积极学习、批判借鉴其他国家预算理论与实践经验的过程，又是促进学科融合和知识整合的过程，表现出开放包容的特点。

首先，任何理论的发展都不是封闭的。中国预算理论批判借鉴其他国家发展经验，不断拓展研究视野。计划经济时期，我国财政学者既积极向其他社会主义国家学习，也在努力构建中国国家预算理论。党的十一届三中全会之后，国民经济发展思路和财政体制都发生了较大的变化，以放权让利、调动地方积极性为主线的改革发展思路影响到社会发展的方方面面，预算理论与实践同样受到了影响。这个阶段开始逐步重视向市场经济国家学习和借鉴经验，"公共财政框架"因为适应市场经济实践而成为当时的主流理论。随着中国特色社会主义进入新时代，我国财政学者在运用"公共财政框架"分析国内问题时，注重分析中国在经济社会各方面与西方的不同之处，批判借鉴西方财政预算理论，并且充分结合中国实际，提出了与中国实际相适应的财政预算理论。

其次，与财政实践"综合性"特征相适应，预算理论跨学科综合研究已经成为必然趋势。20世纪90年代中后期，社会主义市场经济体制逐渐确立，再加上分税制的确立，以及部门预算改革、收支两条线改革、国库集中收付制度改革、政府采购制度改革、政府收支分类改革等一系列预算实践，都推动了预算理论的多学科综合研究，预算理论研究呈现出百家争鸣、百花齐放之态。党的十八大以来，打破学科间隔、跨学科综合研究的大趋势不可阻挡，如果仅仅把预算活动当作是一种经济现象和经济问题来研究，不符合预算本身的客观属性，对于预算实践的解释力和预测力会严重弱化。不同学科在研究预算问题时，研究视角和研究方法存在很大的差异，研究的侧重点也不同。经济学视角更加关注政府预算作为一种工具对宏观经济可能产生的影响，以及如何影响政府与市场的关系等，比如公共选择理论、新制度经济学理论等。公共管理学视角更关注政府预算的过程、过程中各种预算参与方的行为逻辑和行为方式，注重理性和有限理性对预算管理制度与预算管理行为的影响等，比如有限理性模型、新公共管理理论等。政治学视角关注政府预算制度的公平与正义，更追求预算制度实现公平与正义的目的性。因此，跨学科综合研究能够不断增强预算理论的包容性，有助于更加全面地理解预算的本质、职能定位、收支运行规律、资源配置等问题，能够增强预算理论对现实问题的解释力。

三、实践逻辑：动态调整，将制度优势转换为治理效能

中国式现代化的探索进程中，中国预算从"形成技术规范"到"构建现代预算制度"，从"参与社会再分配的工具"到"实现国家治理的重要内容"，从"预算工具论"到"多元融合发展"，始终处于动态调整之中，不断调整制度机制中不适应经济社会发展的部分，将制度优势转换成国家治理效能，形成了中国特色预算改革实践，蕴含着深刻的实践逻辑。

(一) 预算制度改革和财政体制变革并不同步

预算管理制度改革与财政体制变革属于两个不同层次的范畴,预算管理制度侧重于财政收支管理的技术层面的工作方案设计,而财政体制变革属于处理政府间财力分配关系的制度设计。财政预算管理的技术性、操作性的工作方案必须依托于相对稳定的财政体制的制度设计。1994 年分税制财政体制改革后,中央政府与地方政府间才初步形成法制、规范的政府间财力分配格局。预算制度改革必须在中央和地方政府财政关系较为稳定时才能顺利进行,这也是我国预算管理制度的全面深入改革是在实施分税制财政体制改革 6 年后才正式实施的原因所在。

(二) 公共预算是关乎国家治理的重大政治问题

作为政府筹集、分配和管理财政资金的重要工具,政府预算反映和规定着一定时期内政府活动的范围、方向和重点,实质就是通过国家政治程序配置稀缺的公共资源,协调不同利益主体的关系。[1] 因此,预算制度改革与政治制度建设是一种长期互动的关系,预算过程不仅是解决技术问题、完善基本制度的经济过程,更是关乎国家治理的政治过程。新中国成立以来,预算制度在发展完善中逐渐凸显其政治含义。计划经济时期,国家预算具有显著的经济特质,必须服务于社会主义基本经济法则的要求,是确保生产计划与财政计划之间保持相互协调的必要条件。[2] 虽然按计划经济的特点是高度统一、统收统支,中国预算制度改革却表现出"集权"体制下权力分散的特点。在计划经济向市场经济转轨时期,随着"利改税""划分收支,分级包干"的推进,预算制度改革实质上就是中央政府调整政府与企业、中央政府与地方政府等不同利益主体之间的关系,但是,在利益关系调整方面表现出一定的不确定性。公共财政框架下,分税制的建立意味着"一级政府一级预算"体制的确立,意味着地方政府在形式上开始具备预算自主的权力。分税制改革和《预算法》的实施标志着改革开始走向规则化、法治化的道路。公共财政框架下公共预算制度改革涉及公众如何参与公共决策、如何监督预算、监督结果如何执行等问题,是政府理财民主化、法治化的过程。显然,公共财政框架下的预算制度改革已经成为推进社会主义民主政治发展的重要途径。党的十八大以来,开启了新一轮为了适应国家治理现代化的预算制度改革。现代预算制度是现代财政制度的基石和重要保障,是在既定的民主政治制度约束下进行的,已经形成了一整套错综复杂而又相互

---

[1] 黄新华,赵瑶. 政治过程与预算改革 [J]. 财经问题研究, 2014 (12): 72 - 78.
[2] 吴兆莘. 国家预算底本质和职能 [J]. 厦门大学学报(社会科学版), 1955 (02): 105 - 122.

制约的政治程序。预算编制、执行、调整、决算以及审计整个预算循环过程都必须接受权力机关监督,并向社会公开,接受社会公众及舆论监督,权力机关、行政机关以及各种政治力量、利益集团、社会公众以及舆论界广泛参与一年一度的预算活动。预算活动在国家治理中发挥着至关重要的作用:通过预算调整社会不同阶层的利益需求,通过预算限定政府的活动范围,通过预算配置公共资源。通过预算制度改革,推动政治体制革故鼎新,推动国家治理结构顺利转型。

(三) 预算制度是实现政府权力重构的重要保障和制度依托

现代预算发展的过程,实质上是以"控权"为核心,不断规范政府行为,不断约束政府权力。从权力运行的角度来看,现代预算制度的建立,贯穿着公共预算权力的监督和制约。中国特色社会主义进入新时代,所有全面而深刻的社会改革都伴随着政府权力重构和政府职能转变。党的十八届三中全会《中共中央关于全面深化改革若干重大问题的决定》(以下简称《决定》)、党的十九大报告把"完善和发展中国特色社会主义制度,推进国家治理体系和治理能力现代化"作为我国全面深化改革的总目标,体现了治国理念从"国家管理"到"国家治理"的转变。因此,要建立符合国家治理现代化的政府权力格局,推动政府权力在横向和纵向上的重构。《决定》指出"坚持用制度管权管事管人,让人民监督权力,让权力在阳光下运行,是把权力关进制度的笼子的根本之策"。制度是权力运行的保障和基本框架,预算制度是实现政府权力重构的保障和制度依托。一方面,预算制度的天然属性决定了它是权力重构的最佳制度依托,现代预算制度与一国的政治体制、经济体制、法律体制、财政体制息息相关,是一切行使权力所外化为政府收支行为的汇集点和枢纽,能够综合反映政府全部活动和过程。因此,现代预算制度与权力赋予、执行、评价全过程均有交集,可以作为权力重构的制度依托。另一方面,预算管理权作为一种能够限制权力的权力,在现代预算国家,具有保障和监管其他国家权力规范运行的职能,能够保障权力横向上的重构。现代预算制度通过推动权力重构,以实现共建共治共享的目标,从而推动国家治理现代化的进程。

第三节　构建与中国式现代化相适应的政府预算理论与制度体系

中国式现代化建设,为中国预算理论提供了发展主题和价值引领;中国式现代化的发展过程,成为预算制度改革重要的历史基点,为中国预算实践指明方向。中国预算理论与制度始终处于动态调整中,顺应时代发展要求,不断将制度优势转换成治理效能。在新的历史条件下,中国式现代化进入新阶段,从主体维度、实践维度和属性维度对我国预算理论与制度创新提出了新要求。因此,亟须构建与中国式现代化相适应的中国特色预算理论与制度体系,助力中国式现代化建设和财政改革实践。

一、构建中国特色预算理论体系

(一) 突出预算理论的政治属性和政治内涵

预算理论的"中国特色"首先体现在其政治特征。"财"要为"政"服务,预算对于公共资源的统筹、管理与配置,体现着党和国家的意志,服务于党和国家事业大局,服务于不同历史条件下的现代化目标,具有天然的政治属性和政治内涵。构建中国特色预算理论体系,首先要廓清其政治属性和政治内涵,一是要坚持中国共产党的领导,不仅是因为中国共产党的领导是中国特色社会主义最本质的特征,更重要的是中国共产党是中国先进生产力的代表,新中国成立70多年来创造的"中国奇迹"、经济社会持续健康发展以及人民生活水平得到改善都是因为坚持了中国共产党的正确领导。二是始终坚持马克思主义理论精髓,坚持解放思想、与时俱进。中国共产党成立之后就一直将马克思主义作为根本指导思想,"坚持理论创新"是党的百年发展历程中积累的宝贵经验。中国特色预算理论的创新要以党的创新理论为根本遵循,以马克思主义政治经济学为指导,回答中国式现代化提出的新问题,从政治经济学的角度分析公共资源配置问题和财政运行规律。三是深刻总结中国式现代化建设过程中的成功经验,提炼新观点,并将其上升到财政预算理论层面。

(二) 增强预算理论的原创性

深入发掘习近平新时代中国特色社会主义思想在财政预算理论和实践中的创新和发展,坚持习近平经济思想的根本指导,准确把握习近平总书记关于预算的重要论述,构建原创性的预算理论体系。深刻认识习近平总书记对中国新时代的界定,尤其是对新时代中国特色的社会主要矛盾变化的准确认识,重新思考新时代预算理论的发展问题,深入探讨预算的本质问题及研究对象、功能定位、研究逻辑、制度特征、理论框架等问题,为推动国家治理现代化提供学理支撑。

对于预算本质、功能定位、运行规律的理解一定要扎根于中华优秀传统文化,深挖沉淀五千年的中华文化资源。要不断强化预算理论的历史性特征,充分结合历史条件和历史环境理解财政基础理论的变化。不仅要准确把握中国特色社会主义的内涵，还要从历史的角度分析我国社会主义建设和发展的过程和规律；不仅要准确把握中国特色预算实践的特点，还要能够用历史的眼光去分析新中国成立以来预算发展的逻辑和趋势，将时间性和社会性统一在历史性研究中，深刻把握预算的本质。不存在脱离历史的理论创新，新时代构建中国特色社会主义预算理论体系，要突出其历史性，在基础理论的研究中充分结合历史研究。

（三）增强预算理论的实践性

实践性具体应该体现在两个方面：一方面，预算理论立足于中国实际，讲中国故事，并且把财政预算实践经验抽象概括为系统化的预算理论；另一方面，预算理论要能够指导并服务于未来的实践，发挥预算在国家治理、高质量发展和共同富裕中的重要作用，为中国式现代化建设提供支撑。中国式现代化进入新阶段，预算理论要致力于解决中国问题，回答时代之问，服务国家财政实践，引导各级政府充分发挥其职能作用，优化财政资源配置。预算理论不仅要归纳阐释预算运行的普遍规律，更要能够为财政预算助力中国式现代化提供理论指引。

二、健全现代预算制度体系，助力中国式现代化建设

（一）树立预算新理念

一是采用预算管理系统化思维。财政各类信息系统是财政数据生产和汇集的枢纽，近年来，各级财政部门大力开发预算编制、预算执行、债务管理、资产管理等各类信息系统，各项财政核心业务均实现了单点突破，但是，"车不同轨、书不同文"问题仍然存在，"各自为政、不联不通"的问题亟待解决，财政信息系统碎片化和业务模块信息割裂的状态导致财政信息整合度与共享水平较低。新时代要转变预算管理理念，采用系统化思维进行制度设计，借力预算管理一体化，整合完善预算管理流程和规则，实现业务管理与信息系统紧密结合，将规则嵌入信息系统以提高制度执行力，增强预算管理制度的规范性、协调性和约束力，构建数据互联互通、标准一致的预算管理体系。

二是树立预算统筹理念。当前预算的财力统筹能力有限，"大财政、大预算、大资产"管理格局还未完全形成，仍然存在财源挖掘能力有限、财政支出格局固化等问题，财政统筹能力缺乏，尚未形成有效合力。现代国家治理过程是在党的领导下多元参与、共同治理的过程，预算制度改革应当体现多元共治理念，回应多元化的社会需求，疏通各方参与渠道，激发社会配置资源的意愿和能力，推动政府职能转变，切实提高政府行政能力。以公共服务供给为例，我国管理技术落后与需求多

元化之间的矛盾仍然存在，阻碍了公共服务供给的精准化发展。因此，为了实现公共服务供给的现代化，要努力形成多元化主体协同共治的供给格局，促进社会力量广泛参与，提高资源配置的精准性和有效性。

三是树立预算包容理念。公平与效率不是对立的概念，而是相互促进的。在评价预算制度时，要同时考虑公平与效率。预算作为一种效率工具，通过绩效管理、中期预算、跨年度平衡机制等制度安排，提高财政资源配置效率和政府运行效率。与此同时，预算还是一种控制工具。中国特色社会主义进入新时代，所有全面而深刻的社会变革都伴随着政府权力重构和政府职能转变。治理理念从"国家管理"到"国家治理"的转变，也需要建立符合国家治理现代化的政府权力格局。回顾我国预算制度变迁的过程，可以看出其核心是"控权"，这个过程更是在不断规范政府行为，不断约束政府权力。预算无论被视为效率工具还是控制工具，都体现了预算的工具理性。预算制度设计不仅要体现出工具理性，更要充分体现出价值理性。预算对于公共资源的配置以及预算决策、管理机制，不仅反映了不同利益主体之间的物质利益关系，也体现了社会的基本价值理念。预算制度的良治不仅体现在可以协调公共利益、组织利益和个人利益的关系，而且可以协调公平与效率，平等与自由等关系，有助于形成社会共识和价值认同。

四是增强预算风险意识，贯彻财政可持续发展理念。预算是财政资金运行和管理的总枢纽，也是确保财政可持续的总抓手。风险预算有几个方面的含义：一是预算的安排要能够化解风险。公共资金安排背后的风险分配逻辑，其核心要义是基于风险来观察、分析和判断预算方向，并形成以风险为导向的预算编制审查理念。在预算编制之前，就要对未来面临的风险进行沙盘推演，并根据化解风险的要求确立预算安排，通过预算安排引导预期，增强经济社会发展的确定性。二是根据风险变化及时调整预算。三是应该用全局性的眼光看待风险预算。风险具有整体性和穿透性，也会随时变形，因此风险预算要有整体观念。财政可持续理念在地方政府债务管理方面主要表现为加强地方债预算管理。加强地方债预算管理，既是防范化解地方政府债务风险的需要，也是实现地方财政可持续发展的基本要求。必须坚持底线思维，把防风险放在更加突出的位置，统筹发展和安全，高度关注地方债务风险，坚决遏制隐性债务增加、妥善化解隐性债务存量，防范化解地方债务风险，建立地方债务常态化监管机制。更新专项债管理理念，转变专项债项目重资金使用、轻产出管理的局面，转变重项目建设、轻全生命周期绩效管理的理念，转变重项目本身风险、轻整体宏观风险的错误思路。

（二）健全财政资源统筹机制，增强对国家重大战略的支撑保障作用

一是建立"集中财力办大事"预算决策机制。以事业发展规划为遵循，实行

"决策（规划）—业务—资金—项目"清单式管理，对党中央、国务院重大政策精准保障，确保一张蓝图绘到底。逐步做实中期财政规划，对教育、医疗、乡村振兴等需要持续稳定投入的领域，按3—5年为期试行"滚动预算"和限额管理，推动部门系统长远谋划事业发展。建立跨部门财政资金统筹平台，推广涉农资金统筹整合经验，探索资金项目申报"联席联审"，打破条块分割，推动实现系统治理。

二是强化全口径预算统筹调配。强化"四本"预算统筹，全面落实取消一般公共预算中以收定支的规定，应当由政府统筹使用的政府性基金转列一般公共预算，合理确定国有资本收益上交比例，稳步提高社会保险基金统筹层次。逐步统一预算分配权，减少交叉重复安排。加强"四本预算"和政府专项债券等收入的勾稽衔接，将依托行政权力、政府信用和国有资源获得的各项收入以及特许经营收入等全面纳入预算管理。将收入纳入"一个盘子"管理，统筹使用公共资源，在"四本预算"之间进行调剂使用，将国有资本经营预算调入一般公共预算，根据实际需要，可以适当用一般公共预算资金补充社会保险基金预算。强化财政拨款收入和非财政拨款收入统筹。各部门和单位依法依规将取得的事业收入、事业单位经营收入等纳入预算管理，在非财政拨款可以满足支出需要时，原则上不得再申请财政拨款。

三是强化存量资源与增量资源统筹管理。解决财政资金沉淀固化问题，将存量资金与下年度的预算安排相挂钩，存量资金与增量资金相挂钩。盘活存量闲置资金，做好结余资金的收回使用，根据预算资金使用效益进行调剂使用，将低效运转资金调剂到高效益领域，始终保持预算资金的高效运转。

四是强化跨期、跨部门统筹管理。逐步做实中期财政规划，进行跨期统筹管理，从更长远的视角谋划事业发展。并且做好年度预算与中期财政规划的衔接，完善跨年度预算平衡机制。对于财政资金进行跨部门统筹，探索资金项目申报"联席联审"，进行系统管理。加强财政资源统筹能力是提高预算能力的基础，能够更好地为党中央、国务院重大战略、高质量发展提供财力保障。

五是强化财政专项支出资金的统筹力度。我国财政专项支出具有种类多、范围广的特点，对于同类支出用途的资金进行合并，避免资金使用"碎片化"，为重点领域发展提供财力保障，提高财政资金使用效益，保障积极的财政政策加力增效。

（三）完善预算管理制度，提高资源配置效率

1. 改进预算编制，提高预算的规范性和科学性

预算编制是预算改革和管理的起点，一是进一步完善部门预算制度，厘清权力责任范围。强化预算编制过程中财政部门的统一编制权，减少准预算部门的资金分

配权，增强总额支出控制能力。二是理顺预算编制流程，适当调整预算编制时间，协调好各级预算单位编制时间和人大审议批准时间，解决预算执行与审批的时间矛盾问题，提高预算法律权威性和准确性。三是根据经济社会发展需要动态更新预算科目体系。合理界定部门预算支出范围，细化功能分类，将每一项支出都具体分解到基层单位，使预算科目的设置能全面、准确地反映政府职能，体现政府的所有支出活动，进一步提高预算精细化、实用化程度。四是深入实施中期财政规划管理，完善跨年度预算平衡机制。增强中期财政规划对年度预算编制的指导作用，严格规范超收收入的使用管理。提高财政部门中长期的收入波动预测能力和支出规划能力，提高科学性和准确性，保证财政预算与经济社会发展的长期协调。

2. 强化绩效管理，优化财政资源配置结构

财政资源配置结构的调整应该坚持新发展理念的引领，适应新时代提出的任务和要求，准确把握新时代带来的机遇和挑战，为社会主义现代化建设提供财力保障和重要支撑。强化绩效管理，充分发挥绩效在财政资源配置中的导向作用。一是深化预算绩效管理文化。借助政府绩效考核，提高地方领导干部重视程度。当前各地的预算绩效改革推进情况参差不齐，在某种程度上与地方领导干部的重视程度有关。因此，要将预算绩效管理纳入政府绩效考核，加大预算绩效结果在政府绩效考核中的权重，预算安排与部门整体的履职绩效挂钩，整改落实情况也作为预算安排和政府绩效考核的重要依据。通过将预算绩效管理与领导干部考核联系起来，提高各地领导干部对预算绩效管理工作的重视程度，增强各级各地领导干部推进预算绩效改革的主动性。同时，也要开展学习培训，增强预算单位的绩效观念。二是明晰绩效管理权责。推进预算管理和绩效管理深度融合，保障党委政府决策部署落地落实。在预算执行责任"归位"业务部门的基础上，进一步厘清绩效管理权责。财政部门更加聚焦绩效规则制定、目标审核、评价考核、结果应用等；压实业务部门绩效目标设置、事前评审、执行监控、整改落实等主体责任，推动从"要我有绩效"向"我要有绩效"转变，实现预算责任和绩效责任"双落实"。建立牵头统筹本部门专项资金、部门预算、绩效管理等工作的专门机构，职能从"小财务"向"大预算"转变，营造各方重视预算、关注绩效的良好氛围。加强绩效管理相关制度设计，健全"花钱必问效，无效必问责"的绩效问责机制，完善绩效管理中的激励机制，解决因为制度设计导致的逆向激励问题。三是加强绩效目标管理，完善事前绩效评估机制。全面实施重大政策和项目事前绩效评审，加强成本效益分析，从源头实行绩效"一票否决"预算控制。规范绩效目标管理，以事业发展规划为直接依据，科学

设置定量和定性相结合、可比较可考核的绩效目标。四是加强绩效评价结果应用，解决绩效和预算"两张皮"的问题，取消低效、无效的项目资金，盘活长期沉淀资金，保障重点领域的资金需求；五是要建立绩效信息公开机制，扩大绩效信息公开范围，逐步完善预算绩效信息公开的内容与形式，主动接受社会监督。

3. 推进财政支出标准化，强化预算法定约束

标准是规范之基，规范是治理之要。标准是一切工作的基础，标准化水平被视为国家经济社会发展水平的重要标志。财政支出标准化，就是为了在预算管理中获得最佳秩序，运用标准化的原理，对财政资金预算编审活动进行科学的总结，形成管理规范，用以指导财政和部门更有效的从事财政预算编审活动。标准为财政资源的分配和管理提供了目标和依据，是预算编制的基本依据，通过财政支出标准化工作而形成的项目支出标准体系是预算管理的基石，发挥着基础支撑作用。一是要与绩效管理协调推进。将标准嵌入预算管理中，提高标准制定的整体责任意识，并且同步设置绩效目标，强化支出预算约束，提高财政资金使用效益。二是加强支出标准体系建设。健全基本支出标准体系框架，完善支出标准和保障政策调整机制，基本支出标准调整原则上与年度预算编制同步进行，人员经费标准根据国家工资津补贴政策变化等情况予以调整；公用经费标准根据机构职责、经济社会发展和物价水平、财力可能等情况予以调整。根据事业单位分类改革进展等情况，研究完善财政保障政策。加快推进项目支出标准体系建设，建立分行业、分地区、分类分档的项目支出标准，将支出标准嵌入预算管理一体化系统，实现全覆盖。加快构建专用定额标准，将通用定额标准和专用定额标准相结合，使得标准体系的结构更加立体。标准制定充分结合预算评审结果，在预算评审和标准建设之间形成良性互动关系。把握建设重点，对于涉及面广、资金量大、实施期限长、适合标准化管理的项目重点关注。三是完善支出标准的动态调整机制。一方面要根据项目实际执行情况进行调整；另一方面要根据经济社会发展水平和财力保障能力进行动态调整，更加符合实际，保证支出标准的时效性。

（四）强化预算执行管理，增强预算约束力

1. 提高预算透明度，借助信息化提升行政效率

预算透明度是衡量现代预算水平的重要指标，预算信息公开是社会公众了解预算执行情况的重要途径之一。完善相关法律法规，明确披露内容、披露方式以及惩

罚机制，扩大财政信息公开范围，做到非涉密事项一律公开。对于不同层级的政府规定相应的信息公开范围和细化程度，构建政府财务报告体系，利用现代信息技术，拓宽预算信息公开渠道，保证社会公众能够及时、准确、全面获取相关信息，提升社会公众对预算的认知水平和参与预算监督的能力。借助信息化技术进一步整合政府财政信息，实现政府间信息共享，信息的准确性和流通性会影响预算功能的发挥，信息流通越通顺，准确性越高，有助于预算发挥预期作用，反之，会阻碍政府行政效率的提高。推进预算信息公开，完善不同层级间政府信息传递渠道，实现政府内部纵向、横向财政信息共享，从而进一步提高预算的完整性和透明度。

2. 强化预算对执行的控制

严格执行人大批准的预算，预算一经批准非经法定程序不得调整。对预算指标实行统一规范的核算管理，精准反映预算指标变化，实现预算指标对执行的有效控制。坚持先有预算后有支出，严禁超预算、无预算安排支出或开展政府采购，严禁将国库资金违规拨入财政专户。严禁出台溯及以前年度的增支政策，新的增支政策原则上通过以后年度预算安排支出。规范预算调剂行为。规范按权责发生制列支事项，市县级财政国库集中支付结余不再按权责发生制列支。严禁以拨代支，进一步加强地方财政暂付性款项管理，除已按规定程序审核批准的事项外，不得对未列入预算的项目安排支出。加强对政府投资基金设立和出资的预算约束，提高资金使用效益。加强国有资本管理与监督，确保国有资本安全和保值增值。

3. 优化国库集中收付管理

对政府全部收入和支出实行国库集中收付管理。完善国库集中支付控制体系和集中校验机制，实行全流程电子支付，优化预算支出审核流程，全面提升资金支付效率。根据预算收入进度和资金调度需要等，合理安排国债、地方政府债券的发行规模和节奏，节省资金成本。优化国债品种期限结构，发挥国债收益率曲线定价基准作用。完善财政收支和国库现金流量预测体系，建立健全库款风险预警机制，统筹协调国库库款管理、政府债券发行与国库现金运作。

4. 拓展政府采购政策功能

建立政府采购需求标准体系，鼓励相关部门结合部门和行业特点提出政府采购相关政策需求，推动在政府采购需求标准中嵌入支持创新、绿色发展等政策要求。细化政府采购预算编制，确保与年度预算相衔接。建立支持创新产品及服务、中小企业发展等政策落实的预算编制和资金支付控制机制。对于适合以市场化方式提供的服务事项，应当依法依规实施政府购买服务，坚持费随事转，防止出现"一边购买服务，一边养人办事"的情况。

5. 强化预算监督管理能力

在多种监督方式中形成合力，在中国全过程人民民主的推进进程中，已经形成了多元主体共同参与、互为补充、协同发展的预算监督体系，涵盖立法机关、审计部门、第三方中介机构、社会公众等外部监督以及行政机关内部监督，只有优化监督模式，加强不同监督方式之间的协调性，在多方监督力量中形成合力，才能控制政府权力、规范和约束政府行为，抑制低效的预算安排和随意的支出扩张，提高财政可持续性。

（五）加强风险防控，增强财政可持续性

1. 健全地方政府依法适度举债机制

健全地方政府债务限额确定机制，一般债务限额与一般公共预算收入相匹配，专项债务限额与政府性基金预算收入及项目收益相匹配。完善专项债券管理机制，专项债券必须用于有一定收益的公益性建设项目，建立健全专项债券项目全生命周期收支平衡机制，实现融资规模与项目收益相平衡，专项债券期限要与项目期限相匹配，专项债券项目对应的政府性基金收入、专项收入应当及时足额缴入国库，保障专项债券到期本息偿付。完善以债务率为主的政府债务风险评估指标体系，建立健全政府债务与项目资产、收益相对应的制度，综合评估政府偿债能力。加强风险评估预警结果应用，有效前移风险防控关口。依法落实到期法定债券偿还责任。健全地方政府债务信息公开及债券信息披露机制，发挥全国统一的地方政府债务信息公开平台作用，全面覆盖债券参与主体和机构，打通地方政府债券管理全链条，促进形成市场化融资自律约束机制。

2. 防范化解地方政府隐性债务风险

把防范化解地方政府隐性债务风险作为重要的政治纪律和政治规矩，坚决遏制

隐性债务增量，妥善处置和化解隐性债务存量。完善常态化监控机制，进一步加强日常监督管理，决不允许新增隐性债务上新项目、铺新摊子。强化国有企事业单位监管，依法健全地方政府及其部门向企事业单位拨款机制，严禁地方政府以企业债务形式增加隐性债务。严禁地方政府通过金融机构违规融资或变相举债。金融机构要审慎合规经营，尽职调查、严格把关，严禁要求或接受地方党委、人大、政府及其部门出具担保性质文件或者签署担保性质协议。清理规范地方融资平台公司，剥离其政府融资职能，对失去清偿能力的要依法实施破产重整或清算。健全市场化、法治化的债务违约处置机制，鼓励债务人、债权人协商处置存量债务，切实防范恶意逃废债，保护债权人合法权益，坚决防止风险累积形成系统性风险。加强督查审计问责，严格落实政府举债终身问责制和债务问题倒查机制。

3. 防范化解财政运行风险隐患

推进养老保险全国统筹，坚持精算平衡，加强基金运行监测，防范待遇支付风险。加强医疗、失业、工伤等社保基金管理，推进省级统筹，根据收支状况及时调整完善缴费和待遇政策，促进收支基本平衡。各地区出台涉及增加财政支出的重大政策或实施重大政府投资项目前，要按规定进行财政承受能力评估，未通过评估的不得安排预算。规范政府和社会资本合作项目管理。各部门出台政策时要考虑地方财政承受能力。除党中央、国务院统一要求以及共同事权地方应负担部分外，上级政府及其部门不得出台要求下级配套或以达标评比、考核评价等名目变相配套的政策。加强政府中长期支出事项管理，客观评估对财政可持续性的影响。

（六）提高预算管理信息化水平

1. 深化预算管理一体化改革

以预算管理一体化为规范，实现预算管理制度主体流程数据、主要业务数据的环环相扣。一方面，通过预算管理一体化工作将预算规划与准备、预算编制与批准、预算执行与控制、决算报告与评价等主要环节紧密联系起来，改善预算管理。另一方面，通过预算管理一体化工作整合政府采购过程与资金支付、整合单位财务管理与会计核算工作等，实现预算执行流程优化、安全高效。因此，应全面梳理清预算管理业务流程，形成标准化的业务基础数据规范，并且优化控制规则，强化动态管理，在横向业务维度实现预算管理各流程、各业务的"一体化"，实现信息管理系统与预算管理业务流程、业务模块的无缝嵌入和对接。以预算管理一体化的项目为联结点，加强制度与政策规划和实施的衔接。预算管理一体化能够实现横向与纵向维度预算信息与业务整合，构建起以项目为基本单位的预算管理模式。依托预算管理一体化系统，以预算项目为联结点，将预算项目的全生命周期与年度预算周期有机衔接，并持续加强对全项目周期的监测和管理，实现对预算信息的全流程记录，为后续加强项目实施结果的跟踪打下基础，以更好地实现财政宏观调控职能，并全面提升财政资金使用绩效。

2. 实现全国预算系统纵横贯通

用信息化手段支撑中央和地方预算管理，规范各级预算管理工作流程等，统一数据标准，推动数据共享。以省级财政为主体加快建设覆盖本地区的预算管理一体化系统并与中央财政对接，动态反映各级预算安排和执行情况。中央部门根据国家政务信息化建设进展同步推进相关信息系统建设。建立完善全覆盖、全链条的转移支付资金监控机制，实时记录和动态反映转移支付资金分配、拨付、使用情况，实现资金从预算安排源头到使用末端全过程来源清晰、流向明确、账目可查、账实相符。加快全国预算管理一体化系统大集中，实现中央、省、市、县一套系统贯通。全面梳理归集各级预算单位财务、资产、账户等信息，推动实现各级政府一本账、一张表（资产负债表）。强力推进预算管理标准化，规范各级业务流程、管理要素和控制规则，实现各级预算执行动态跟踪和有效反馈，切实减轻基层统计负担。

3. 推进部门间预算信息互联共享

预算管理一体化系统集中反映单位基础信息和会计核算、资产管理、账户管理等预算信息，实现财政部门与主管部门共享共用。积极推动财政与组织、人力资源和社会保障、税务、人民银行、审计、公安、市场监管等部门实现基础信息按规定共享共用。落实部门和单位财务管理主体责任，强化部门对所属单位预算执行的监控管理职责。

4. 加强数据共享和决策辅助

强化财政部门数据密集型综合管理部门定位，推进财政与组织、人力资源和社会保障、税务、人民银行等跨部门数据连通，夯实预算管理基础。加强大数据开发应用,为财政经济运行分析、资金安排使用、制度优化设计提供参考,辅助提高政府决策的科学性、合规性。

5. 运用信息化技术提升监督精度和效率

构建"制度+技术"的监督框架,建立全覆盖、全链条的财政资金监控机制,实时记录和动态监控资金在下级财政、用款单位的分配、拨付、使用情况,探索自动控制和实时预警,实现资金从源头到末端全过程流向明确、来源清晰、账目可查,确保资金直达基层、直达民生。加强财会监督与人大、审计等监督的协同,主动对接人大实时在线联网监督、审计部门数据审计系统等,形成多层次的综合监督体系。

本章主要参考文献

[1] 习近平. 高举中国特色社会主义伟大旗帜 为全面建设社会主义现代化国家而团结奋斗 [N]. 人民日报, 2022-10-26 (01).

[2] 习近平. 在庆祝中国共产党成立100周年大会上的讲话 [J]. 求是, 2021 (07).

[3] 文世芳. "中国式的现代化":邓小平"有中国特色的社会主义"和"小康"思想的发轫 [J]. 北京党史, 2018 (02): 42-48.

[4] 马海涛, 肖鹏, 姜爱华. 新时代中国预算管理制度改革研究 [M]. 北京: 中国财政经济出版社, 2022.

[5] 肖鹏, 王亚琪. 中国式现代化背景下的财政基础理论创新研究 [J]. 厦门大学学报(哲学社会科学版), 2023 (06): 23-30.

[6] 肖鹏, 王亚琪. 财政助力中国式现代化:内在机制与改革路径 [J]. 山东财经大学学报, 2023 (02): 5-13.

[7] 马海涛. 中国式现代化进程中的财税学科建设 [J]. 财政研究, 2022 (11): 18-21.

[8] 马海涛, 姚东旻. 构建中国财政学自主知识体系 [N]. 中国社会科学报, 2022-11-01 (01).

[9] 张克中, 张文涛. 全球治理视域下的现代财政制度:理论与挑战 [J]. 公共财政研究, 2020 (04): 25-35.

[10] 张馨. 西方财政学的一个重要转变——析边际效用学说对西方财政理论的影响 [J]. 财政研究,1993 (11):50-55.

[11] 张馨. 西方的公共产品理论及其借鉴意义 [J]. 财政研究,1991 (11):30,35-37.

[12] 叶振鹏,张馨. 双元结构财政——中国财政的新模式 [N]. 光明日报,1993-11-09.

[13] 叶振鹏,张馨. 双元结构财政——中国财政模式研究 [M]. 北京:经济科学出版社,1995.

[14] 陈共. 财政学对象的重新思考 [J]. 财政研究,2015 (04):2-5.

第四章
中国式财政现代化视角下的税收理论与制度创新

进入新时代以来,以习近平同志为核心的党中央对我国税收制度的改革与发展给予了极大关注。党的十八届三中全会上通过的《中共中央关于全面深化改革若干重大问题的决定》确定了税制改革在全面深化改革中的重要性与基础性地位,明确提出要完善税收制度,深化税收制度改革,完善地方税体系,逐步提高直接税比重,加快推进增值税、消费税、个人所得税、资源税等各项税费改革,加快不动产税立法,规范税收优惠政策,完善中央与地方间的税收征管体制。党的十九大报告再次强调了深化税收制度改革的重要性,呼吁健全地方税制度。《中华人民共和国国民经济和社会发展第十四个五年规划和2035年远景目标纲要》中也提出了完善现代税收制度的目标,包括优化税制结构,健全直接税体系,优化增值税、消费税制度,推进房地产税立法,深化税收征管制度改革,建设智慧税务等要点。

作为国家治理和经济社会发展的基础性制度,税收制度在实现中国式现代化道路上扮演着不可或缺的角色。本章首先,结合中国式财政现代化的主要特征,依次分析其对我国税收理论与制度创新提出的新要求;其次,对新中国成立以来税收理论与制度的发展逻辑进行梳理;最后,紧密联系中国式财政现代化的政治性、人民性、高效性、安全性和包容性,为构建与中国式财政现代化相适应的税收理论与制度体系提出未来畅想与政策建议。

第一节　中国式现代化对税收理论与制度创新的新要求

习近平总书记在党的二十大报告中指出,从现在起,中国共产党的中心任务就是团结带领全国各族人民全面建成社会主义现代化强国、实现第二个百年奋斗目标,以中国式现代化全面推进中华民族伟大复兴。中国式现代化是中国共产党领导下的社会主义现代化,它融合了各国现代化的共同特征,并基于中国国情发展出独具中国鲜明特色的现代化模式。这一中国式现代化包括人口规模巨大的现代化、全体人民共同富裕的现代化、物质文明和精神文明相协调的现代化、人与自然和谐共生的现代化,以及走和平发展道路的现代化。

习近平新时代中国特色社会主义思想对中国式财政现代化具有重要的指导作用。这一思想深刻揭示了新时代我国社会主要矛盾,提出了发展的新阶段、新思路、新格局,并强调了以人民为中心的发展思想。同时,它坚持了全面深化改革、全面依法治国、全面从严治党的战略方针,明确了建设社会主义现代化强国的总目标和总任务,提出了实现中华民族伟大复兴的中国梦。这一思想为财政改革创新提供了科学指引,为财政发展提供了强大动力,为财政建设提供了根本遵循。

自改革开放以来,中国在国民经济和社会发展方面取得了世界瞩目的成就。中国人民经历了从站起来、富起来,再到强起来的伟大历程,逐步解决了温饱问题,实现了小康社会,规划着共同富裕的目标。中国共产党的领导是取得这一伟大成就的根本力量之一,财政工作在其中也发挥了重要作用。在习近平新时代中国特色社会主义思想的指导下,中国的财政工作始终将马克思主义基本理论与改革开放各个时期的现实需求有机结合,逐步构建了具有中国特色的现代财政体系(朱军,2023)。

作为财税体制改革的核心,税制改革顺势而为、造势而动,为中国式现代化的实现提供了关键支持。自党的十八大以来的税制改革综合考虑了多个方面,包括税种设计、央地财力分配、宏观税负稳定、环境保护以及培育现代化国家治理能力。这一改革既推动了产业结构的升级和更新,强调了绿色发展,也协调了中央和地方政府之间的财力关系。在优化税种结构的同时,税收征管和治理能力也得到提升,促使现代税收制度的建设有序推进(代志新等,2023)。另外,通过创新和完善政策机制,制定新的税收优惠政策,实行中小企业专项奖励和补贴政策等一系列举措,我国正循序渐进地推动财政管理的法治化、科学化、精细化。当是时,中国式现代化充分反映了我国在新时代新征程中的发展定向和关注重点,未来的税收理论与制度创新应积极应对其中的新要求与新挑战,以更好地助力第二个百年奋斗目标的实现。

一、人口规模巨大的新要求

人口规模巨大是中国式现代化的典型特征,要求税制改革坚持连续性、稳定性、可持续性。如今,我国 14 亿多人口整体迈进现代化社会,这是人类历史上规模最大的现代化,也是难度最大的现代化。作为拥有世界第一人口的国家,我国的纳税人数量和税收收入规模长期位居世界前列。2021 年全国税收收入达到 17.27 万亿元,占 GDP 的 15.1%。在税收结构和税收负担上,我国税收收入以间接税为主,2021 年国内的增值税和消费税占全部税收收入的 44.8%,而企业所得税仅占当年税收收入的 24.3%;在过去 10 年间,我国小口径宏观税负水平波动较大,并且税负水平较低,显著低于高收入国家的宏观税负水平(刘行、赵弈超,2023;牟瑶、田金莹,2023)。在持续大规模减税降费后,2022 年中国的小口径宏观税负水平已低于美国 7.6 个百分点。这些统计数据都在一定程度上反映出我国人口规模巨大、人均收入水平相对较低的现状。

人口规模巨大的现代化,对财政税收工作提出了更高的要求。一方面,随着纳税人的数量和多样性日益增多,社会性支出和民生性支出需求在不断增大,税收征管的对象和范围越来越广泛,税收征管的难度和成本也变得更高。因此,我们首先要确保宏观税负总体稳定,这有助于为经济发展提供可持续性的支持,同时也能满足人民的各种需求。通过维护税负的相对稳定性,可以在确保政府财政收入的基础上,为经济的健康增长注入动力。

此外,在税收征管制度设计中,必须结合我国人口情况,考虑实际执行的难度和成本。例如,2019 年,我国开始实行综合与分类相结合的个人所得税制度,在征管方面的重大变化就是大量的自然人纳税人需要自行纳税申报。为了进一步减轻个人负担,释放改革红利,同时考虑到税收征管的难度,税务部门免除了 2019 年度和 2020 年度综合所得收入 12 万元以下和年度汇算补税金额不超过 400 元的自然人纳税人的汇算义务,这一政策取得了良好的社会成效。我国税务部门应持续推进信息化、智能化和便利化征管,为纳税人提供更便捷、更高效、更公平的办税服务。

另一方面,我国纳税人的结构也在发生着变化,这要求我们妥善应对人口老龄化、人口流动、人口结构等问题,平衡好人口与经济、社会、资源、环境的关系,保障好人民的基本生活和公共服务需求。第七次全国人口普查数据显示,我国 15—59 岁劳动年龄人口总规模为 89438 万人,与 2010 年的 93962 万人相比减少 4524 万人，占总人口的比重下降至63.35%。从长期看，我国劳动年龄人口数量及占比仍将继续下降。与此同时，我国正处于低生育水平，2020年的育龄妇女总和生育率为1.3，而人口学界认为要达到2.1才能维持下一代人口与上一代人口的更替水平。随着未来我国人口红利逐渐消失，税收的结构也有必要进行相应调整。增值税目前是我国第一大税，由于增值税本质上是对最终消费品征税，一旦人口的消费能力下降，增值税的收入总额及其增长必然受到影响，这便要求我们应按照降低间接税比重的改革方向，调整税收收入结构。

其次，要落实就业优先战略。从建立多渠道就业资金保障机制、健全失业保险制度、采取相应税收减免措施等方面加大对重点困难群体的就业兜底帮扶力度，进一步提高人口素质和人力资本，为我国现代化建设提供强有力的人力资源保障。另外，人口老龄化程度的不断加深还需要我们根据"老有所依，幼有所养"的目标要求，持续加大对基本养老保险基金的补助力度，同时完善个人所得税对养老、育儿等民生保障领域的专项附加扣除政策，以促进养老托育产业良性发展，增强社会的幸福感与稳定性。并且要持续深化财政体制改革，合理划分中央与地方财政事权和支出责任，建立和完善共同财政事权转移支付制度，以确保各级政府各司其职，推动实现基本公共服务均等化。

二、全体人民共同富裕的新要求

全体人民共同富裕是中国式现代化的必然要求，要求税制改革必须正确处理效率与公平的关系。改革开放见证了中国40多年来经济的快速增长，也在潜移默化之中将社会主要矛盾从"人民日益增长的物质文化需要同落后的社会生产之间的矛盾"转化到"人民日益增长的美好生活需要和不平衡不充分的发展之间的矛盾"。在过去40多年中，中国的经济转型伴随着收入分配格局的巨大变化。调查数据显示，中国的居民收入差距经历了很长一段时期的上升过程，尽管近些年来收入差距扩大的趋势有所缓和，居民收入基尼系数仍然在0.47左右的高位徘徊（罗楚亮等，2021）。

中国在2020年宣告全面消除了绝对贫困问题，但是按照全国中位数收入的40%作为相对贫困标准，低收入人群比例仍然很高，2019年年底的整体贫困率达到10.4%。收入不平等现象与现行的收入分配制度息息相关。改革开放以来，我国收入分配制度改革打破了传统计划经济体制下平均主义的错误分配方式，确立了以按劳分配为主体，多种分配方式并存的分配制度，并形成了以税收、社会保障、转移支付为主要手段的再分配调节框架。然而，政府税收在提升社会公平方面的作用较为有限（岳希明等，2014；李实，2021）；在税收结构上，中国的间接税的比重偏高，直接税比重偏低，而间接税对于缩小一次收入分配差距的作用是累退的（代志新等，2022）。与此同时，税收会对经济效率产生挤出效应，征税和转移支付手段往往扭曲了高收入人群和低收入人群的工作激励（Kessler 和 Norton，2016），这在一定程度上也限制了其对收入分配差异的调节作用。

随着近两年全球公共卫生和经贸形势对经济发展带来的冲击和不确定性，消灭贫穷以及扩大中产阶级占比是拉动消费和投资、保证经济持续增长所必须解决的问题，这在本质上便要求我们坚定不移地走共同富裕的道路。全体人民共同富裕的现代化要求我们在初次分配环节强调效率原则，努力减少税收尤其是货劳税对生产要素的不必要干预。例如，为积极推进增值税的建立和改革，我国在2016年全面实施了"营改增"，2017年将四档增值税率简并为三档，2018年和2019年连续降低增值税税率，将17%的标准税率降至13%。自2020年以来，逐步建立了常态化的留抵退税制度，进一步强化了增值税的中性原则。在未来，我国应继续简化增值税税率结构，提高生产环节的税收显著性（Chetty 等，2009），推进生产地征税原则向消费地征税原则转变，规范税收优惠政策，确保市场主体处于公平的竞争环境，避免同一行业不同政策等现象带来效率与公平的损失（马海涛、刘高鼎沅，2023）。

在再分配环节，应秉持税收负担公平和分配关系规范的原则，充分发挥现代财政制度的分配性职能（吕冰洋，2021）。为实现这一目标，可以采取以下一系列措施。首先，可以考虑扩大综合征收范围，确保各种形式的收入都被纳入税制，以进一步加强收入再分配的范围和力度。例如，将高档奢侈品和高档消费活动纳入消费税征收范围，以确保高消费群体也为社会分配作出贡献。其次，可以适度提高个人所得税的比重，健全完善针对资本市场、垄断行业、影视明星等领域和群体的个人所得税政策，以确保高收入群体承担更多的税负。同时，通过提高免征额标准，增加对子女教育、继续教育、大病医疗、住房租金、住房贷款利息以及赡养老人等民生支出的扣除力度，显著减轻低收入群体的税收负担。此外，积极稳妥推进房地产税的立法，通过征收房地产税来平衡不动产持有者的财富分配，并进一步完善财税制度。

最后，党的十九届四中全会明确将慈善事业纳入推进国家治理体系和治理能力现代化的整体框架，提出"重视发挥第三次分配作用，发展慈善等社会公益事业"的重大命题。三次分配凭借其自愿、温和、由企业和个人主导的特点，弥补了初次分配和再分配中的市场失灵和政府失灵，成为缩小贫富差距、统筹效率和公平的重要手段。国家和政府可组合运用多种激励形式（物质激励、精神褒奖）和捐助形式（配对帮扶、非定向帮扶），建立健全慈善税收制度，增强群众的慈善共享意识，拓宽群众的慈善资源渠道，逐步完善初次分配、再分配和三次分配协调配套的基础性制度安排，迈向共同富裕。

三、物质文明与精神文明相协调的新要求

物质文明和精神文明的和谐发展是中国式现代化的核心价值取向，这要求税制改革不仅要关注经济增长，还要重视文化教育事业的进步。马克思主义认为物质文明和精神文明是辩证统一的。马克思在《〈政治经济学批判〉序言》中指出："物质生活的生产方式制约着整个社会生活、政治生活和精神生活的过程。"恩格斯在1890年致康·施米特的信中又指出："物质生存方式虽然是始因，但是这并不排斥思想领域也反过来对这些物质生存方式起作用。"可见，物质文明为精神文明提供了必要的物质前提和条件，而精神文明能够为物质文明提供重要支撑。物质文明和精神文明，是人类认识世界、改造世界全部成果的总括和结晶（李玉举等，2023）。实现物质文明和精神文明相协调的现代化的发展愿景，意味着我们不仅要建设一个国力强盛的富强中国，也要建设一个文化繁荣的文明中国，实现富强中国和文明中国的交相辉映。

一方面，税收结构的科学合理程度直接影响着国家的经济增长模式和经济发展质量，进而影响着国家的物质文明水平。物质文明建设要求税收结构更加科学合理，促进经济结构优化。我们要坚持以增值税为主体、多种税种并存的原则，合理调节税收负担。围绕创新驱动发展战略，通过优化税制设计来支持制造业的全面转型和升级，从而促进现代化产业体系的建设；通过加大财政支出为中国经济高质量发展提供坚实保障并注入强劲动力，由规模扩张向量质并重转变，推动经济高质量发展。对于数字经济等新兴业态，我们还应贯彻新发展理念，丰富财税理论研究方法，完善税收规则并优化税收分配机制，发挥先进技术在经济发展、生产效率提升和企业盈利等方面的作用，确保税制能够适应不断变化的经济形势。

另一方面，税收功能的突出重要程度影响着国家的文化创新能力和文化发展水平，进而影响着国家的精神文明水平。精神文明建设要求税收功能要坚持以财政支出为导向，以税收收入为保障，合理利用税收调节、税收激励、税收引导等手段，支持文化教育事业和文化教育产业发展，提升国家文化软实力。我们需要紧密围绕建设教育强国、科技强国、人才强国和文化强国的目标，加大对职工教育经费的支持，提高子女教育和继续教育专项附加扣除的力度，使税收优惠政策更具针对性，有助于建设高质量教育体系，促进文化产业的发展，并进一步强化税制对高科技人才的激励作用。此外，税收文化是税收制度的重要内涵，也是国家社会文化的重要

组成部分。"法治、公平、文明、效率"应当是新时期税收工作的一面旗帜,是税收文化建设前进的方向。我们要坚持以社会主义核心价值观为引领,以法治思维和法治方式为保障,做好税收教育、税收宣传、税收服务,培育依法纳税、诚信纳税、自觉纳税的良好税收风气,完善繁荣发展社会主义先进文化的制度。

四、人与自然和谐共生的新要求

人与自然和谐共生是中国式现代化的鲜明标志,要求税制改革必须牢固树立和践行"绿水青山就是金山银山"的理念。人与自然的关系是人类社会最基本的关系,现代化的过程同时也是对人与自然关系的认识和实践不断深化的过程。在过去,我国很多地区为了追求经济利益,对自然资源大肆开发,导致生态环境破坏问题不断恶化和失衡,引发了物种灭绝、植被破化、土地退化、大气污染、水污染等一系列问题。相关数据显示,我国目前受威胁的高等植物达4000—5000种,占植物种数的15%—20%。全国各大河流湖泊有近半数受到严重污染,各大城市水质超标,七大水系中50%的河段不符合渔业水质标准,每年的污染死鱼事故造成的经济损失高达4亿元之多,严重威胁了国家和人民的经济利益。

另外,国际生态环境也不容乐观。联合国政府间气候变化专门委员会于2023年发布的第六次评估综合报告《气候变化2023》中明确指出,人类活动已造成大气污染、海洋与陆地增温,并且给气候系统带来了空前严重的影响。目前,全球温室气体年平均排放量已达到人类历史新高,与工业革命之前相比,2011—2020年全球地表温度上升了1.1℃。全球气候变化不仅对大气、海洋、冰冻圈、海平面等自然系统造成了广泛影响,而且对包括粮食安全、水资源、人类健康、社会经济发展等在内的人类系统也造成了巨大冲击(肖兰兰,2023)。

促进人与自然和谐共生是中国式现代化的本质要求,更是立足中国、全球可持续发展的现实选择。实现人与自然和谐共生,必须坚持"绿水青山就是金山银山"的理念,坚持绿色创新发展方式,坚持"环境就是民生"的价值取向。绿色税制是我国近年来践行"绿水青山就是金山银山"理念、实现绿色发展的有效制度安排。绿色税制的设计和推进要求我们科学制定绿色发展税收保障机制,确保绿色税收政策的有效执行。包括改进资源税和环境保护税的税率结构,以更好地反映资源利用和环境污染的实际情况,同时更大力度地鼓励节约资源和降低碳排放的行为。例如,可以通过企业所得税等税种对采取绿色和可持续发展举措的企业进行奖励,从而激励更多的企业积极参与绿色转型,促进资源节约型和环境友好型社会建设。

不仅如此,人与自然和谐共生是全球人民的美好愿景。由于环境污染存在的负外部性，税收政策要更加立足国际全局，以应对全球气候变化挑战，这就要求我们应坚持开放理念，引导绿色发展方向，以注重环境保护合作为基础，积极融入全球税收治理，协调全球绿色发展中资源分配、利益分配等方式，促进全球经济发展的绿色转型。例如，以碳税、碳交易、碳补贴等为主要手段，合理引导能源消费和碳排放，带头促进能源结构和产业结构调整，早日实现碳达峰和碳中和的"双碳"目标，促成我国与世界各国的合作共赢与协同发展。

五、走和平发展道路的新要求

坚持走和平发展道路是中国式现代化的客观前提，要求必须积极主动地融入国际税收治理和改革中。和平发展道路是中国历经几十年来通过不懈的理论探索和实践，开辟出的一条不同于西方资本主义依靠殖民扩张和暴力掠夺的发展道路，是人类走向现代化的全新道路，是人类追求文明进步的全新道路。习近平总书记曾在中国共产党与世界政党高层对话会上的主旨讲话中强调，"中国式现代化不走殖民掠夺的老路，不走国强必霸的歪路，走的是和平发展的人间正道"。始终不渝地走和平发展道路，是中国政府和中国人民基于时代发展与自身根本利益作出的战略抉择（柴琳，2023）。

走和平发展道路的现代化要求在理论层面，财税体制改革要服务于国际税收治理，高举和平、发展、合作、共赢旗帜，从国家战略、趋势和环境中谋划理论改革和创新。利用现代财税理论进一步推动高水平对外开放，促进国内国际两个市场中生产要素的自由流动，提升产业链供应链现代化水平。加强国际税收协调，加强国内税法与国际规则衔接，深入参与国际税收规则制定，提升我国在全球重大议题上的话语权和影响力。以"一带一路"国际合作、亚投行和丝路基金为基础，构建符合和平发展道路的现代化财税体制。

在实践层面，要继续积极参与经济合作与发展组织（OECD）的数字经济征税规则制定，以及针对税基侵蚀和利润转移等问题的国际税收规则制定，坚持反对单边主义和保护主义，反对税基侵蚀和利润转移，反对国际逃避税，推动全球治理走向更加公正和合理的方向，为捍卫广大发展中国家的利益提供中国力量。加强国际税收信息交换，加强国际税收能力建设，加强国际税收争端解决，提升国家的国际责任和国际影响，为开启数字经济时代新一轮国际税收制度改革提供中国智慧。深入推进"一带一路"等税收征管合作机制建设，通过签署双边和多边税收公约等措施，服务更加积极主动的开放战略；充分利用税收减免、税收培训、税法援助等手段，支持发展中国家和欠发达国家的税收建设，为深化国际税收合作提供中国方案。

第二节　新中国成立以来税收理论与制度的发展逻辑

自新中国成立之际起，税收制度便在我国治理体系中占据了基石地位，成为推动经济社会发展、维护社会公平公正的关键工具。纵观新中国成立以来的70余载，我国经历了从站起来、富起来到强起来的伟大飞跃，税收事业也伴随着社会主义现代化的建设不断发展，取得了举世瞩目的成就。本节将追溯至建国初期的税制构建，审视我国在不同历史阶段对税收体系的重要调整，探讨税收政策如何与国家发展战略相互协调，以及这些变迁如何响应社会主义市场经济的需求和国际经济环境的变化。通过剖析税收理论的逐步成熟与制度创新的步伐，本节不仅旨在提供一个全面的历史分析框架，也致力于为未来税收政策的制定与完善指明方向。

一、税收理论与制度的发展阶段

新中国成立以来，我国的税收理论与制度经历了几个重要的发展阶段，每个阶段都反映了当时中国经济、政治和社会背景的特点。文献中通常将税收理论与制度的发展分为新中国成立初期、改革开放初期、建立社会主义市场经济体制时期、全面深化改革时期四个阶段（马海涛、肖鹏，2018；刘磊等，2019；高培勇等，2022）。

（一）新中国成立初期（1949—1977年）

新中国成立初期（1949—1977年）是我国税收理论与制度发展的起步阶段。新中国诞生以后，为了避免新中国成立初期税收工作的停顿与混乱，依照中央决定，暂时沿用旧税法征收，然后逐步清理废除不合理的苛捐杂税。1950年1月30日，中央人民政府政务院公布《关于统一全国税政的决定》，附发《全国税政实施要则》，标志着新中国第一个税制体系开始建立。根据我国五种经济成分并存、私营工商业大量存在的状况，建立了中央和地方由14个税种组成的新的复合税制。此外，还开征了农业税，作为国家对农民的主要经济调节手段。

从1953年起，在国民经济全面恢复的基础上，我国开始转入有计划的经济建设时期。根据党的过渡时期总路线和总任务的要求，财政担负起了为工业化筹集资金和促进社会主义改造的双重任务。1952年12月31日，中央政务院财经委员会颁发了《关于税制若干修正及实行日期的通告》，决定依照保证税收简化手续的原则，将税制进行若干修正，从1953年1月1日起实施。它的主要内容有：第一，试行商品流通税；第二，简化货物税；第三，修订工商营业税；第四，取消特种消费行为税，将其中部分税目改征文化娱乐税；第五，整顿交易税。在对农业、手工业和资本主义工商业进行社会主义改造的过程中，我国逐渐构建起了一套针对各所有制、各地区实行差别化的财政税收体系，这标志着新中国税收体制步入"二元"格局的起点。

1958年9月，全国人大常委会公布试行《工商统一税条例（草案）》，将原来实行的货物税、商品流通税、营业税和印花税四种合并为一个独立的税种——"工商统一税"，简并了征收环节、简化了纳税手续，实施了新中国成立以后的第二次大规模税制改革。然而，"非税论"在此时开始盛行起来，全国各地出现了贬低税收地位、抨击税收作用的现象，甚至有放弃税收的倾向。在"一五"各项指标和"三大改造"任务全面完成的背景下，从1958年起，中国开始实施第二个五年计划，并以此为标志，进入了全面建设社会主义的新时期。"大跃进"运动的结果使我国的经济发展没有沿着"二五"规划的既定轨迹进行，反而经历了一次又一次的转折，最终被迫进入5年的国民经济调整时期。在此期间，我国的财政税收制度是以计划经济为中心的一项重要内容，并对此进行了有益的探索。先是配合"大跃进"实施对地方和企业的放权，在一定程度上改变了"一五"时期过度集权的体制格局，随后，为了适应国民经济调整和应对经济困难的需要，适当收缩了一部分"大跃进"期间下放过多的财权，重新加强了财权和财力的集中统一。随着我国经济建设步入适度规模的调整过程，我国财政收支规模也出现了从快速扩张走向正常状态的转变。

1966—1976年"文化大革命"，新中国的财政工作面临严峻的挑战，处于困境中的财税体制也经历了频繁的变动。1973年，我国实施了新中国成立以来的第三次大规模税制改革，其主要内容是简化税制，试行工商税。至此，中国的税制设有13个税种，即工商税、工商统一税（工商税开征后此税基本停征）、关税、工商所得税、城市房地产税、契税、车船使用牌照税、船舶吨税、屠宰税、牲畜交易税、集市交易税、农业税和牧业税。

总而言之，新中国成立初期的税收体制建立和初步完善是在一个特殊的历史背景下进行的。在这样的背景下，中国税制的建设经历了漫长且曲折的发展历程。在这一时期，税收为国家重建和发展提供了资金支持，但税种和税制的简单化在一定程度上限制了税收政策的灵活性。随着经济和社会的发展，这些问题逐渐显露出来，成为后续改革过程中亟须解决和改进之处。

（二）改革开放初期（1978—1993 年）

改革开放初期（1978—1993 年）是我国税收理论与制度发展的重要阶段。在 1978 年改革开放后，中国开始进入由计划经济到市场经济的转轨期，为了激发经济活力，调动企业的积极性，创造公平公正的营商环境，我国切合时宜地实行了一系列的税制改革。

1980 年 9 月，中华人民共和国第五届全国人民代表大会第三次会议通过了《中华人民共和国中外合资经营企业所得税法》以及《中华人民共和国个人所得税法》，并于当月 10 日公布实施。1981 年，中华人民共和国第五届全国人民代表大会第四次会议于 12 月 13 日通过了《中华人民共和国外国企业所得税法》，从 1982 年 1 月 1 日实施。同时，继续对中外合资企业、外国企业和外国人征收工商统一税、城市房地产税和车船使用牌照税。

作为国营企业改革和城市改革的一项重大措施，1983 年，国营企业开始实行利改税。利改税推广工作分成两步走：第一步，实现利税并存。1983 年 4 月 29 日，财政部下发了《关于对国营企业征收所得税的暂行规定》，并确定从 1983 年 6 月 1 日起，国营企业普遍实施征收所得税。第二步，完成全部利改税。1984 年 9 月，根据全国人大授权，国务院决定，在全国实施第二步利改税和工商税制改革，发布了国营企业所得税、国营企业调节税、增值税、产品税、营业税、盐税、资源税等一系列行政法规。通过设置 11 个税种与国营企业原先缴纳的五种税配合使用，将国营企业应当上缴给国家的财政收入按税种向国家缴纳，由"税利并存"过渡到完全的"以税代利"，最后利润留给企业安排使用（马海涛等，2019）。

1985—1989 年，国务院先后发布了《城市维护建设税暂行条例》《进出口关税条例》《集体企业所得税暂行条例》《国营企业奖金税暂行规定（修订）》《国营企业工资调节税暂行规定》《集体企业奖金税暂行规定》《事业单位奖金税暂行规定》《城乡个体工商业户所得税暂行条例》《房产税暂行条例》《车船使用税暂行条例》《个人收入调节税暂行条例》《耕地占用税暂行条例》《建筑税暂行条例》《私营企业所得税暂行条例》《印花税暂行条例》《筵席税暂行条例》《城镇土地使用税暂行条例》，并决定开征特别消费税。同时，调整和新增了部分地方税。1988 年，国务院发布了《中华人民共和国印花税暂行条例》，重新开征印花税。

总而言之，20 世纪 80 年代的税制改革是一次综合性的改革，有关其他税种的改革涉及开征了临时经营工商业税，恢复了出口退税，并将工商税由原来的"五税合一"再次一分为四，即分为产品税、增值税、营业税和盐税。改革开放初期的税收改革，不仅推动了我国经济的快速发展，也为我国税收理论的发展提供了丰富的实践经验和理论基础。

(三) 建立社会主义市场经济体制时期 (1994—2013 年)

建立社会主义市场经济体制时期 (1994—2013 年) 是我国税收理论与制度发展的关键阶段。随着 1992 年后中国逐步建立社会主义市场经济体制，社会主义经济理论和实践取得了重大进展，税制改革也进一步完善以适应社会主义市场经济的需求。

在此期间的重大举措之一当属 1994 年我国所进行的一次全面性的税制改革。包括全面改革货物和劳务税制、企业所得税制和个人所得税制，大幅度调整其他税收。实际开征税种包括：增值税、营业税、消费税、关税、企业所得税、外商投资企业和外国企业所得税、个人所得税、房产税、车船使用税、车船使用牌照税、印花税、屠宰税、筵席税、资源税、城镇土地使用税、固定资产投资方向调节税、城市维护建设税以及烟叶税。

与此同时，我国全面实施分税制财政管理体制改革，即根据事权与财权相结合的原则，按税种划分中央与地方的收入。将税种统一划分为中央税、地方税和中央地方共享税，并建立了中央税收和地方税收体系，实行中央财政对地方的转移支付制度和税收返还，加强中央政府的宏观调控能力，调动地方政府的积极性，促进区域协调发展。

1997—2011 年，我国继续完善税制，分步实施了一系列重大改革，基本实现了税制的城乡统一、内外统一。比如，1997 年发布《中华人民共和国契税暂行条例》；2000 年公布《中华人民共和国车辆购置税暂行条例》，停止征收固定资产投资方向调节税；2003 年公布了新的关税条例；2005—2006 年取消农业税、牧业税和屠宰税，对过去征收农业特产农业税的烟叶产品改征烟叶税，公布了《中华人民共和国烟叶税暂行条例》；2007 年把对内资企业和外资企业分别征收的企业所得税合并，制定了《中华人民共和国企业所得税法》；2008 年修订了《增值税暂行条例》《消费税暂行条例》和《营业税暂行条例》，结合成品油税费改革调整了消费税；2010 年将外商投资企业和外国企业纳入城市维护建设税的征收范围；2011 年公布了《中华人民共和国船舶吨税暂行条例》，等等。截至 2012 年年底，我国的税制设有 18 种税，包括增值税、消费税、车辆购置税、关税、企业所得税、个人所得税、土地增值税、房产税、城镇土地使用税、耕地占用税、契税、资源税、车船税、船舶吨税、印花税、城市维护建设税以及烟叶税。

总而言之，1994 年的税制改革是新中国成立以来规模最大、范围最广泛和内容最深刻的一次税制改革，其充分结合了中国国情和外国税制建设的历史经验，在整体上取得了不菲的成绩。这次改革在保证财政收入、完善税收制度体系、增强税收调节功能、促进市场运行的公平正义和可持续发展等方面都起到了重要作用，为日后的全面深化税制改革奠定了坚实基础。

（四）全面深化改革时期（2014年至今）

全面深化改革时期（2014年至今）是我国税收理论与制度发展的新阶段。在这一时期，税制改革也随之全面深化，并取得了一系列重要进展。

2013年年底，中国共产党第十八届中央委员会第三次全体会议通过了《中共中央关于全面深化改革若干重大问题的决定》，决定中提出改革税制、稳定税负。完善地方税体系，逐步提高直接税比重。推进增值税改革，适当简化税率。调整消费税征收范围、环节和税率，把高耗能、高污染产品和部分高档消费品纳入征收范围等。自2014年起，我国进行了一次全面的税制改革，包括全面改革货物和劳务税制、企业所得税制和个人所得税制，大幅度调整其他税收。实际开征税种包括：增值税、营业税、消费税、关税、企业所得税、外商投资企业和外国企业所得税、个人所得税、土地增值税、房产税、城镇土地使用税、耕地占用税、契税、资源税、车船税、船舶吨税、印花税、城市维护建设税以及烟叶税。

2016年，我国开始全面推行营业税改征增值税的试点。第十二届全国人民代表大会第四次会议批准了《中华人民共和国国民经济和社会发展第十三个五年规划纲要》，纲要中提出，按照优化税制结构、稳定宏观税负、推进依法治税的要求全面落实税收法定原则，建立税种科学、结构优化、法律健全、规范公平、征管高效的现代税收制度。逐步提高直接税比重，全面完成营业税改增值税改革，建立规范的消费型增值税制度。在此基础上，2017年废止了《营业税暂行条例》，修改了《增值税暂行条例》。

与此同时，2016—2018年，财政部、国家税务总局发出《关于全面推进资源税改革的通知》，改革的主要内容是扩大征税范围和从价计税方法的适用范围。全国人民代表大会常务委员会先后通过了《环境保护税法》（2016年12月25日）、《烟叶税法》（2017年12月27日）、《船舶吨税法》（2017年12月27日）、《车辆购置税法》（2018年12月29日）、《耕地占用税法》（2018年12月29日），修改了《个人所得税法》；2019年十三届全国人大常委会第十二次会议通过了资源税法。至今，我国的税制共有18种税，包括增值税、消费税、车辆购置税、关税、企业所得税、个人所得税、土地增值税、房产税、城镇土地使用税、耕地占用税、契税、资源税、车船税、船舶吨税、印花税、城市维护建设税以及烟叶税。

总而言之，自2014年以来的综合性、全面性税制改革加快了中国税收体系的现代化。这些改革不仅提高了税收体系的效率和公平性，还为中国经济的持续快速发展提供了坚实的财政支持,同时也体现了中国税收体系向国际标准接轨的努力。在未来,中国的税收制度将继续面临着国内外经济环境的挑战,需要不断地进行调整和完善,以适应新的发展要求。

二、税收理论与制度发展的逻辑特征

表4-1整理了1949年至今我国税制改革演进的关键节点和内容(李万甫,2019)。根据上述梳理可知,新中国成立以来的税收理论与制度的发展逻辑,可以概括为从政治经济目的出发、到经济体制改革、再到社会公平和可持续发展的转变。税收制度的发展也经历了从高度集中到逐步分散、从简单的征收到渐趋完善和多样化的变化。

表4-1　　　　　　　　　　1949年至今的税制改革内容

发展阶段	改革时间	改革内容
新中国成立初期	1950年	政务院颁布了《全国税政实施要则》,规定在全国实行统一的税收制度。除农业税外,全国统一的税收共有14种,即货物税、工商业税(包括营业税和所得税两个部分)、盐税、关税、薪给报酬所得税、存款利息所得税、印花税、遗产税、交易税、屠宰税、房产税、地产税、特种消费行为税和使用牌照税。
	1958年	本着"基本上在原有税负的基础上简化税制"的原则,对原税制进行了改革。其主要内容有三个方面:(1)实行工商统一税;(2)改革工商所得税;(3)统一全国农业税制。至此,中国的税制一共设立14种税收,即工商统一税、盐税、关税、工商所得税、利息所得税(1959年停征)、城市房地产税、契税、车船使用牌照税、船舶吨税、屠宰税、牲畜交易税、文化娱乐税(1966年停征)、农业税和牧业税。
	1973年	进行"简化"税制改革,其主要内容有:(1)合并税种。把工商统一税及其附加、对企业征收的城市房地产税、车船使用牌照税、屠宰税、盐税合并为工商税。合并以后,对国营企业只征收工商税、对集体企业只征收工商税和工商所得税。(2)简化税目和税率。税目由原来的108个减为44个,税率由原来的141个减为82个。
改革开放初期	1980—1981年	第五届全国人民代表大会先后公布《中外合资经营企业所得税法》《个人所得税法》和《外国企业所得税法》,继续对中外合资企业、外国企业和外国人征收工商统一税、城市房地产税和车船使用牌照税。
	1984年	根据全国人大授权,国务院决定,在全国实施第二步利改税和工商税制改革。发布国营企业所得税、国营企业调节税、增值税、产品税、营业税、盐税、资源税等一系列行政法规。

续表

发展阶段	改革时间	改革内容
改革开放初期	1985—1989 年	国务院先后发布《城市维护建设税暂行条例》《进出口关税条例》《集体企业所得税暂行条例》《国营企业奖金税暂行规定（修订）》《国营企业工资调节税暂行规定》《集体企业奖金税暂行规定》《事业单位奖金税暂行规定》《城乡个体工商业户所得税暂行条例》《房产税暂行条例》《车船使用税暂行条例》《个人收入调节税暂行条例》《耕地占用税暂行条例》《建筑税暂行条例》《私营企业所得税暂行条例》《印花税暂行条例》《筵席税暂行条例》《城镇土地使用税暂行条例》，并决定开征特别消费税。同时，调整和新增了部分地方税。1988 年，国务院发布了《中华人民共和国印花税暂行条例》，重新开征印花税。
	1992 年年底	初步建成了一套适应有计划的社会主义商品经济的要求、内外有别的新的税制体系。这一体系由 37 个税种组成，包括产品税、增值税、盐税、特别消费税、烧油特别税、营业税、工商统一税、关税、国营企业所得税、国营企业调节税、集体企业所得税、私营企业所得税、外商投资企业和外国企业所得税、个人所得税、城乡个体工商业户所得税、个人收入调节税、国营企业奖金税、集体企业奖金税、事业单位奖金税、国营企业工资调节税、房产税、城市房地产税、城镇土地使用税、耕地占用税、契税、资源税、车船使用税、车船使用牌照税、印花税、城市维护建设税、固定资产投资方向调节税、屠宰税、筵席税、牲畜交易税、集市交易税、农业税和牧业税。
建立和完善社会主义市场经济时期	1994 年	全面改革货物和劳务税制、企业所得税制和个人所得税制，大幅度调整其他税收。实际开征税种包括：增值税、营业税、消费税、关税、企业所得税、外商投资企业和外国企业所得税、个人所得税、房产税、车船使用税、车船使用牌照税、印花税、屠宰税、筵席税、资源税、城镇土地使用税、固定资产投资方向调节税、城市维护建设税、土地增值税、契税、农业税（含牧业税）、耕地占用税、证券交易税。
	1997—2011 年	1997 年发布《中华人民共和国契税暂行条例》；2000 年公布《中华人民共和国车辆购置税暂行条例》，停止征收固定资产投资方向调节税；2003 年公布了新的关税条例；2005—2006 年取消农业税、牧业税和屠宰税，对过去征收农业特产农业税的烟叶产品改征烟叶税，公布了《中华人民共和国烟叶税暂行条例》；2007 年将对内资企业和外资企业分别征收的企业所得税合并，制定了《中华人民共和国企业所得税法》；2008 年修订了《增值税暂行条例》《消费税暂行条例》和《营业税暂行条例》，结合成品油税费改革调整了消费税；2010 年将外商投资企业和外国企业纳入城市维护建设税的征收范围；2011 年公布了《中华人民共和国船舶吨税暂行条例》。
	2012 年	共有 18 种税：增值税、消费税、车辆购置税、营业税、关税、企业所得税、个人所得税、土地增值税、房产税、城镇土地使用税、耕地占用税、契税、资源税、车船税、船舶吨税、印花税、城市维护建设税和烟叶税。

续表

发展阶段	改革时间	改革内容
全面深化改革时期	2014—2016 年	自 2012 年起，经国务院批准，财政部、国家税务总局逐步实施了营业税改征增值税的试点，其中，2016 年全面推行此项试点。
	2017—2019 年	2017 年废止了《营业税暂行条例》，修改了《增值税暂行条例》；全国人民代表大会常务委员会先后通过了《环境保护税法》《烟叶税法》《船舶吨税法》《车辆购置税法》《耕地占用税法》，修改了《个人所得税法》；2019 年十三届全国人大常委会第十二次会议通过了资源税法。
	至今	中国的税制有 18 个税种，即增值税、消费税、车辆购置税、关税、企业所得税、个人所得税、土地增值税、房产税、城镇土地使用税、耕地占用税、契税、资源税、车船税、船舶吨税、印花税、城市维护建设税、烟叶税和环境保护税。其中，企业所得税、个人所得税和资源税等税种实现了法定。

从中国税收发展 70 多年的脉络来看，税收理论与制度的发展与整个国家的改革发展逻辑是一致的，它始终与社会主义建设的需要相符合、与经济体制改革的进程相协调、与国际经济环境的变化相适应，是中国经济社会发展的一个缩影（吕冰洋、张兆强，2020）。

在国民经济恢复和社会主义改造时期，税收理论与制度体系主要服务于保障革命战争的供给、照顾生产的恢复及国家发展建设的需要，实行精简原则和合理负担，为国家的统一和稳定奠定了基础。同时，税收也是促进社会主义改造的政策工具，通过对不同经济成分和不同收入来源的差异化征税，推动了国家对农业、对手工业和对资本主义工商业的社会主义改造。

在社会主义公有制和计划经济体制建立后，税收理论与制度体系主要以适应计划经济体制的要求为目标。此时，由于国家可以直接控制国营企业和通过价格机制间接获取集体经济的利润，税收在组织收入和调节经济方面的功能被大大弱化。税收的作用更多体现在两个方面：一是对集体经济征税，包括农业税和城镇集体经济税收，以体现全民所有制与集体所有制的差别；二是在全民所有制内部，税收作为指令性计划的辅助手段，对计划价格机制运行中不同行业、不同国营企业的成本和利润进行进一步调节，为国家的工业化和现代化建设提供资金来源和经济激励。

在党的十一届三中全会后，中国开始了改革开放的历史进程。其中，城市经济体制改革的突破口是财税体制改革，这一时期的税制改革主要集中在两个方面：一是为适应改革开放吸引外资和多种所有制并存的格局，开始建立涉外税收体系和改革国内税制；二是在对企业放权让利和推进国营企业改革、完善社会主义公有制实现形式的背景下，通过税制改革推进国家与国营企业分配制度的改革。这一时期的税制改革以"放权让利"为指导，激发了各方面的改革积极性，提高了国民经济活力，同时也为后续的税制改革奠定了基础（吕炜、靳继东，2022）。

在社会主义市场经济体制基本建立后，税收理论与制度体系以建立与市场经济体制相适应的税收制度为核心任务，通过税制改革推动了经济体制改革，实现了税收制度从传统到现代的转变。特别是1994年的税制改革，我国建立了以增值税为主体、消费税和营业税为补充的流转税制，统一内资企业所得税，建立统一的个人所得税制等，简化了税制，构建了多税种、多环节的复合税制，也奠定了我国现行税制的基本框架。同时，实行了分税制财政体制，明确了中央和地方的财政权责，对国家的经济社会发展和对外开放起到了支柱性作用。

在理论层面，我国学界对税收作用的认识也经历了由改革开放前的"税收无用论"，到改革开放初期扩大税收作用的"税收万能论"，再到1994年税制改革以后相对客观、辩证的"相机调控论"的转变，反映出从计划经济体制向市场经济体制过渡的进程中税收与市场关系的协调配合。

在全面深化改革的新时代，税收理论与制度体系以服务国家治理体系和治理能力现代化为导向进一步深化，表现出更为明显的市场化和现代化发展特征。各级政府健全了地方税体系，逐步提高了直接税比重，推进了增值税、消费税、个人所得税、房地产税、资源税、环境保护税等改革，完善了税收优惠政策，加强了税收征管和服务，提高了税收的公平性、效率性和可持续性，增强了税收的收入功能、调节功能和服务功能，为国家的经济高质量发展和社会全面进步提供了更加科学合理的政策保障。

此外，新中国成立以来税收理论与制度的发展也与国际经济环境的变化相应对，为国家对外开放及参与全球治理提供了有力的财政支持和政策工具。在改革开放初期，为适应吸引外资和多种所有制并存的格局，我国着手建立涉外税收体系并改革国内税制。1980—1981年相继颁布了《中外合资经营企业所得税法》《个人所得税法》和《外国企业所得税法》，为外商投资提供了税收优惠和便利。就企业所得税而言，伴随企业所得税税率世界性下降趋势，我国的企业所得税税率也逐步下降，从两步利改税的55%，下降至1994年税改的33%，再下降至2008年"两法合并"的25%，与国际趋势相吻合。

在对外开放的过程中，为适应国际经济环境的变化、与国际税收规则接轨，我国不断完善涉外税收政策，加强国际税收合作，遏制国际避税行为，维护国家税收权益。在此期间，我国与世界多国之间签署了《避免双重征税和防止偷漏税的国际税收合作公约》（MLI），推动了涉及我国100多项双边税收协定的更新和完善。还有我国参与的多边税收征管互助公约、金融账户涉税信息自动交换、税基侵蚀和利润转移项目等合作项目,都反映出我国国际税收合作的步伐在不断加快。

税收征管体系的现代化和国际化发展也是这一时期的一个重要方面。我国各级政府通过推广电子税务系统和网络化管理,大大提高了税收征收的效率和透明度。同时,税务部门加强了对逃税和避税行为的打击力度,确保了税收体系的公平和有效性。随着经济的全球化和数字化,中国税收还面临着诸如国际税收合作、跨国公司税务规划等新挑战。在这样的背景下,我国积极参与国际税收规则的制定,参加了包括G20和OECD等国际组织的数字经济税收挑战的讨论和谈判,在互学互鉴中共享中国智慧,为构建公平、可持续的国际税收秩序、开启国际税收征管数字化发展征程贡献了中国方案。

第三节 构建与中国式财政现代化相适应的税收理论与制度体系

新中国成立以来,我国税制改革不断走向深水区,取得了一系列宝贵成绩和经验。但是,在日趋复杂多变的国内外环境和走中国式现代化道路的新目标下,我们仍然面临税制结构失衡、调节能力不足、法治保障不到位等主要问题。为此,税制改革需要在原有的基础之上进行进一步的优化与改进,以助力我国高质量发展。基于中国式财政现代化的主要特征和中国特色,我们可以从以下几个方面着力构建现代税收理论与制度体系。

一、坚持以党建引领为政治方向

现代税收理论与制度体系发展要坚持以党建引领为政治方向,彰显中国式财政现代化的政治性。习近平总书记强调,中国特色社会主义最本质的特征是中国共产党领导,中国特色社会主义制度的最大优势是中国共产党领导。坚持和加强党的全面领导,关系党和国家前途命运,我们的全部事业都建立在这个基础之上,都根植于这个最本质特征和最大优势。

税务机关首先是政治机关,时刻围绕党中央和国务院的部署,承接税收治理体系的重大职责和作为国家调控经济的重要手段,绝不能脱离党中央的决策部署。税务部门要扎实以更高的标准、更严的要求时刻贯彻新时代党的建设要求,在持续改进完善中着力构建强党治税带队的机制制度体系。健全完善"纵合横通强党建"的

"抓好党务"机制体系、"改革兴税促发展"的"干好税务"机制体系、"选贤任能树导向"的"带好队伍"机制体系，有力确保党中央、国务院决策部署在税务系统落地见效，如以党建融合促进更大规模的减税降费政策落地，推进党建引领税务治理体系和能力现代化。

同时，财税体制改革应自觉贯彻党总揽全局、协调各方的根本要求。以习近平新时代中国特色社会主义思想为指导，加强对财税体制改革的顶层设计和整体规划，坚持以政领财、以财辅政，确保财税体制改革始终沿着正确的政治方向前进（肖鹏、王亚琪，2023a）。充分发挥财税政策对经济的引导作用，为经济社会的稳定运行提供强有力支持，为党和国家事业高质量发展持续注入动力。并且，持续深化纪检监察体制改革试点和构建一体化综合监督体系，持续加大警示教育力度，持续强化从严监督执纪，持续加强内控督审监督，不断完善"六位一体"税务系统全面从严治党新格局。

二、坚持以人民群众为中心思想

现代税收理论与制度体系发展要坚持以人民群众为中心思想，彰显中国式财政现代化的人民性。人民性是马克思主义最鲜明的特征。始终同人民在一起，为人民利益而奋斗，是马克思主义政党同其他政党的根本区别。中国共产党作为马克思主义政党，党性和人民性从来都是一致的、统一的，除了国家、民族、人民的利益，没有任何自己的特殊利益。

作为社会主义的目标和社会主义制度优越性的体现，实现共同富裕要树立以人民为中心的发展思想，立足社会主义基本经济制度发力。一方面，坚持以收入保民生，树牢"税费皆重"理念，不断提升税费治理能力，推动税费收入有质的提升和量的合理增长，为民生福祉提供财力支撑。一是做大经济蛋糕，全力保障高质量发展。税收作为公共财政的主要来源和宏观调控的重要杠杆，对经济高质量发展至关重要。税务部门应全面贯彻新发展理念，扛牢"为国聚财、为民收税"职责使命，厚植税源、壮大税基，夯实保障高质量发展的财力基础。二是分好经济蛋糕，助力缩小贫富差距。税收直接参与收入二次分配全过程，对规范收入分配秩序起到关键性作用。税务部门应着力发挥好税收的调节作用，聚焦优化初次分配、保障再次分配、引导三次分配，助力"扩中提低"，实现共富共享。政府和国家机关既要发挥税收杠杆的物质激励作用，完善转移支付制度设计，优化转移支付结构，规范转移支付项目，健全转移支付监督评价体系，加大转移支付资金的统筹力度，逐步消除地区差距、城乡差距、收入差距；也要注重社会舆论风向标和信托法律制度的建立健全，多方面探索经验，加大人力资本投资，寻求统筹规划慈善资源的最佳方式。

另一方面，坚持以政策促民生，继续落实好国家接连出台的稳经济一揽子政策措施，充分释放"退、免、减、缓、降"政策叠加效应，有力服务经济发展从"高速度"向"高质量"转型。扎实践行用政府的"紧日子"换取百姓的"好日子"，逐步把更多资金投向民生保障。要促进增强社会保险基金的可持续性，严格执行社会保险基金的绩效管理制度，提高资金使用效率，加快实现全国统筹。积极应对人口老龄化问题，健全老年保障体系，全力推进城乡居民养老保险、老年人社会福利和救助制度的实施。不断推动医养融合发展，积极探索医疗机构和养老机构的合作新模式，促进养老服务多元化。利用财政资金带动社会资本进入养老行业，促进养老机构社会化（马海涛、姚东旻，2022）。

三、坚持以科技创新为效率引擎

现代税收理论与制度体系发展要坚持以科技创新为效率引擎，彰显中国式财政现代化的高效性。高质量发展是新时代经济社会发展的主题，在服务高质量发展中，税收具有明显的职能优势。正确的税收政策有利于拉动投资、消费和进出口的增长。在经济出现周期性波动时，税收可以通过"跨周期""逆周期"调节的方式熨平经济波动，促进经济稳定。对于经济发展中的"堵点"问题，比如科技创新，税收能够通过优惠政策来鼓励资金和人才向该领域集聚；再比如高能耗、高污染产业，税收能够通过提高税收负担抑制其发展。

推动税收理论与制度体系现代化，一方面要优化税制设计，支持制造业转型升级。制造业是推动经济高质量发展的中坚力量，要以供给侧结构性改革为主线，紧紧围绕创新驱动发展战略，精准支持先进制造业、巩固产业链供应链。进一步优化增值税制度，降低制造业增值税税率，完善增值税留抵退税制度，为制造业转型升级提供全方位的支持。同时，加大对基础研究和科技创新的财政投入，加大对国家实验室和国家重点实验室等基础设施的长期稳定支持力度，助力关键核心技术攻关，面向国家战略性需求促进创新体系优化组合，塑造发展新优势。健全激励和奖励机制，对产业中的高质量发展项目、绿色转型项目等加大科研经费支持和资金奖励力度。

另一方面，以数字经济为驱动力，实现税收征管的智能化。加强税务部门与其他政府部门、私营企业及国际同行的合作，运用现代信息技术进行电子化管理。加强税法遵从风险管理，健全"信用＋风险"税收大数据治理机制，依托大数据及相关技术，精准锁定风险，实现从经验式执法向科学精确执法的转变。在深化以税收大数据为驱动的理念变革基础上，全面推进技术、业务、岗责变革。全面推广电子发票服务平台，上线运行全国统一规范的电子税务局，提升税收征管效能以及纳税人和缴费人的满意度和认同感。同时，建立"无风险不打扰、有违法要追究、全过程强智控"的税务执法新体系，以及"线下服务无死角、线上服务不打烊、定制服务广覆盖"的税费服务新体系，为塑造发展新动能、新优势保驾护航。

四、坚持以国家安全为根本保障

现代税收理论与制度体系发展要坚持以国家安全为根本保障，彰显中国式财政现代化的安全性。习近平总书记强调，统筹发展和安全，增强忧患意识，做到居安思危，是我们党治国理政的一个重大原则。健全现代化税收制度，既要推动高质量发展，也要防范系统性风险、筑牢底线思维，牵住统筹发展和安全的"牛鼻子"，保障多领域安全，特别是市场主体安全和财政安全（谭珩等，2023）。

一方面，把推动高质量发展建立在市场主体安全的基础上，围绕市场主体稳妥实施税收制度改革，夯实市场主体支撑发展、应对经济困难的基础。在市场监管领域全面推行"双随机、一公开"监管，即随机抽取检查对象，随机选派执法检查人员，及时公开检查结果，打破行政区划和部门壁垒，实现对所有市场主体的全覆盖监管，增强监管的公正性和透明度，避免监管的选择性和歧视性。此外，建立风险分级分类监管制度，实现精准监管。根据市场主体的信用状况、经营行为、风险水平等，采取不同的监管措施，对高风险的市场主体实施重点监管，对低风险的市场主体实施宽松监管，对无风险的市场主体实施免除监管，激励市场主体自律，提高监管效率和效果。同时，完善信用监管制度，实现激励约束监管。建立健全市场主体信用信息记录、共享、披露、应用机制，对守法诚信的市场主体给予奖励和优惠，对违法失信的市场主体实施惩罚和限制，形成"一处失信、处处受限"的联合惩戒机制，促进市场主体诚信经营，提升市场信用水平。

另一方面，财政对综合国力的提升和国家安全的维护起着重要的作用。我们要深化财政制度改革，充分发挥财政安全的基础性和支撑性力量，增强防范化解系统性风险的能力。统筹好财政发展和安全，应在坚守财政底线思维的基础上，通过税收制度改革持续壮大财政实力，实现财政可持续发展，为宏观调控提供充足资源与坚实后盾。健全现代预算制度，进一步加强全口径预算统筹调配，深化预算绩效管理，完善预算监督制约机制，以及四本预算之间的有效衔接机制，确保财政支出"花在刀刃上"（肖鹏、王亚琪，2023b）。完善财政资金直达机制，提高资金的利用效率。平衡好稳增长与防风险双重目标，强化财政资源统筹，合理控制债务规模，加强地方政府债务管理，保持宏观税负总体稳定，牢牢守住安全发展底线（马海涛等，2022）。确保粮食安全、能源资源安全和重要产业链供应链安全，加大国防安全财政投入力度，提高防灾减灾及突发公共卫生事件的处理保障能力，牢牢保障国家与人民安全（蔡昌，2022）。

五、坚持以全球治理为战略目标

现代税收理论与制度体系发展要坚持以全球治理为战略目标，彰显中国式财政现代化的包容性。在新型国际关系中，国际税收治理体系是一项十分重要的内容，建立健全合作共赢的国际税收治理体系是中国税收现代化建设的支撑点。推动现代化税收制度改革，要与建设国际税收治理体系相结合相统一（马海涛、姚东旻，2022；吕炜、王伟同，2022）。

一是积极发挥我国在国际舞台上的建设性作用，主动搭建国际合作平台，推动完善全球治理。坚持双边财经对话，在应对融资、债务危机、气候变化和基础设施建设等重要议题上实现既定目标，在财政政策协调方面形成常规对话机制，积极探索制定相关投融资规则。坚持服务高水平对外开放和高质量发展，共建"一带一路"，加强与双边开发机构的资金合作，以更大的合作力度促进共同发展，整合各方优势和潜能，促进全球治理体系变革。

二是着力推进包容性发展，主动提供国际公共产品，展现大国担当。坚持走和平发展道路，坚持统筹国内国际两个大局，在"大国财政"下开展财经外交，努力为各国尤其是发展中国家人民共享发展成果创造条件和机会。加强全球减贫与应对气候变化等合作，支持落实联合国2030年可持续发展议程、《巴黎协定》《生物多样性公约》《发展权利宣言》等国际公约。通过财政手段对发展中国家和地区进行基础设施援建、科教文卫援助，构建符合全球治理目标的现代财政制度，推动构建人类命运共同体。

三是努力引导和推动国际税收制度、规则和法律的制定。深入参与数字经济征税规则以及防止税基侵蚀和利润转移等国际税收规则的制定，加强与联合国等国际组织的全球税收合作。完善和丰富国际税收竞争手段，紧跟世界税制改革潮流，对标国际先进的征税标准，增强对劳动、资本、土地、技术、数据等生产要素资源的吸引力。坚持以联合国为核心的国际体系，支持联合国在国际事务中发挥核心作用，维护联合国宪章的宗旨和原则，维护国际公平正义和发展中国家的正当权益，推动构建更加民主、更加公正、更加合理的国际秩序，促使国际税收制度更加反映世界多样性和国际社会的广泛意愿。

本章主要参考文献

[1] 中华人民共和国国家税务总局：新中国 70 年税制税种改革历程 [EB/OL]. https：//www. chinatax. gov. cn/chinatax/n810219/n810744/c101448/c101451/index. html.

[2] 中华人民共和国国家税务总局：改革开放 40 年中国税收发展逻辑 [EB/OL]. https：//www. chinatax. gov. cn/chinatax/n810219/n810744/n3947632/n3947642/c3956179/content. html？eqid = 9e7796f80007c6af00000003645891a1.

[3] 蔡昌. 构建与中国式现代化相适应的现代财税政策体系 [J]. 经济导刊，2022 (10)：80 - 83.

[4] 柴琳. 走和平发展道路的中国式现代化：历史进程与世界意义 [J]. 东北亚论坛，2023 (06)：3 - 15，125.

[5] 代志新，高宏宇，程鹏. 促进共同富裕的税收制度与政策研究 [J]. 财政科学，2022 (01)：83 - 95.

[6] 代志新，高宏宇，张博文，等. 中国式现代化视角下的税制改革研究 [J]. 税收制度与政策，2023 (03)：13 - 24.

[7] 高培勇，樊丽明，洪银兴，等. 深入学习贯彻习近平总书记重要讲话精神 加快构建中国特色经济学体系 [J]. 管理世界，2022 (06)：1 - 56.

[8] 李实. 共同富裕的目标和实现路径选择 [J]. 经济研究，2021 (11)：4 - 13.

[9] 李万甫. 共和国 70 年税制变迁：历程、脉络和经验 [J]. 财政研究，2019 (10)：3 - 11.

[10] 李玉举，肖新建，邓永波. 从物质文明和精神文明相协调看中国式现代化 [J]. 红旗文稿，2023 (01)：1，30 - 33.

[11] 刘磊，陈黛斐，周家戎，等. 高培勇：新中国成立 70 年税收的演进与发展 [J]. 中国税务，2019 (11)：14 - 17.

[12] 刘行，赵弈超. 间接税与企业的现金股利支付——基于增值税税率改革的研究 [J]. 财贸经济，2023 (08)：38 - 55.

[13] 罗楚亮，李实，岳希明. 中国居民收入差距变动分析（2013—2018 年）[J]. 中国社会科学，2021 (01)：33 - 54，204 - 205.

[14] 吕冰洋. 现代财政制度的构建：一个公共秩序的分析框架 [J]. 管理世界，2021 (10)：100 - 111.

[15] 吕冰洋，张兆强. 中国税收制度的改革：从嵌入经济到嵌入社会 [J]. 社会

学研究, 2020 (04): 152-173, 244-245.

[16] 吕炜, 靳继东. 从财政视角看中国式现代化道路 [J]. 中国社会科学, 2022 (11): 165-184, 208.

[17] 吕炜, 王伟同. 党的十八大以来财政领域改革成就、内在逻辑与未来展望 [J]. 财政研究, 2022 (09): 16-34.

[18] 马海涛, 白彦锋, 岳童. 新中国70年来我国财政理论的演变与发展 [J]. 社会科学文摘, 2019 (12): 16-34.

[19] 马海涛, 刘高萧沅. 加快完善与高水平社会主义市场经济体制相适应的现代税收制度 [J]. 税务研究, 2023 (01): 8-11.

[20] 马海涛, 肖鹏. 改革开放四十年我国财税改革回顾与展望 [J]. 地方财政研究, 2018 (11): 4-9, 19.

[21] 马海涛, 姚东旻. 成就与方向: 立足中国式现代化的财税体制改革 [J]. 人民论坛, 2022 (22): 56-59.

[22] 马海涛, 姚东旻, 孟晓雨. 党的十八大以来我国财税改革的重大成就、理论经验与未来展望 [J]. 管理世界, 2022 (10): 25-44.

[23] 牟瑶, 田金莹. 我国税收负担水平分析 [J]. 投资与创业, 2023 (21): 151-153.

[24] 谭祊, 方胜, 陆逸飞, 等. 健全完善新时代现代化税收制度的认识与思考 [J]. 财政科学, 2023 (01): 9-16.

[25] 肖兰兰. 人与自然和谐共生现代化建设与全球气候治理的互动逻辑 [J]. 福建师范大学学报 (哲学社会科学版), 2023 (06): 61-72, 171.

[26] 肖鹏, 王亚琪. 中国式现代化背景下的财政基础理论创新研究 [J]. 厦门大学学报 (哲学社会科学版), 2023 (06): 23-30.

[27] 肖鹏, 王亚琪. 健全现代预算制度 助力经济高质量发展——2022年全国财政工作视频会议精神解读 [J]. 财政监督, 2023 (04): 13-16.

[28] 岳希明, 张斌, 徐静. 中国税制的收入分配效应测度 [J]. 中国社会科学, 2014 (06): 96-117, 208.

[29] 朱军. 中国式现代化中的财政道路与发展经验 [J]. 经济与管理评论, 2023 (04): 78-87.

[30] Chetty, R., A. Looney, and K. Kroft. Salience and Taxation: Theory and Evidence [J]. American Economic Review, 2009, 99 (4): 1145-1177.

[31] Kessler, J. B., and M. I. Norton. Tax Aversion in Labor Supply [J]. Journal of Economic Behavior and Organization, 2016 (124): 15-28.

第五章
中国式财政现代化视角下的政府间财政关系

中国式现代化是新时代赋予党和人民的中心任务，是全面推进中华民族伟大复兴的方向和道路。财政作为政府行动的集中体现，必然在中国式现代化征程中发挥着关键作用。对中国这样一个幅员辽阔的大国而言，政府间财政关系是财政体制的核心，关系到国家的长治久安。中国属于多级政府体制，各项事业的发展均离不开中央与地方积极性的发挥，推进中国式现代化必然要求规范政府间财政关系，以财政资源的合理配置来充分发挥政府职能，进而促进政治稳定、经济发展，完善社会治理。

第一节 中国式现代化对政府间财政关系重构的新要求

一、财权分配：合理发挥中央与地方两个积极性

（一）现行财权分配存在的问题

1. 激励扭曲

1994 年分税制改革将营业税、企业所得税、个人所得税作为地方税，消费税和关税作为中央税，增值税作为共享税。此后随着社会主义市场经济体制的建立与完善，中央政府作出一系列调整，比如，2002 年将企业所得税和个人所得税由地方税变成共享税，2012 年开始逐步推行"营改增"试点。自 2012 年"营改增"试点到 2016 年全面推行后，增值税与企业所得税逐渐成为地方政府税收收入的主要来源，占地方政府税收收入的比例达到一半以上。增值税与企业所得税的税基分别来自企业增加值和利润，地方税收收入主要来自企业产出的扩大，由此便带来了对地方政府的激励扭曲问题。

首先，生产性税基归地方政府征收，可能会扭曲政府的经济行为，使政府过度重视企业投资而轻视居民消费，更加注重那些增加值高、能够贡献更多税收的行业，进而导致了"粗放式"经济增长模式，扰乱资源配置效率，产能过剩、产业结构矛盾加剧等问题凸显。其次，增值税的实际税负是由消费者全部承担，故而其税收收入应该由最终消费地政府征收，但多数本该消费地政府征收的生产性税基被分配到生产地征收，且在之前生产流通环节的增值额极可能远大于最后消费环节，致使收益与负担极度偏离。生产性税基导致的消费地政府的税收被生产地错征，使政府为了增加地方税收转而吸引企业来本地建设，财政资金更倾向于投资建设，地方政府不是为居民而是为企业服务。最后，生产性税基使得消费地政府只获得了最终消费环节的税收。伴随着数字经济的发展和电商贸易的普及，进一步加重了生产地与消费地税收收入分配的差距。经济发达地区集中了大量制造业的生产，通过生产性税基取得了消费地承担税负的那部分税收，造成税收转移，贫富差距拉大，地区间收入分配横向失衡。

2. 地方财政预算软约束

当前我国地方政府仍存在预算软约束问题，突出表现为地方债问题。尽管近年

来中央要求严格控制地方债规模，但很多地方政府仍采取各种措施加大债务发行。由于发行地方债的好处和负担在时间上是错位的，地方政府过于重视当期利益，地方债融资的风险便会被转嫁给下一任政府或中央政府。地方政府通常采取为企业违规担保或成立政府投融资平台等的方式来变相筹集资金，隐性债务规模便会迅速扩大。此外，政府对各类显性债务或隐性债务的担保，也使预算软约束问题向下传递，增加了社会及金融机构对政府伸出"援助之手"的期望，容易造成风险项目大量累积，在经济运行一旦受到负面冲击时极易引发大范围项目倒闭问题，商业银行巨额不良贷款的积累也易引发系统性金融风险。

（二）中国式现代化对财权分配的新要求

1. 以地方税合理激发地方积极性

地方税要有助于"合理"发挥地方积极性。中国广土众民，情况复杂，各项事业建设都需要激发地方政府的积极性，关键是要激发地方政府什么样的积极性：从发展生产的角度看，把生产性税基赋予地方政府，最有利于激发地方政府的发展经济的积极性；从发展民生的角度看，把消费性税基和财产性税基赋予地方政府，最有利于激发地方政府提供公共服务的积极性。过去我们注重发挥地方政府发展生产的积极性，这一方面推动了经济增长，但另一方面也带来市场分割、忽视公共服务提供等问题。进入新发展阶段后，中国式现代化要求处理好若干重大关系，在这个过程中，必须坚持党纵览全局、协调各方的基本原则，这就需要更好发挥中央与地方两个积极性。随着我国社会主要矛盾的变化，其中地方政府积极性应逐步转为提供良好公共服务的积极性。为此，地方税的税基应该为以一般性消费税和房地产税为代表的消费性税基和财产性税基，才有利于转变地方政府职能，充分激发其提供公共服务的积极性。

2. 以中央税推动统一市场建设

党的二十大报告提出，实现高质量发展，要加快建设全国统一大市场，使各类生产要素充分流动，推动区域协调发展。全国统一大市场是指在全国范围内高效规范、公平竞争、充分开放的市场格局，是中国式现代化的本质要求之一。只有建立全国统一的市场制度规则，才能打破地方保护和市场分割，打通制约经济循环的关键堵点，促进商品要素资源在更大范围内畅通流动。建设全国统一大市场，意味着：要使生产、分配、流通、消费各环节更加畅通，提高市场运行效率；要清理废除妨碍统一市场和公平竞争的各种规定和做法,破除各种封闭小市场、自我小循环;要坚持市场化、法治化原则,充分发挥市场在资源配置中的决定性作用,更好发挥政府作用;要提高政策的统一性、规则的一致性、执行的协同性。

要实现上述一目标,中央政府毫无疑问需要发挥关键作用,而中央税就是其重要抓手。推动统一市场建设,中央税就要尽量满足税收中性要求。根据税收效率原则,中央税应有利于矫正税收归属地和税负承担地之间的背离,也要充分发挥出削弱地方不正当竞争的积极作用,助推全国统一大市场的形成。同时,中国式现代化要求我国基本公共服务均等化水平明显提升,因此,根据税收公平原则,中央政府获得的税收收入还要以转移支付的形式对欠发达地区进行补偿,在兼顾地方发展积极性的基础上,促进区域协调发展。

二、事权划分:合理配置与规范化

(一) 现行事权分配存在的问题

1. 政府职责模糊不清

1994年分税制改革后,关于央地间收入划分的制度安排已较为明确且相关调整较为频繁,但事权相对而言只有一个笼统和初步的划分,存在众多模糊和不规范之处。更为重要的是,关于中央政府与省级政府事权,尚有相关文件进行了较为系统地划分,但是省级以下地方政府间事权划分更加不规范,未有专门的政策性文件予以明确规定,导致省以下政府事权实际上处于一个模糊不清的状态。加之分税制改革造成的事权与支出责任下移,地方政府需要依赖上级转移支付来完成较多事权,因此,事权划分不规范问题又会直接导致政府间职责交叉重叠、政府职能错位与越位现象,极大抑制政府职能的有效发挥。

通过梳理《中华人民共和国地方各级人民代表大会和地方各级人民政府组织法》中的相关条款,可以发现,除了国防、外交等职责明确归属中央政府外,其他职责都从上到下贯穿了各级地方政府。并且,自中央以下的地方各级政府事权的划分都非常"相似",支出责任高度重叠交叉,地方政府拥有的事权几乎全是中央政府的事权延伸或细化。大量支出责任为各级政府的共同责任,最终体现为各级政府责任雷同,出现"中央请客,地方买单"的现象。另外,无论是政府机关还是企事业单位,其相关职责文件或职责清单的最后一条一般都是"完成上级政府(或上级部门)交办的其他任务",这不仅模糊了不同层级政府的职责界定,也为上级政府通过政策手段绕开相应法律法规转移事权和支出责任埋下了伏笔。事权的含糊不清使相应的支出责任很容易压给下级政府，最终集中体现为基层财政困难。进一步从公共品供给的角度来看，承担最多职责的基层政府直接面对居民，本身却又向上级政府负责，导致其无法有效迎合居民偏好，而在这种模式下，由于信息不对称，上级政府考核下级政府也容易导致偏向性问题。

2. 缺位与越位

一是缺位现象。按照财政分权理论，政府事权要与其受益范围相对应，如果地方政府活动会使得其他地方受益或受损，那么这项活动就具有了外部性，具有外部性的活动应由上级政府负责，否则很容易对地方政府行为产生扭曲。当前我国财政体制存在不少基本事权下移的现象，县级政府在义务教育、区域内基础设施建设、社会治安、环境保护、食品监管等方面都负有一定职责，这些公共物品或公共服务具有较强的正外部性，使地方政府在行使这些职能时缺少动力，从而产生缺位现象，如放松环境监管和食品监管以保护辖区经济利益等。另外，事权的层层下移导致大部分事务都由地方政府尤其是县乡基层财政来承担，尤其像义务教育、公共卫生、社会保障和福利救济等本应由中央政府直接管理的基本公共服务，其支出由基层财政负担也反映了中央的事权缺位。

二是越位现象。一些本该由上级政府拥有的事权交给下级政府，实际上是扩大了下级政府权力，下级政府拥有这些权利便拥有了干扰市场经济运行工具，极易导致地方政府为片面追求辖区经济利益，产生政府职能行使中的越位现象。比如，地方政府为吸引外地企业到本地投资，可能会采取降低环境规制标准、放松食品安全监管、司法干预当地舆论的手段，纵容污染企业或有问题企业生产。另外，当经济社会发展目标由上级制定，而下级政府缺少参与或互动时，由于地方政府承担了过多事权，为满足上级政府考核需要，"压力型体制"会导致目标任务"层层加码"，地方政府很可能会突破政府职能约束，直接动用行政权力干预市场正常运行。

（二）中国式现代化对事权分配的新要求

1. 法律化、规范化与合理化

明晰各级政府事权和支出责任，首先需要完善政府间事权划分的法律制度，以法律化推动规范化。一是需要在高阶法律中对中央和地方专有事权、共有事权、委托事权等形态做出原则性规定，这是推进各级政府事权规范化、法律化的前提条件。

这就需要以市场在资源配置中起决定性作用和更好发挥政府作用为引导，以法律形式确定各级政府事权划分原则，从源头理顺政府与政府、政府与市场、政府与社会关系。二是在此基础上，要研究制定规范中央和地方财政关系的系列财政法律制度。落实税收法定原则，研究制定税收基本法，完善税收征管法律制度，明确中央与地方的税收立法权限和税收征管权限。条件成熟时，还应制定财政基本法、财政转移支付法等实体法，以法律形式明确各级政府财政管理权限、各级政府财政收支范围以及政府间转移支付等内容。

进一步，以规范化推动合理化。我国各级政府资源禀赋、功能特点不同，其事权配置便应各有侧重，这样才能更好地形成整体协同效应，推动国家治理体系和治理能力现代化。一是需要强化中央政府宏观管理、制度设定职责以及必要的执法权。要强化中央政府宏观管理职责和能力，推进宏观管理目标制定和政策手段运用机制化，增强宏观调控前瞻性、科学性、针对性、协同性。二是需要强化省级政府统筹推进区域内基本公共服务均等化的职责。省级政府应当在中央统一领导下，充分发挥主动性，因地制宜加强区域管理和统筹协调，统筹好区域内经济社会发展，促进基本公共服务均等化。同时要积极探索省以下管理体制和管理方式创新，增强保障能力，提高行政效率。三是强化市县政府执行职责。市县政府直接面向基层，直接服务人民群众，必须强化其执行职责，要求其满足居民而非上级政府偏好。要增强市县政府执行上级政策法规的责任意识，严格依法行政，严禁搞"上有政策，下有对策"的擅自变通。

2. 分散配置与中央制衡

根据中国式现代化要求，要全面建设社会主义现代化国家，就要坚决维护中央权威和集中统一领导，同时也要不断增强社会主义现代化建设的动力和活力，这一要求在政府间事权分配中即体现为要充分发挥中央与地方两个积极性。因此，与之相对应，事权划分的基本原则应是分散配置与中央制衡。其中，分散配置要有利于发挥地方积极性，将财政事权分散在各级政府行使，有条件地话尽可能放在低层级政府行使，比如，可适当扩大县级政府事权，充分发挥县级政府的信息优势，从而调动基层政府工作积极性。中央制衡要求要充分发挥中央的积极性，中央政府必须能够制约地方政府的财政行为。事权分配的大方向是在事权分置基础上的中央制衡，一是有利于稳定政治经济秩序。通过强化中央权威，发挥其全局性职能，消除未来伴随省域经济扩大及省级政府权限过大造成的隐患。二是有利于推动政府职能转变和经济增长方式转变。在上述两大原则的指导下，事权分配要向中央政府和县级政府两头集中。中央财政主要承担与宏观调控、维护统一市场、公平收入分配有关的职能；县级财政主要承担县域内公共服务、市场监管、社会管理等职能。

三、转移支付制度：提高财政资金配置与使用效率

（一）现行转移支付存在的问题

1. 资金支出偏向

转移支付制度的目标是弥补地方财力不足，保障地方政府能更充分地提供公共物品与服务，实现区域均衡发展和基本公共服务均衡化。但实践中，地方政府在配置财政资金时，有两个大的支出方向可供选择：一是用于生产性支出，来增加企业产出，推动经济增长，例如，招商引资、基础设施建设、城市改造等；二是用于民生性支出，虽然对经济增长的直接影响较小，但可有效改善居民福利，例如，改善中小学教育环境、帮助农民脱贫等。我国现行转移支付制度的支出偏向问题主要体现在一般性转移支付上，这是因为当财政资金未指明具体用途时，地方政府为实现经济或财政收入目标，在资金使用方向上更倾向于生产性支出。

一般性转移支付存在支出偏向问题的根源在于，地方官员与居民的偏好之间存在错位。对于一般性转移支付，地方政府具有资金使用的充分自主权，可以自由支配资金的转移支付方向。而在晋升锦标赛模式下，地方官员更加关注以 GDP 为代表的各项经济发展指标，而缺乏对居民偏好的回应。即使上级政府加入社会治安、环境保护等反应居民满意度的指标，在过去很长一段时期内，由于此类指标考核不如 GDP 清晰，其落实程度也与其他硬性指标相比相对较弱。同时，地方官员的任期相对民生性支出发挥作用的时间较短，地方官员有很强的激励增加显示性支出、提供显示性公共物品，因此会自己任期内将一般性转移支付资金配置到能够推动经济增长的支出上，而忽视民生性支出。

2. 资金错配

转移支付制度的资金错配问题主要体现在专项转移支付上。专项转移支付是限定资金用途的一类转移支付，地方政府必须依照中央政府的要求，将资金用在事前约定的公共支出上。但在中国这样的超大型经济体中，专项转移支付需要经过项目层层申报、资金层层下达、监督层层执行三个关键环节，政府层级多，信息传递链

条长，很难避免信息损失或扭曲，这就为下级政府不断突破已有预算约束、追求预算外资源提供了激励，容易导致"逆向预算软约束"现象，最终使得专项转移支付资金错配。

专项转移支付的资金错配具体可体现在以下五个方面：一是项目种类和数量繁多，金额小，由于专款专用和资金分散，资金的使用效率较低，难以发挥专项资金的导向作用，难以集中财力做大事。二是项目的申请和审批程序复杂，项目申请者和管理者的负担都很重，从项目申请到资金下达过程较长、时效性较差，直接影响到项目的具体实施，进而影响到财政支出进度和资金使用效益。三是部分专项转移支付涉及多个部门，资金由多个部门管理，导致地方多头申请、重复要钱等现象发生。同时，部分项目计划与地方实际需要脱节，地方政府又无法结合实际情况做必要调整和统筹安排，容易造成转移支付效率不高和资金损失。四是资金分配不透明，易产生腐败、项目包装、虚报冒领等问题。五是部分专项转移支付配套要求过高，中央财政下拨地方的专项资金，有相当部分要求地方财政配套，这些专项资金的配套要求在一定程度上也对地方财政构成了较大压力，很可能已经超出了基层财政的承受能力。

专项转移支付存在资金错配问题的根源在于，上下级政府间存在严重的信息不对称现象，而下级政府有强烈激励向上级政府提供偏向性信息，这种信息往往会使得上级政府作出有利于增加他们专项转移支付资金的决策。实践中，下级政府提供偏向性信息的方式主要有两种：一是提高信息传递的密度。在这种情况下，上级政府面对众多下级政府的众多信息，难以有效甄别信息真假以及有效提取信息。例如，地方政府在争取中央政府各部委专项转移支付资金时，经常派人员到北京主管部门联系，出现"跑部钱进"的现象。二是简化信息形式。下级政府常用的办法是贴上某种标签，例如"贫困县"，借此吸引上级政府的注意，并争取相应的转移支付资金。

（二）中国式现代化对转移支付制度的新要求

完善财政转移支付制度是深化财税体制改革的重要内容，是党和国家大政方针落实的重要保障。进一步完善转移支付制度，促进转移支付项目设置更加规范、分配方法更加科学、管理手段更加有效、法律制度更加健全，更好发挥财政在国家治理中的基础和重要支柱作用，是推动高质量发展和扎实推进中国式现代化的坚实制度保障。在中国式现代化道路进程中，未来转移支付制度的完善方向主要体现在以下两点。

1. 充分发挥转移支付的均等化功能

中国式现代化是人口规模巨大的现代化，也是全体人民共同富裕的现代化，这就要求必然要充分发挥我国转移支付制度的制度优势，以转移支付促进区域协调发展、促进全体人民共同富裕。

一般性转移支付是转移支付制度发挥均衡作用的核心抓手，增加一般性转移支付可直接增加地方可支配财力，而地方政府可以根据本地区实际发展需要自主安排使用，这种转移支付类型对均衡地区间财力的作用最大。因此，调整转移支付制度的重中之重就是要增加一般性转移支付的数额和所占比重。而增加一般性转移支付的关键在于，要提高其资金分配的科学性与规范性。在确定标准财政收入时，应当全面衡量地方财政收入能力，将预算没有反映到的财力反映进来；在确定标准财政支出时，不仅应当考虑人员经费和公用经费等指标，更应当将总人口、地理环境状况等其他指标反映在内。在现行因素法基础上，只有科学设置均衡性转移支付测算因素、权重，精确反映各地区的基本公共服务成本差异，才能为基本公共服务均等化目标的实现提供前提条件。

当地方政府不愿意将有限的财政资金优先用于基本公共服务供给时，这就要求中央政府必须对地方支出行为做适当干预。针对地方政府重生产轻民生的支出偏好，中央对地方的转移支付资金用途指定不宜过细，但又不能不指定用途，因此可以尝试在一般性转移支付中扩大分类转移支付的使用。分类转移支付是对一般性转移支付的合理补充，主要用于解决地方政府基本建设投资支出偏向问题，通过把财政资金限定在民生领域，可以有效起到提高基本公共服务均等化的功能，既可以保证地方政府的财政支出满足中央政府的意图，又可以发挥支出分权所能产生的经济效率。当然，增加分类转移支付，也必然要求充分考虑分类转移支付的合理性，保证因素分配法的科学有效使用。

2. 提高转移支付资金的配置效率与使用效益

专项转移支付资金可以在一定程度上弥补一般性转移支付因政府偏好错位产生的系列问题，也可以根据中央政府均衡目标实行积极均衡策略，但是存在的最大问题在于，多级政府间信息传递链条过长，地区间资金配置偏向于发出显示性信号的一方。2023年第十四届全国人民代表大会常务委员会第五次会议发布的《国务院关于财政转移支付情况的报告》要求，专项转移支付要根据党中央、国务院重大决策部署合理安排，资金定向精准使用。因此，未来我国专项转移支付制度的定位应是，强化对地方的引导激励，并逐步退出市场机制能够发挥有效作用的领域。

另外，在提高专项转移支付资金配置效率的基础上，绩效管理更是促进经济社会持续健康发展的有力支撑，这就要求必须规范转移支付绩效目标管理，将绩效目标与转移支付预算同步下达，作为地方组织预算执行、开展绩效自评的依据。同时，还要强化转移支付绩效评价的结果应用，推动将绩效评价结果应用于预算安排、政策调整和改进管理，切实提高财政资源使用效益。

第二节 新中国成立以来政府间财政关系的发展逻辑

政府间财政关系既体现着中央政府与地方政府之间的关系，也决定了各级政府行为，进而会深刻影响着市场与社会的发展。新中国成立以来，我国政府间财政关系主要经历了三个发展阶段：第一个阶段是统收统支阶段，该阶段的财政体制高度集中，主要目标是强化中央控制以集中力量推动重工业发展，有效促进了经济恢复，但也因此严重抑制了地方积极性的发挥；第二个阶段是分灶吃饭阶段，该阶段的财政体制以下放财权、调动地方积极性为主，主要制度目标是释放地方活力，促进了地方局部市场的形成，但由此也带来了市场分割与重复建设问题，"两个比重"显著下滑，中央控制能力下降；第三个阶段是分税制阶段，该阶段的财政体制以发挥中央与地方两个积极性为目标，通过分税、分成的制度设计极大激发了地方积极性，同时也保证了中央宏观调控职能的发挥，有效提高了中央的控制与动员能力。本节通过回顾新中国成立以来我国政府间财政关系的发展演变，系统总结了其高度集中—下放权力—发挥中央与地方两个积极性的历史发展逻辑。

一、统收统支：高度集中，强化中央控制推动重工业发展

中华人民共和国成立后，中国实行计划经济体制，在当时的客观经济发展形势下，国家发展战略目标是优先发展重工业。一方面，新生政权的巩固需要经济迅速恢复与发展，尤其需要恢复基础工业和交通运输业，这就要求中央政府要有大量财政资金用于统一管理；另一方面，当时财政收支面临较大赤字，如果财政资金不能由中央集中，地方将无法有效发挥出财政资金的规模优势。[①] 在这种百废待兴、财力薄弱的发展背景下，中国相应建立了"高度集中、统收统支"的财政管理体制。这一管理体制的突出特点是：地方政府的财政收入全部上缴，支出由中央统一拨付；国有企业的利润全部上缴，财务开支由财政部统一规定，亏损由财政部门进行补贴；

---

① 1950年3月10日，《人民日报》发表《为什么要统一财政经济工作》明确表明"目前国家的财政收支不但不富裕，而且有赤字，可以机动使用的现金和物资本来很少。这微小的机动力量，如果不放在中央人民政府手里，而分散给全国各级地方人民政府，其后果必然是把这微小的机动力量丧失无余……"。

行政事业单位的经费由财政部统一拨付。

"高度集中、统收统支"的财政管理体制是在需要动员一切力量推动工业化建设的大背景下提出来的。在这种管理体制下,财权高度集中在中央,短期内改变了原来长期分散管理的局面、平衡了财政收支、稳定了物价,因此有效推动了国民经济的恢复与发展,同时也促成了全国财政经济工作规章制度的初步建立。但是随着形势的发展,其所产生的弊端也越来越明显,突出表现为,地方政府积极性受到严重压制,而中央与地方之间存在严重的信息不对称与监督失灵问题,导致资源配置效率低下,这对社会生产力的可持续发展具有极大不良影响。为此,中央政府采取了两次大规模放权行动。一是1957—1958年,中央政府向地方下放财权,以"以收定支"替换原"以支定收"的财政管理办法,允许地方政府参与中央企业分成,同时也将计划管理权和企业管理权下放给地方政府。此次改革意图在于,使地方财政收入与支出相匹配,调动地方理财积极性,改变地方政府在安排预算时争指标的不合理行为。二是1966—1976年,在"综合平衡"思想的指导下,财政管理体制变动频繁,但整体特征表现为,为应对财政压力,中央不断向地方放权,地方获得了中央各部委大部分事业单位的管理权。

从政府间财政关系的发展逻辑来看,该时期为集中财力优先发展重工业,我国整体上采取了统收统支、高度集中的财政管理体制。在这一体制下,中央与地方间的财政关系经历了十分频繁的变动,尽管这些变动并未对市场产生实质性影响,但极大凸显了这一时期中央集权与地方分权之间存在的矛盾关系。一方面,中央集权,有利于强化中央政府的控制与动员能力,能够使得国家迅速集中财力推动重工业发展,但是这种体制会极大抑制地方政府的积极性,导致经济停滞;另一方面,中央放权,地方政府的积极性被调动起来,但是地方竞争、投资过热问题又会显现,容易导致经济秩序紊乱。因此,在高度集中的计划经济体制下,中央高度控制、市场缺失,囿于历史条件,中央与地方间财政关系的调整始终处于"一收就死,一死就放,一放就乱,一乱就收"的循环中。

二、分灶吃饭:下放权力,释放地方活力创造局部市场

从新中国成立到改革开放前,我国完成了四个"五年计划",经济发展已初具工业化基础,国民经济体系也日渐完备。但是,高度集中的计划经济体制不再适应现代化生产发展,权利过度集中、忽视市场机制问题直接导致了经济效率低下,政府、企业、居民积极性均受到较大程度的压制。改革开放后,国家发展的目标正式调整为"以经济建设为中心",各类以放权让利为导向的制度变革应运而生,而政

府无疑是推动制度变革的主体，因此财政体制就需要调动起地方政府的积极性，以此激发起各类市场主体经济活力。在这一背景下，我国建立起了"分灶吃饭"的财政管理体制，该管理体制的核心形式是财政包干制，突出特点是，通过"分灶吃饭"向地方放权，以激发地方活力来培育局部市场。从发展演变看，分灶吃饭财政管理体制经历了三个发展阶段：第一阶段是1980—1985年的"划分收支、分级包干"财政体制，第二阶段是1985—1987年的"划分税种、核定收支、分级包干"财政体制，第三阶段是1988—1993年的多种形式并存的财政包干体制。前两阶段的重心在于调整中央与地方的财政收入分成，而第三阶段主要集中在财政收入增量的变化上，但整体来看，都以"放权让利"为导向。

分灶吃饭财政管理体制是我国政府间财政关系的一次重大调整，财政收支、财权划分等方面都发生了重大变革，对国家能力发挥以及经济社会发展产生了重要推动作用。其制度运行逻辑在于，通过给予地方财权并下放经济管理权，让地方政府真正成为"自负盈亏"的财政实体，这种赋予地方一定剩余索取权的方式极大强化了地方政府对本辖区事务的责任属性，提高了地方政府增收节支的积极性。之所以形成了如此的制度安排，是因为当时经济改革的核心是调动地方政府积极性和企业积极性，而由于市场机制尚不完善，地方政府又拥有强大的地区资源配置能力，通过提高地方政府积极性为当地市场创造条件就成为必然选择。分灶吃饭财政管理体制正是通过向地方政府大幅下放税权、提高地方政府的财政收入分享比例，激发了地方政府发展本地税基的积极性。在这种财政激励下，地方政府有强大动力采取措施鼓励本地企业发展，比如实行了一系列区域性税收优惠政策、区域性财政补贴政策以及建立经济开发区等，进而极大释放了当地微观经济主体的积极性。与此同时，分灶吃饭财政管理体制还强调事权与财权统一原则，地方财政自主度提高，调动了地方政府增收节支的积极性，进而提高了财政资金的使用效率。因此，总体而言，分灶吃饭财政管理体制通过分权调动起了地方政府积极性，极大创造了局部市场，促进了经济的高速发展。

但是，由于过度强调地方政府积极性，这种财政管理体制对中央积极性的发挥产生了较大抑制作用，突出表现为两点。一是"两个比重"严重下滑，地方政府在留成激励下往往采取"捉迷藏"式的降低上解额度的行为，这种地方财政力量的分散导致中央财政能力严重下降，中央财政收入占全国财政收入的比重下滑、全国财政收入占GDP的比重下滑。中央宏观调控失去依托，甚至中央政府需要依赖地方财政平衡收支，中央对地方的控制能力明显被弱化。二是地方保护主义盛行造成了严重的市场分割与低水平重复建设问题。财政包干体制按照企业隶属关系划分政府间财政收入，地方政府为扩大本地经济利益，便竞相发展利高税多的项目，原材料与产业流动受到较大限制，因此严重阻碍了国家统一市场的形成，对于协调区域间协调发展、提高国家整体实力产生了不良影响。

总体而言，该时期针对计划经济时期存在的重大缺陷，以扩大地方财权和企业自主权为起点，采取了以激发地方活力为主要特征的分灶吃饭财政管理体制。该体制在改革开放初期确实发挥了积极作用，极大调动了地方政府发展生产以及履行财政收入征收职能的积极性，但随着市场化水平的提高，由于激励方式的不合理，地方保护主义盛行，而中央职能无法得到有效发挥，资源配置效率低下，财政包干制对经济社会发展的促进作用逐渐减弱。

三、分税制：平衡与激励，发挥中央与地方两个积极性

中国共产党第十四届三中全会召开后，我国改革的总目标调整为"建立社会主义市场经济体制"，要求发挥出市场在资源配置中的基础性作用。在这一发展目标的引导下，针对当时分灶吃饭财政管理体制存在的问题，《中共中央关于建立社会主义市场经济体制若干问题的决定》重点强调要改革财政"包干"制度，以事权为基础建立分税制。

分税制，是指在合理划分各级政府事权范围的基础上，主要按照税收来划分各级政府预算收入，各级预算相对独立；同时为调节地区间差距，建立了中央财政对地方财政的税收返还和转移支付制度。分税制与原财政包干制相比，其最大变动在于，按照税种的属性而非隶属关系或所有制划分了各级政府收入，将全部税收收入划分为了中央税、地方税以及中央和地方共享税三大类。两种财权分配的本质区别在于，其激励方式存在明显差异，分税制财政管理体制会鼓励地方政府招商引资，促使地方政府采取一切措施改善市场条件来吸引到本地投资的企业；而包干制财政体制会鼓励地方政府采取地方保护主义办"属于自己"的企业。前者有利于促进生产要素与产品在全国的自由流动，而后者因为过度强调政府与企业的关系，容易带来市场分割与资源错配问题。

从地方积极性发挥的角度看，分税制改革后，地方政府收入主要来源于增值税、企业所得税和营业税，其中增值税和企业所得税属于流动性税基，营业税依赖于当地服务业、建筑业和房地产业的发展。这种将税基流动性较强的税种划定为共享税的做法，在一定程度上违背了传统分税原则，但符合第二代财政分权理论的目标设定，即财政分权应有助于激励地方发展经济。分税制正是调动了地方政府发展本地经济的积极性，因此，分税制实际上是通过以生产性税基为主的财政收入分成来刺激地方发展经济，由此带来的地区间激烈竞争就成为中国在困难的 20 世纪 90 年代

仍能实现高速发展的主要原因。①

从中央积极性发挥的角度看，分税制改革有效扭转了分灶吃饭制度下中央权威下降而地方竞争失序的局面。随着税收分成财政激励作用的发挥以及税收征管技术的完善，中央财政收入的比重开始维持在合理范围内，中央政府重新掌握了关于政府间财权分配的主动权。这种控制能力的增强进一步强化了中央的组织动员能力，既可在面对外部冲击时，能够迅速作出反应发挥宏观调控职能，也能有效调节地区间财力差距，维护社会稳定。尽管分税制的功能以激励为主，但也发挥着一定平衡作用，财政收入分成比例的调整，本质上就反映了中央政府在激励地方发展经济与平衡区域发展之间的权衡。从局部视角来看，提高地方财政收入分成比例有利于促进地区经济增长；但从全局整体来看，地方财政收入分成比例过高会存在一定弊端，比如会导致地区差距扩大，不利于经济增长方式转变，因此财政收入分成比例要控制在合理范围内。1994年分税制改革正是通过大幅提高中央财政收入占全国财政收入的比重，为中央缩小地区差距提供了财力支持。在此之后，中央与地方收入划分的动态调整，也反映了中央兼顾经济增长与平衡区域发展的政策出发点。比如，2002年所得税分享改革降低地方所得税分享比例，用于增加中央一般性转移支付；2016年增值税收入划分强调兼顾好东中西部利益，中央收入增量向中西部地区倾斜。《关于完善省以下财政管理体制有关问题意见的通知》更是明确体现出了我国分税制的激励与平衡作用，该通知强调，省以下地区间人均财力差距较小的地区，要适当降低省、市级财政收入比重，保证基层财政有稳定的收入来源，调动基层政府组织收入的积极性；省以下地区间人均财力差距较大的地区，要适当提高省、市级财政收入比重，并将因此而增加的收入用于对县、乡的转移支付，调节地区间财政收入差距。

然而，随着我国经济社会发展阶段的变化，分税制上述激励功能会逐渐减弱。本质上，财政收入体制是通过调整政府间利益分配关系撬动市场的制度安排，其制度作用会随着政府与市场关系的演变而变化，市场机制越健全、地方政府干预非公共资源配置的空间越小，传统财政收入体制的边际激励作用越弱。有效市场建立起来后，行政力量对市场的干预大大减少，传统地方政府职能发挥受限，有赖于此的财政收入体制激励作用自然减弱。

总体而言，在分税制财政管理体制下，分税、分成的制度设计，有效调动起了中央和地方两个积极性，既促进了地区经济发展，也有效平衡了地区间差距、促进了全国统一大市场的形成。但随着我国市场机制的完善，政府与市场关系发生变化，

---

① 张五常. 中国的经济制度 [M]. 北京：中信出版社，2009.

一方面，现行财政收入体制的积极作用逐渐减弱；另一方面，其对地方政府职能行使的扭曲愈发凸显，无法满足中国式现代化对经济高质量发展的需求，亟须制度变革，重塑政府间财政收入分配的有效激励，转变地方政府职能。

第三节　构建与中国式现代化相适应的政府间财政关系

中国特色社会主义进入新时代后，我国社会主要矛盾发生深刻变化，亟须构建与之相适应的现代财政体制，实现国家治理体系与治理能力现代化。从中国式现代化对政府间财政关系重构的新要求来看，当前我国财政体制改革的基本方向是：以发挥财政对完善国家治理体系的基础和支撑作用为出发点，充分发挥财政在优化资源配置、推动统一市场建设、促进社会公平和维护国家长治久安等方面的功能，通过建立权责清晰、财力协调、区域均衡的政府间财政关系，在保证中央统一领导的同时，合理发挥地方积极性，从而实现人民对美好生活向往的需求。具体而言，本节将从政府间财政关系构建、事权与支出责任划分、转移支付制度完善三个方面提出与中国式财政现代化相适应的政府间财政关系改革方向，以期建立起有助于实现国家治理体系现代化、中国特色社会主义制度体系完善、制度能力提升的现代财政体制。

一、构建合理的政府间财政收入分配关系

当前我国地方税体系存在的突出问题是，地方财政收入主要依赖于生产性税基，过度激发了地方发展生产的积极性，而弱化了其提供公共服务的积极性。针对这种地方税体系设计带来的激励扭曲问题，本书认为，要构建与中国式现代化相适应的政府间财政收入分配关系，首先要明确现代化背景下中央税与地方税的划分原则，以具有时代意义的划分原则为导向，重构地方税体系。

（一）坚持与中国式现代化相适应的财政收入划分原则

一是经济效率原则。中国式现代化要求坚持中国特色社会主义、实现高质量发展。而在中国这样一个大型经济体下，高质量发展意味着要让市场在资源配置中起决定性作用，这就必然要求构建全国统一大市场，那么税收就不能阻碍全国统一大市场的形成。部分税种作为地方税时，可有效激发起地方政府发展经济的积极性，有利于局部效率的提升，但是从全局来看，也可能会引发地方政府针对流动性税源的激烈竞争，带来地方保护主义等一系列问题，进而导致了市场分割和资源配置扭

曲。比如，如果把企业所得税作为地方税，那么地方政府会充分利用这个杠杆刺激当地生产，生产要素将难以在全国实现自由流动。因此，在中国式现代化背景下，经济效率原则的内涵也应与全国统一大市场建设相匹配，如果地方税所激发的地方政府积极性与统一大市场建设相冲突，那么前者应该服从于后者，才能真正发挥出税收对资源配置的促进作用。

二是受益性原则。该原则要求税收要与地方政府为辖区居民提供的公共服务密切相关，由此，当地方政府提供的公共服务水平提高时，税收也会随之增加，这就会激发地方政府为辖区居民提供公共服务的积极性。符合受益性原则的税种就是受益税，比如房地产税，但除此之外，个人所得税也具有一定的受益性质，因为当地方政府提供的公共服务增加时，会吸引更多人进入本辖区，个人所得税自然增加。但不同受益税之间存在受益范围的区别，受益范围越大的，其所产生的税收收入越应该归属于更高一级政府。在这一原则下，如果把受益税作为地方税，那么地方政府为了增加财政收入就会保护税基，比如在本地提供优质教育、医疗等公共服务、完善基础设施、保护生态与消费环境等。中国式现代化是物质文明与精神文明相协调、人与自然和谐共生的现代化，因此受益性原则在地方税系建设中应发挥着越来越重要的作用。

三是有效激励原则。我国各项事业的发展都需要激发地方政府积极性，但地方政府的积极性有多维，关键是需要激发地方政府哪一维度的积极性。在过去很长一段时期，我国以经济建设为中心，因此通过地方税激发地方发展经济的积极性具备一定合理性与必要性，但是在中国式现代化"五位一体"总体布局下，过度激发地方发展生产的积极性显然不再符合当前发展阶段要求，而是更应该关注地方政府提供公共服务的积极性。激发地方政府不同维度的积极性，对地方税要求存在明显差别，要激发地方政府发展生产的积极性，则应该将生产环节的税收作为地方税，而要激发地方政府提供公共服务的积极性，则应该将使用环节的税种作为地方税。

综上所述，中国式现代化背景下，传统税收划分原则被赋予了新的时代含义。要促进经济高质量发展，就要坚持与中国式现代化相适应的政府间财政收入分配关系，这意味着：按照经济效率原则，地方税不能扭曲资源配置，中央税要促进统一市场建设；按照受益性原则，要以受益税作为地方税，同时以受益范围确定税收在各级政府的归属；按照有效激励原则，中央税要有利于促进中央控制、动员等宏观调控职能的发挥，地方税要根据经济社会发展主要矛盾的变化，激发地方政府相应维度的积极性。

（二）未来财政收入体制改革方向

随着我国市场机制的完善，政府与市场关系发生变化，一方面，现行财政收入体制的积极作用将逐渐减弱;另一方面,其对地方政府职能行使的扭曲愈发凸显,无法满足经济高质量发展需求。根据我国国情及当前发展阶段,以上述划分原则为指导,未来我国财政收入体制改革应以转变政府职能为导向,充分发挥中央与地方两个积极性。

首先,地方税建设应重点体现受益性原则。一方面,随着经济发展水平的提高,社会对物质增长的需求逐渐降低,而对教育、医疗、环境等公共服务的需求增加,政府目标相应地也应从推动经济发展转变为提供公共服务。把受益税——比如房地产税、个人所得税、一般消费——作为地方税,会提高地方政府保护相应税基的积极性,既有利于促进地方公共服务质量的提高,也有利于提高地方治理水平,促进国家治理体系和治理能力的现代化。另一方面,相比于营业税、增值税、企业所得税的税基分布,受益性税种的税基分布均匀程度相对较高,将受益税作为地方税或由地方分享较大比例,也有助于缩小地区间的财力差距。具体到相应税种上,增值税、企业所得税不适合作为地方税;个人所得税具有较强的受益性质,且税基流动性较强,可以有效激发地方政府提供公共服务的积极性,因此可按照受益范围划分其在各级政府中的归属,但需要相应配套措施比如转移支付解决由此带来的税基分配不均问题。

其次,可适当调整政府间税收分享规则,转变地方政府职能。实现中国式现代化,转变经济发展方式势在必行,但仅调整分享比例大小无法从根本上改变地方政府积极性发挥方向,必须调整地方政府间税收分享规则。将原来按生产地原则分配的税种改为按消费、人口等因素分配将是一个可行的方案。[①] 在这种分享规则下,各地最终分得的增值税收入与当地生产性税基没有直接联系,地方政府便有强烈动机完善辖区公共服务以吸引居民入住与消费,为维护企业家利益而放松居民利益的现象也会相应减少。

二、提高政府间事权与支出责任划分的规范性、合理性

政府间事权分配关系到一国政局稳定以及各级政府行政效率问题。一直以来,我国政府间事权与支出责任划分都是财政体制改革的难点。针对当前我国事权划分中存在的责任模糊不清、政府职能缺位与越位问题,本书认为,未来其改革方向主要有两点:一是提高事权划分的规范性,通过提高决策层次推动事权划分规范化、法律化;二是提高事权划分的合理性,既保证中央有效制衡,促进地区间公平与统

---

① 刘怡,张宁川,耿纯. 增值税分享、消费统计与区域协调发展——基于增值税分享由生产地原则改为消费地原则的思考[J]. 税务研究,2021(08):28–34.

一市场建设，又要激发地方积极性，发挥地方公共治理优势。

（一）提高事权与支出责任划分的规范性

习近平总书记强调，"在研究改革方案和改革措施时，要同步考虑改革涉及的立法问题，及时提出立法需求和立法建议。实践证明行之有效的，要及时上升为法律。实践条件还不成熟、需要先行先试的，要按照法定程序作出授权。"事权改革作为推动国家治理体系与治理能力现代化的重要内容，本质上属于政治与法律问题，涉及了政府与政府、政府与市场、政府与社会关系，是一项极其复杂的制度性安排。因此，要推动事权与支出责任划分改革，必须首先提高其决策层次，强化事权分配的"高阶化""法律化"特征（楼继伟，2018），由高层推动、统筹谋划。同时，根据党的十八届四中全会提出的"推进各级政府事权规范化、法律化，完善不同层级政府特别是中央和地方政府事权法律制度"要求，要尽快以法律形式对中央事权、地方事权、共同事权等各类事权做出原则性规定，直至具体规定，比如明确说明各类事权中的决策权、支出权、监督权应由哪级政府行使等问题，以法律权威保障事权划分的明晰性、稳定性。尤其需要关注省以下事权的调整，按照提高效率、整合资源的原则合理配置相关事权，保证省以下各级政府权力与责任一致、事权与支出责任相适应。

（二）推动事权与支出责任划分的合理化

调动中央与地方两个积极性，一直是我国治国理政的基本理念。从我国政府间财政关系的发展脉络来看，计划经济时期，我国财政体制一直处于"一收就死、一放就乱"的循环之中，改革开放后，我国逐渐走出这个循环，但在总体上仍然没有实现在合理划分事权基础上调动两个积极性的目标。合理划分政府间事权与支出责任，是财政体制改革的前提与保障，立足当前国情，要推动事权划分合理化，关键主要在于以下两点：一是在满足一定条件的前提下，要以事权下放调动地方积极性，将财政事权分散在各级政府行使，有条件的尽可能放在低层级政府行使。① 在划分地方各级政府事权时，可由县级政府承担县域内诸如公共服务、社会管理、市场监管等职责，由省级或者市级政府承担监察职能，从而促使县级政府因地制宜提供公共物品，激发出县级政府的积极性与活力。二是事权分配要充分发挥出中央政府的控制与动员能力，保障中央能够有效制约地方财政行为。在事权分配中强化中央政府权利，目的在于，通过加强中央控制力，约束地方政府不当干预行为，稳定社会

---

① 吕冰洋，台航. 国家能力与政府间财政关系［J］. 政治学研究，2019（03）：94-107，128.

经济秩序,并推动全国统一大市场建设。在这一原则下,诸如涉及国家主权、区域协调发展、全国要素流动、跨区域生态环境治理、食品药品安全等领域的事权,必须集中到中央,强化中央的决策权与执法权,提高全国执法的一致性与政策执行力。由此,事权分配向中央和县级政府两头集中,既强化了中央事权与中央控制能力,也充分发挥了基层政府的信息优势,调动了地方政府积极性,另外,也可以在一定程度上减少中央与地方共同事权的数量,通过降低事权划分的模糊性,减少事权履行过程中推诿扯皮、效率低下的问题。

在以事权分配调动中央与地方两个积极性的同时,应着重强调中央政府在事权分配决策中的主导地位。中央政府不仅要承担起各种职责与支出责任,更应该决定各种职责与支出责任应该如何在各级政府中进行分配,在这个过程中,一个非常重要的原则便是激励相容,当地方支出责任和地方政府行为动机相一致时,可交由地方行使,但一旦激励不相容,便应由中央政府行使,以免造成激励扭曲问题。[①]

此外,政府间事权的划分也关系到政府与市场边界问题,过去我国地方政府承担了太多生产性职能,在财政激励与政治晋升激励的助推下,在一定程度上扭曲了地方政府职能与资源配置。因此,未来事权划分也应以保持政府与市场合理边界为目标,强化地方政府的服务性职能,保证每一项公共服务都有相应层级政府负责,且履职有效。在此基础上,尽可能发挥市场和社会在资源配置和公共服务供给上的优势,进而以政府间事权分配促成政府与市场合理边界的形成。

三、完善转移支付制度

转移支付是我国实现区域均衡发展战略的制度保障,是中央政府统一领导、控制动员的核心体现。根据本章第一节内容,当前我国转移支付制度存在的两大核心问题是:一般性转移支付容易导致地方支出结构扭曲,而专项转移支付容易导致资金配置不当。对此,本书认为,以转移支付制度推动实现中国式现代化,就要建立健全转移支付分类管理机制,根据各类转移支付的功能和特点,分类施策、精准发力,提高转移支付制度的整体科学性。具体改革方向应是:适当提高分类转移支付比重;一般性转移支付在平衡中寻求效率;专项转移支付在解决外部性的同时纠正地方发展偏好。

第一,适当提高分类转移支付比重。分类转移支付是指定使用方向但是不限定具体用途的转移支付。分类转移支付可以综合一般性转移支付和专项转移支付的优

---

① 李俊生,乔宝云,刘乐峥.明晰政府间事权划分,构建现代化政府治理体系[J].中央财经大学学报,2014(03):3-10.

势，既可以明确资金的使用方向，避免一般性转移支付在使用过程中的资金偏向问题；也可以降低专项转移支付因信息不对称带来的资金错配问题，同时还能使地方政府在资金使用上具有更大的自主权。在转移支付分类管理要求下，应进一步明确各类转移支付的口径及概念，条件成熟后，可将分类转移支付作为单独一项，与一般性转移支付、专项转移支付区分开来，以此使其承担起均等化和纠正资金错配的综合功能。

第二，充分发挥一般性转移支付的平衡功能，以整体效率的提高扭转逆向激励带来的局部效率损失。传统理论认为，一般性转移支付要发挥均等化功能必然会产生逆向激励效果，但事实上，由于我国各地区经济社会发展条件差异较大，以"抽肥补瘦"为特征的一般性转移支付未必会带来全国整体经济效率的损失。原因在于，一方面，各地发展偏好存在差异，如果贫困地区比发达地区更偏好经济增长，那么转移支付资金在贫困地区所产生的边际效应将更强，其对落后地区经济的提升作用很可能超过对发达地区的负向激励；另一方面，贫困地区的资本回报率很可能高于发达地区，根据资本回报率递减的规律，落后地区的资本产出弹性、人力资本产出弹性很可能高于发达地区，那么将资金从发达地区转移到贫困地区将有利于提高整体产出水平。实践中，从各地区经济社会发展综合考评体系可以看出，上述条件确实可以得到满足，这是因为，在地区分类考核制度设计下，贫困地区的政府官员更注重当地经济表现，其经济指标考核权重相对更高，而发达地区政府官员更重视民生方面的表现。这就意味着，尽管一般性转移支付会对发达地区产生逆向激励作用，但是如果能够做到将有限的财政资金配置到最具有效率的落后地区，也可以在发挥均等化功能的同时，带来整体经济产出的提高。

那么如何提高一般性转移支付资金的配置效率？这就要求必须优化一般性转移支付资金分配方法，建立起完善的地域均衡度评估指标体系，通过合理测度各地区支出成本差异、财政困难程度，确定合理的支出标准和转移支付资金规模。在此基础上，更应该加快转移支付资金的下达进度，优化直达资金管理，确保将转移支付资金用在刀刃上。同时，应重点完善省以下一般性转移支付资金分配，鼓励省级政府加大对市县级政府的一般性转移支付力度，促进省内的财力均衡。

第三，充分发挥专项转移支付在解决公共品供给外部性问题上的积极作用，同时纠正地方不合理的发展偏好，推动中央宏观目标实现。专项转移支付的传统功能是纠正公共品供给中的外溢性问题，但除此之外，其在中国还具有另外的制度逻辑，那就是可以精确纠正地方发展偏好。具体而言，当中央政府的宏观目标是缩小地区间经济发展差距时，可直接增加用于地方生产性支出的专项转移支付；而当中央政府的宏观目标是缩小地区间公共服务差距时，可增加用于民生性支出的专项转移支付，因此，专项转移支付是解决上下级政府间以及政府与居民之间偏好错位问题的有效政策工具。

那么如何发挥出上述专项转移支付资金的积极作用？首先，应确定资金定向精准使用。专项转移支付资金应根据党中央、国务院的重大决策部署合理安排使用方向，着重发挥其对地方的引导激励作用，通过锁定资金使用方向，纠正地方不合理的发展偏向。其次，应完善专项转移支付资金的统筹机制，专项转移支付执行时间长、使用效益低的一个重要原因就是基层不能统筹、不敢统筹。应进一步加强同类型专项资金使用的统筹性，允许地方在规定的条件和范围内统筹使用相关领域的同类专项资金。最后，要建立专项转移支付的定期评估和退出机制。结合预算绩效管理改革，建立转移支付的定期评估机制。对所有专项转移支付项目都应设立明确具体的绩效目标，科学设计绩效评价指标体系和开展转移支付绩效评价工作，将绩效评价结果同预算安排有机结合，切实解决财政资金"重分配、轻管理"的问题。

本章主要参考文献

[1] 高培勇. 中国财税改革 40 年：基本轨迹、基本经验和基本规律 [J]. 经济研究, 2018, 53 (03)：4-20.

[2] 李俊生，乔宝云，刘乐峥. 明晰政府间事权划分，构建现代化政府治理体系 [J]. 中央财经大学学报, 2014 (03)：3-10.

[3] 刘怡，张宁川，耿纯. 增值税分享、消费统计与区域协调发展——基于增值税分享由生产地原则改为消费地原则的思考 [J]. 税务研究, 2021 (08)：28-34.

[4] 楼继伟. 深化事权与支出责任改革 推进国家治理体系和治理能力现代化 [J]. 财政研究, 2018 (01)：2-9.

[5] 吕冰洋，李钊，马光荣. 激励与平衡：中国经济增长的财政动因 [J]. 世界经济, 2021, 44 (09)：3-27.

[6] 吕冰洋，台航. 国家能力与政府间财政关系 [J]. 政治学研究, 2019 (03)：94-107，128.

[7] 吕冰洋. 国家能力与中国特色转移支付制度创新 [J]. 经济社会体制比较, 2021 (06)：29-38.

[8] 吕炜，靳继东. 国家治理现代化框架下中国财政改革实践和理论建设的再认识 [J]. 财贸经济, 2019, 40 (02)：5-19.

[9] 张五常. 中国的经济制度 [M]. 北京：中信出版社，2009.

第六章
中国式财政现代化视角下的财政监督理论与制度创新

2023年2月，中共中央办公厅、国务院办公厅发布《关于进一步加强财会监督工作的意见》，要求各地区各部门结合实际认真贯彻落实。文件明确了当前财会监督工作面临的挑战和问题，提出了全面加强财会监督的总体要求和工作要求，旨在更好地发挥财会监督职能，推动健全党统一领导、全面覆盖、权威高效的监督体系。该文件贯彻习近平新时代中国特色社会主义思想，强调坚持党的领导、依法监督、问题导向、协同联动的原则，以及推动财政部门主责监督、有关部门依责监督、各单位内部监督、相关中介机构执业监督、行业协会自律监督的财会监督体系构建。此外，文件还明确了到2025年的主要目标，即构建起各类监督主体横向协同、中央与地方纵向联动的财会监督体系，实现法治建设、监督队伍建设、信息化建设的全面提升，为规范财政财务管理、提高会计信息质量、维护财经纪律和市场经济秩序提供重要保障。因此，本章将聚焦于探讨在中国式现代化的框架下，财政监督理论和制度创新的路径与策略，以提升财政监督的科学性、有效性，为财政领域的现代化迈进贡献智慧。

第一节 中国式现代化对财政监督理论与制度创新的新要求

在中国式现代化的进程中,财政监督不仅是对财政经济活动的追踪和检查,更是一种制度性的安排,目的在于维护公共利益,推动政府职能的有效履行,确保社会财富的公平分配。这一机制的构建,旨在使国家财政运行更加高效、透明,更好地服务于中国式现代化需求。

一、财政监督的内涵

(一)财政监督的定义

财政监督是指财政部门在财政分配过程中,对财政资金的筹集、使用的各个环节、各个方面,依法进行监察、督促,保障财政分配的合法性、有效性,履行财政职能的重要活动。财政监督涉及国家机关、企事业单位、社会团体等各方面,监控、检查、稽核、督促和反映其涉及财政收支、财务收支、国有权益等方面的合法性、有效性。财政监督包括事前监督、事中监督和事后监督。事前监督指在财政收支活动前,如国家预算、财务计划的编制、审核过程中所进行的监督;事中监督,指在收支活动进行过程中所进行的监督,如解缴收入是否符合有关法规和政策规定,是否及时足额,支出用途及数量是否符合计划;事后监督,指在收支活动完成后进行的监督,如审查预算和财务计划的执行情况,审查决算,检查经济活动及各项事业的进行是否符合国家计划的要求,是否取得应有的效益等。

在社会主义国家中,财政监督是贯彻党的领导、法治原则的必然体现,通过这种监督,国家能够保证财政资金的正确使用,实现经济效益最大化。财政监督与国家政权的联系密切,其目标在于通过监管经济活动,确保国家的财政财务管理有序进行,有力推动国家经济建设,履行公共管理职责,实现国家经济社会发展目标。

(二)财政监督的范围

财政监督的范围涵盖了国家财政管理的各个方面,以确保国家公共资源的合理配置、财政活动的合法性和有效性。在我国现行的财政管理体制和相关法律法规的规定下,财政监督的范围主要包括以下六个方面:

(1) 对本级各部门及下一级政府预算、决算的真实性、准确性、合法性、有效性进行审查稽核,并根据本级政府授权对下级政府预算执行情况进行监督,确保政府在财政活动中的透明度和合法性。

(2) 对本级各部门及其所属各单位的预算执行情况进行监督。通过监督,财政部门能够追踪和评估各级政府和其下属单位的资金运作,确保资金使用的合法性和合理性。

(3) 对本级预算收入征收部门征收、退付预算收入情况,本级国库办理预算收入的收纳、划分、留解、退付和预算支出的拨付情况进行监督,保障了财政收入的合理征收和使用,防范滥用权力和挪用资金的行为。

(4) 对本级财政资金的使用效益情况进行监督。这涉及国家财政资源的最终效用,通过监督资金的使用情况,财政部门可以优化资金配置,提高财政资金的经济、社会和生态效益。

(5) 对国有资本金管理及国家基本建设项目预算执行情况进行监督,确保国家资本金的安全和有效运作,推动基础设施建设的合理推进。

(6) 对会计信息质量和社会审计机构贯彻执行财税政策、法律法规情况,以及其在执业活动中的公正性、合法性进行监督,以保障会计信息的准确和透明,强化财政活动的法治性和规范性。

总之,财政监督的范围广泛,涵盖了国家财政管理的方方面面。通过财政监督,财政部门能够全面把握国家财政状况,确保财政活动的合法性、透明性和高效性,为国家经济的稳定和可持续发展提供公共服务。

(三) 财政监督的性质

如前所述,财政监督围绕在财政活动中对各个主体的合法性、规范性、有效性进行监控和调整。首先,它是一种政治性的监督,具有强制性质。财政监督是财政同国家政权的本质联系所决定的。在财政分配的过程中,国家制定的各项法律、制度,是财政监督的依据。凡与财政发生分配关系的部门、企业、单位,都必须接受财政部门带强制性的监督。这是财政监督与其他监督形式的根本区别。

其次,财政监督是一种寓于财政分配之中的监督。财政是国家为实现其职能,并以其为主体而对社会产品或国民收入的一种分配。所以,分配是财政的基本职能。财政监督是从财政分配中派生出来的。在实际工作中,国家把对筹集、供应和使用资金实行监督的职责赋予财政部门,因此,财政监督不同于其他形式的监督的重要特点,在于是组织社会产品或国民收入(或 GDP)分配过程中的监督,是财政业务活动中的监督,进而对国民经济实行全面监督。

财政监督还具有货币监督的性质。在社会主义市场经济条件下,财政必须借助货币价值形式实现它的分配活动，同时，由于相同的原因，国民经济各部门、各企业、各单位的经济活动必然伴随着资金运动。国家根据有关部门、企业和单位对资金的依存关系，通过财政收支、财务收支活动，对有关方面实行货币监督。因此，财政监督是在国家货币制度的框架下进行的。财政监督的这些特性决定了其在国家管理体制中的特殊地位，财政监督是由国家财政职能决定的，有着显著的政治性、组织性和货币性。

二、中国式现代化对财政监督的要求与挑战

党的二十大报告对中国式现代化进行了全面论述，成为现阶段财政监督的重要依据，对财政监督提出了一系列的要求与挑战。

（一）灵活应变：财政监督的全面性与差异性

在人口规模巨大的现代化特征下，中国式现代化对财政监督提出了深刻而复杂的新要求与挑战。这一特征使得财政监督不仅需要关注公共服务体系的完善，更需要面对庞大人口带来的多层次、多领域需求，以及财政资源有限性等多方面的挑战。

首先，人口众多导致了公共服务需求的庞大和多样性。财政监督在这一背景下需要更加强化对预算的监督和管理，确保公共服务领域的支出能够满足全社会多元化的需求。这要求财政监督机制具备足够的敏感性和应变能力，能够及时调整和优化预算分配，以适应不同阶层、地区、群体的需求变化。其次，巨大人口规模使得不同人口群体之间存在差异性。这一特点要求财政监督更具灵活性，能够差异化地制定和调整监督政策，保障公共服务的均等化。例如，在医疗领域，城乡居民的医疗需求差异较大，财政监督需要根据实际情况采取相应措施，确保不同人口群体都能够享受到高质量的医疗服务。与此同时，庞大人口规模也意味着财政资源的有限性。在这一挑战下，财政监督需要更加注重资源的分配效率。这需要建立更加科学合理的财政监督手段，通过数据分析、绩效评估等方式，确保每一笔支出都能够最大化地满足人口众多的现代化需求。这也涉及与其他部门的协同，以实现资源的整合和优化配置。

因此，庞大人口规模的现代化特征下，中国式现代化对财政监督提出了更为严峻和迫切的任务。要求财政监督从传统的审计、稽核职能出发，更加注重对公共服务体系的深度监测和调整，注重因地制宜地满足不同人口群体的需求，注重通过科技手段提升财政资源的配置效率，以实现在资源有限的情况下，人口众多的现代化社会能够更好地获得公共服务。这将是一场全新的财政监督变革，需要不断创新和

深化现有体制机制，以适应中国式现代化发展的新特点和新需求。

（二）全体共富：财政监督的社会公平与经济平衡

中国式现代化是全体人民共同富裕的现代化，在此要求下财政监督面临着新的要求与挑战。在社会主义核心价值观的引领下，中国政府在追求高质量发展的同时，注重维护社会公平正义，强调全体人民共同富裕。这意味着财政监督需要更全面地关注社会收入分配的公平性，确保发展红利惠及广大群众，同时协调经济结构的平衡发展。

首先，财政监督在全体共同富裕的现代化要求下，需要加强对收入分配的监督。随着中国社会经济的发展，不同地区、不同产业之间收入差距的问题日益凸显。财政监督要求从事前、事中到事后全过程关注收入的合理分配，确保财政资金的使用不加剧社会阶层分化，促进全体人民共同分享现代化带来的红利。其次，财政监督要在实现全体共富的过程中注重经济结构的平衡。全面建设社会主义现代化国家，需要协调城乡之间、区域之间的发展差异，以及新旧动能的转换。在财政投入和资金分配上，要求财政监督更具前瞻性和区域性，确保资源在不同领域、不同地区之间的均衡配置，促使各地经济协调发展，最终实现全体人民共同富裕。同时，财政监督还需要关注社会保障体系的完善，确保在全体人民共同富裕的过程中，每个人都能享有基本的教育、医疗、养老等公共服务。财政监督要求对社会保障经费的使用进行严格监督，确保社会保障体系的公平性和可持续性，为全体人民提供稳固的保障，使每个人都能分享现代化的成果。

综上所述，全体人民共同富裕的现代化特征下，财政监督需要更加全面、细致地关注收入分配的公平性，协调经济结构的平衡发展，以及社会保障体系的完善。这既是中国式现代化的要求，也是财政监督在新时代的使命。通过财政监督的有力推动，中国将更好地实现全体人民共同富裕的宏伟目标。

（三）文明并举：财政监督的新征程

在中国式现代化的物质文明和精神文明相协调的特征下，财政监督面临着全新的要求与挑战。中国社会的崛起不仅在经济上取得举世瞩目的成就，同时在文化、道德和社会价值观的传承上也提出了更高要求。在这一背景下，财政监督需要从纯粹的经济视角拓展到全面推动物质文明建设和精神文明的高质量发展。首先，财政监督要求更加关注文化事业的发展。在物质文明和精神文明相协调的现代化过程中，文化事业的繁荣兴盛是至关重要的一环。财政监督应当通过严格的经费分配和使用监督，确保文化产业、艺术事业、文物保护等领域得到充分支持，为社会提供更多精神滋养。其次，财政监督要求关注精神文明建设的全过程。现代化并不仅是物质富裕的追求，同样需要精神追求的提升。财政监督要在预算编制、执行、事后监督等各个环节，强化对精神文明建设的投入，确保公共文化服务、道德伦理教育等方面得到充分的财政支持。同时，财政监督还要关注信息化和科技创新在文明建设中的角色。在现代社会，信息技术和科技创新对于文明建设的推动作用愈加显著。财政监督需要更多关注数字文明、网络文明的建设，通过资金的智能配置，推动科技在文明发展中的应用和创新。在精神文明建设中，财政监督要求更全面地关注民生、人才培养、道德伦理建设等方面。通过对相关项目的严格监督，确保财政投入最大限度地造福社会、提升人民素质，推动中国式现代化在物质和精神层面的双轮驱动。

综上所述，物质文明和精神文明相协调的中国式现代化对财政监督提出了更高层次的要求。通过全面关注文化、加强精神文明建设、促进信息化和科技创新，财政监督将推动中国社会朝着富强、民主、文明、和谐的现代化目标稳健前行。在这一崭新的征程中，财政监督不仅是资金的管理者，更是文明建设的引领者。

（四）和谐共生：财政监督的生态责任

在人与自然和谐共生的中国式现代化特征下，财政监督面对新的要求和挑战，其角色不仅是资源的分配者，更是生态文明建设的重要支持者。中国秉持绿色发展理念，将可持续发展纳入国家战略，这对于财政监督提出了更高水平的生态责任。

首先，财政监督需要关注生态环境投入的合理性。在人与自然和谐共生的理念下，财政监督应当通过加强对环境保护、生态恢复等项目的监督，确保资金的使用不仅在经济效益上取得成功，更在生态效益上取得可持续的、长期的成果。这需要财政监督更多关注项目的环保性、可持续性和生态效益。其次，财政监督要求强调节能减排和资源利用效益。在和谐共生的理念下，财政监督需要更多关注能源和资源的合理利用，对于高能耗、高污染行业的财政支持要谨慎审查。通过推动清洁能源、循环经济等领域的财政支持，财政监督可发挥更大作用，引导社会朝着低碳、环保、可持续的发展方向前进。同时，财政监督在和谐共生的背景下要求更加关注自然灾害风险的财政准备。气候变化和自然灾害的频发，使得社会更加需要对应灾害的财政储备。财政监督在这一点上需要关注地方政府的财政准备工作，确保在面对灾害时有足够的财政支持，更好地保障人民生命财产的安全。另外，财政监督需要关注生态产业的发展，通过财政支持引导和推动生态友好型产业的壮大。生态产业的发展既可以创造经济效益，又能保护自然环境，财政监督在项目审批和经费分配中要更加注重对生态产业的支持，以促进经济的绿色转型。

在财政监督的新征程中，人与自然和谐共生的理念赋予了财政监督更多的社会责任。通过明晰环保、生态效益，以及灾害应对等方面的财政支持，财政监督将成为推动中国走向生态文明的关键一环。在这个过程中，财政监督不仅是为了维护经济的稳定，更是为了实现人与自然的和谐共生，为后代子孙创造一个更美好、更可持续的发展环境。

（五）和平发展：财政监督的全球责任

在和平发展道路下，中国式现代化对财政监督提出了更加全球化和国际化的要求。财政监督需要更加注重国际合作、全球资源配置，以及国际财政规则的遵守，助力中国走向和平、合作的现代化。

首先，财政监督需要更加关注跨国资金流动和国际贸易的财政监管。随着全球化的深入，资金和贸易的跨国活动呈现日益复杂的趋势，财政监督要求更好地掌握国际资金流向，提高监督国际投资和贸易的能力。通过合理规范、监管和适时干预，确保跨国资金流动和国际贸易活动的合法性、安全性和稳定性。其次，财政监督在和平发展的背景下，需要更加注重国际援助和合作项目的财务透明度。中国在全球范围内参与各种援助和合作项目，这就对财政监督提出了更高水平的国际化要求。监督国际援助项目的资金流向，确保援助资金用于预期的目标，并提高在国际上的声誉，将是财政监督的新挑战。同时，财政监督还需要更加重视国际金融市场的波动对国内经济的影响。全球金融市场的不稳定性可能对中国的经济产生直接或间接的冲击。财政监督需要提高对国际金融市场的洞察力，加强宏观经济政策的灵活性，及时调整财政政策以适应国际经济形势的变化，确保国内经济的稳定。

财政监督在和平发展的中国式现代化中，要承担更加全球化和国际化的责任。通过积极参与国际经济合作、提高国际财政监管能力、规范国际财政行为，财政监督可以更好地推动中国融入全球经济，为国家和全球经济的和平发展作出积极的贡献。这也是中国财政监督在全球化时代背景下的新定位和新使命。

第二节　新中国成立以来财政监督理论与制度的发展

自新中国成立以来，财政监督理论与制度的发展，经历了多个发展阶段，涵盖了我国社会经济制度的多次转型。在上述过程中，财政监督理论逐步成熟，制度逐步健全，积累了较为丰富的经验。因而，我国财政监督理论与制度的发展历程，充分体现了我国在不同历史时期的改革创新和实践探索。随着国家治理体系和治理能力的现代化，财政监督理论与制度需要不断更新，以适应时代的发展变化。

一、初始阶段：新中国成立初期至改革开放前（1949—1978 年）

1949—1978 年，我国财政监督处于初步建立与探索阶段。在完成国民经济恢复任务进入社会主义建设时期，特别是在计划经济体制下，财政监督的手段主要采取直接管理，对财政收支、企业的财务管理进行直接监督，以确保国民经济和社会发展计划的制定、实施。这一时期财政监督理论与实践，为我国财政监督体系的发展奠定了基础、积累了宝贵的经验。同时，我国也经历了"大跃进""文化大革命"等重大事件，财政监督工作也受到较大冲击。

二、转型阶段：改革开放后至党的十八大前（1978—2012 年）

改革开放后至党的十八大前，是中国财政监督理论与制度发展的转型时期。这一时期，中国经历了深刻的经济改革和对外开放，对财政监督提出了新的要求，推动了监督理念和机制的演变。

1978 年，我国启动改革开放，经济体制逐步向市场化方向转变，为财政监督带来了全新的挑战和机遇。在计划经济体制下，财政监督主要集中在对财政财务收支的直接管理。然而，随着市场经济的兴起，财政监督需要适应新的环境，更加注重效益性和市场导向。

1979—1993 年，社会主义市场经济体制开始形成，国家加强对民营经济、个体工商户等领域的支持和管理。财政监督的中心任务逐渐转向保障改革开放和增加人民收入。在这个阶段，财政监督的工作更加关注单位和个人的财务活动，强调查补国家财政收入、平衡财政收支、治理整顿经济秩序。

随着 1994 年国家实行分税制改革，财政监督开始逐步调整监督理念和方式。管理型监督逐渐取代了过去的直接管理，监督内容也从注重查补收入向收支并重发展。监督方式和目的也在不断调整，逐步形成了从事前、事中到事后全过程监督的模式，从"纠错"型向"预防"型发展。

1999—2012 年，财政监督进一步适应公共财政建设的需要，加强了内部审计工作，实现了日常监督检查与专项监督检查的有机结合。对金融和会计信息质量进行强化监督，建立了对注册会计师行业的监管基础，推动了会计信息质量的提升。

在这一时期，财政监督经历了由计划经济向市场经济的转型，适应了经济体制改革和市场化发展的需要。监督理念、内容、方式和目的，都经历了深刻的变化，逐步建立了健全的监督体系。这一时期的财会监督不仅为我国经济社会发展提供了坚实的财政支持，也为后来的财政监督工作奠定了基础。

三、深化阶段：党的十八大以来（2012年至今）

党的十八大以来，即自2012年至今，是中国财政监督理论与制度发展的深化阶段。在这一时期，中国经济进入新常态，面临一系列新的挑战和机遇，财政监督也不断调整和优化，以适应国家治理体系的变革和经济发展的新特点。

党的十八大以来，中国特色社会主义进入新时代，财政监督在这一背景下也经历了新的发展。随着国家治理现代化推进，财政监督不再是简单的经济手段，更是国家治理体系中的一部分，被纳入党和国家监督体系的重要组成部分。与此同时，财政监督也与财政主体业务深度融合，更加服务于国家治理体系的需要，推动中央财税政策的有效实施，保障财政资金的安全高效运行。

在这一阶段，财会监督机制和制度体系进一步完善，水平不断提高。财政监督被赋予"财政是国家治理的基础和重要支柱"的特殊定位，凸显了其在国家治理中的战略地位。对财政监督工作的调整优化，不仅是为了适应新的治理要求，也是为了更好地推进财政改革和经济社会发展。

在这一时期，财政监督强调对中央重大财税政策的落地推动，保障财政资金安全高效运行。与财政主体业务深度融合，推动国家治理体系的现代化，是财政监督工作的新特点。通过与其他监督力量的协同合作，形成了行政监管和行业自律相结合的监管模式。这种整合资源、合作共赢的方式，使得财政监督更具实效，更好地维护了市场经济秩序。

党的十八大以来，财政监督在国际层面也加强了合作。积极推动跨境监管合作机制，与国外监管部门建立更为紧密的联系，促进国际经济的互通互信。在尊重主权、平等合作的基础上，积极参与全球治理，推动中国财政监督体系更好地适应国际经济新形势。

总体而言，党的十八大以来，中国财政监督在不断调整和优化中，不断适应国家治理体系的变革和经济发展的新特点。强调服务大局、服务国家治理体系现代化的方向，使得财政监督成为国家治理体系中的有力支撑。这一时期的发展为财政监督奠定了更为牢固的基础，为中国特色社会主义事业的推进提供了坚实支持。

四、财政监督理论演变的历史经验

（一）坚持党的领导，锚定政治站位

无论是社会主义建设初期还是市场经济发展阶段，财政监督始终坚持党的领导，

锚定政治站位。这一经验是财政监督长期有效开展的关键所在。在实践中，财政监督部门紧密围绕党中央工作，服务国家治理大局，确保各时期财政中心工作的有序推进。在具体工作中，明确监督的政治属性，将监督与国家治理相结合，发挥党的政治优势，确保财政监督工作服务国家治理体系，服务广大人民群众的根本利益。

（二）强化依法行政，规范执法

财政监督体系建设中的另一重要经验，是强化依法行政，规范执法。全面依法治国的要求使得财政监督部门在经济体制转型的过程中，更加注重法治建设。建立健全相关法规制度，修订现有法规以适应经济发展的新变化，是这一经验的具体体现。通过法治建设，财政监督确保了自身有法可依、执法合规的基础，保障了监督的合法性和效力。

（三）开拓创新，实现长效治理

财政监督不仅要适应国家治理体系的需要，还要保持开拓创新的精神，实现长效治理。这一经验表现在财政监督体系的不断调整和优化，以适应新的经济形势和治理要求。在实践中，各级财政监督部门和监督干部始终积极思考时代特点，研究对应策略，推动财政监督体系朝着更加科学、高效的方向发展。开拓创新精神带动着制度的不断更新，确保了财政监督体系的活力和适应性。

（四）建立有机衔接，相互制衡的监管机制

为确保财政监督工作的有序进行，需要建立有机衔接、相互制衡的监管机制。这一经验要求监督检查程序紧密环环相扣，有机衔接，同时对关键环节进行严格监控，相互制衡，避免监督工作随意，降低差错率。在财政监督中，建立预算编制、执行和监督的相互协调和制衡机制；在财务监督中，强化内部监督的管理和制约办法；在会计监督中，坚持随机抽取、查审分离等原则，确保监督工作的公正透明。这一经验体现了对监管体系的全面思考和精细设计，确保了监督的全面性和有效性。

（五）注重队伍建设，培养高素质人才

事业兴旺，关键在人。财政监督体系的建设需要注重队伍建设，培养高素质的人才。习近平总书记强调"十年树木，百年树人"，这一经验在财政监督领域得到了充分体现。各级财政监督部门逐步重视队伍建设和人才培养工作，制定系统的培训或培养计划，努力打造一支忠诚、干净、有担当的高素质干部队伍。高素质的监督干部是保障监督工作质量和效果的重要保障，为监督体系的可持续发展提供了坚实的基础。

在中国式现代化的背景下，财政监督的历史经验亦需相应更新。随着国家治理体系的不断完善和经济体制的深刻变革，财政监督在新时代面临着新的考验和机遇。历史经验的总结提供了宝贵的参考，首先，随着中国式现代化的推进，财政监督理论与制度需要更紧密地贴合国家治理的现代化需求。在这个过程中，财政监督要更好地结合信息化、数字化技术，提升监督手段和效果，确保监督工作跟上时代的步伐。其次，财政监督在新时代需更加突出法治建设，强调依法行政的重要性。法治环境的进一步完善将有助于构建更加规范、透明、公正的监督制度，为中国式现代化提供可靠的财政监督保障。再次，财政监督应注重与其他领域监管力量的紧密协同，形成更加高效的监管合力。在国家治理体系的全面布局中，不同监管部门之间的信息共享和协同合作，将成为新时代财政监督的重要特点，以应对经济复杂性和跨领域性的挑战。最后，人才队伍建设要更注重全球视野和跨领域的能力培养。中国式现代化不仅是国内体制的转型，也是全球治理格局的变革。财政监督人才需要具备更广阔的视野，深刻理解国际化背景下的监管需求，推动中国的财政监督实践与国际接轨。在这一更新的过程中，历史经验仍然是宝贵的财富，但更需要以开放的思维，审时度势，灵活应变，推动财政监督的不断创新和进步，为中国式现代化提供坚实的经济治理支撑。

第三节　构建与中国式财政现代化相适应的财政监督理论与制度体系

构建与中国式财政现代化相适应的财政监督理论与制度体系，是当前深化财政监督改革的关键任务。本节通过对当前财政监督现状及问题的深入分析，凸显了我国财政监督领域存在的体制机制不够完善、法律法规体系亟待加强、信息化水平有待提升等方面的挑战。随后，紧密结合中国式现代化与财政监督理论创新，探讨了在面对快速变化的社会经济形势下，如何积极借鉴国际经验、创新财政监督理论，以适应我国财政现代化发展的需要。同时，针对财政监督制度创新，着重强调了加强法律法规建设、优化内部管理、推动信息化建设等方面的建议。最后，强调社会参与的重要性，倡导建立多元化的监督主体，形成全方位、多角度的监督体系，确保财政监督更加公正、客观、科学。

一、当前财政监督现状及问题分析

财政监督是国家治理的重要组成部分，其作用不仅在于保障财政资源的合法、合规、合理使用，还直接关系到国家经济的稳健运行、社会公平正义和政府信任度。在当前社会经济转型的大背景下，我国财政监督面临着一系列深层次、复杂性的问题。

（一）监督体系结构不够健全

财政监督的体系结构，是财政监督工作的基础，其完善程度直接影响到监督的广度和深度。当前，我国财政监督的体系结构，在中央和地方之间，以及各级监管机构之间存在一定的问题。首先，在中央和地方之间，监督机构的协同合作机制相对薄弱，央地监督机构在监督力度、信息共享、问题解决等方面存在一定的难度。中央财政与地方财政的权责划分需要更加清晰，以确保中央监督机构能够充分发挥监督职能，避免地方政府对监督机构形成阻力。其次，监督体系过于分散，各个行政部门也存在独立开展监督的问题，缺乏整体性的监管视角。不同监管机构之间信息沟通不畅，监管视角相对狭窄，容易导致对于跨部门、跨地区的财政问题缺乏全面而深入的监督。

（二）监督方式相对单一、监督流程滞后

目前，财政监督方式主要侧重于事中事后的执法检查，对于事前的预防和事中的纠正相对不足。这种传统监管模式往往只在问题爆发后才能发挥作用，导致监督流程的滞后性。在财政监督的广度和深度方面，监督重点主要集中在一些表面的违规行为，而对于一些深层次的财政问题，监督难以深入，导致监管效果受限。财政监督需要更加注重事前的风险防范和问题的预测。可以通过建立财政监督的预警机制，加强与各行业监管机构的协同，及时发现和解决潜在的财政风险。同时，要建立健全的信息共享机制，确保各级监管机构能够及时获取全面的财政信息，提高监督的前瞻性和针对性。

（三）法治化水平有待提高

尽管我国财政监督的法律体系框架基本成型，但法治化水平仍有待提高。相关法规多为行政法规，缺乏足够的法律约束力。此外，一些地方法规在财政监督方面存在较大差异，导致财政监督法律体系的统一性和权威性受到一定的制约。在法治化方面，可以通过完善财政监督的法规体系，提高法规的权威性和操作性。加强对于监督法规的修订和完善，确保其能够及时反映社会经济发展的新变化，保持法治水平的先进性。在执法过程中，对于一些新兴财政问题，法规的制定需要更加及时灵活，以保障财政监督法规的有效实施。此外，要建立健全的执法程序和执法标准，

提高执法的科学性和公正性。

(四) 监督主体职责不清、协调机制不畅通

当前我国财政监督主体众多,但其职责划分不够清晰,存在一定的权限交叉和职能冲突。这导致了监督机构在履行职责时存在一些问题。首先,在人大监督方面,其非专职化导致其监督能力相对不足。各级人大在预算监督方面存在问题,监督职责的执行缺乏专业性,难以对复杂的财政问题进行深入地监督。其次,在监督机构的执法主体资格方面,也存在一定的不明确性。一些机构的执法权限和执法程序需要进一步细化和明确,以确保监督机构能够有效履行职责。在地方层面,省级和地市级财政监管机构的协调,也存在一定的问题。这影响了监督职责的履行,导致了一些监管盲区和监管死角。要建立健全监督机构的协调机制,加强各级监管机构之间的合作,形成合力,提高监管的全面性和有效性。

(五) 财政监督措施和手段相对滞后

财政监督的规制措施相对陈旧,罚则力度不足以应对新时代的发展需要。内部追责和外部问责机制不健全,存在内部合谋和人事罢免难度大等问题。绩效监督、内控机制等方面还有待加强和完善,信息化水平不够,导致财政监督法规实施效果欠佳。首先,在罚则力度方面,需要更加符合新时代的监督需求。对于一些财政违法行为,罚则应当更有威慑力,以起到惩戒和预防的作用。可以通过修订法规,提高罚则的力度,确保其能够对违法行为起到威慑作用。其次,在内部追责和外部问责机制方面,需要更加完善。内部合谋和人事罢免问题是当前财政监督体系中的一大难题。要建立健全的内部追责机制,确保监督机构内部的独立性和公正性。在外部问责方面,要加大人大监督的力度,提高人大的实质性监督权,确保其能够充分发挥对政府财政监督的作用。另外,绩效监督、内控机制等方面还有待进一步加强。财政监督不仅要关注财政行为的合法性,还要关注其效益性。可以通过建立健全的绩效评估体系,对于财政资金的使用效果进行科学评估。内控机制方面,要进一步加强对各级政府部门内部控制的监督力度,确保其能够有效发挥作用。

在中国式现代化和全面深化改革的大背景下,我国的监督体系正面临巨大的改革压力。国家治理体系和治理能力现代化的建设需要更加高效、科学、法治化的监督机制来支撑。当前,国家提出要让市场机制发挥决定性作用,同时更好地发挥社会组织和中介机构的调节功能。这就意味着我国公共财政作用的范围在有些方面要适当退出,在有些领域调控的力度要适当减弱,但在基础科研和高新技术等领域反而要大力加强。这对财政监督提出了更高要求,需要更加注重财政资源的配置效益,

更加注重对于市场机制的引导和监督，更加注重对于社会组织和中介机构的合理监管。在全面深化改革的进程中，要不断完善央地权责的配置机制，确保各级政府在履行事权和支出责任的同时能够充分行使财权和财力，提高地方政府自给的能力，使其能够更好地履行财政监督的职责。

总的来看，当前我国财政监督的改革取得了一定成绩，但仍然面临众多问题和挑战。通过深入分析和创新改革，可以为财政监督提供更为科学、有效的机制，推动政府财政的合法、合规、合理、有效运行。

二、中国式现代化与财政监督理论创新

（一）指导思想创新：以习近平新时代中国特色社会主义思想为指导

在中国式现代化的背景下，财政监督理论以习近平新时代中国特色社会主义思想为指导，其创新主要体现在以下方面：首先，财政监督理论在内容上深刻领会了习近平新时代中国特色社会主义思想的核心，特别是"十个明确"和"十四个坚持"。在财政监督中，坚持中国特色社会主义最本质的特征，即在财政管理中注重为人民谋福祉、推动经济发展和社会进步，成为财政监督的价值取向。同时，财政监督理论要坚持党对一切工作的领导、全面深化改革、全面依法治国等基本方略，以确保财政监督体系在政治上保持高度一致性。其次，方法论的创新主要体现在坚持问题导向和系统观念。财政监督理论在解决问题的过程中，聚焦于我国发展和党执政面临的重大问题，关注新时代实践中出现的新问题，推动理论创新。同时，系统观念要求财政监督理论善于把握部分和整体、当前和长远、微观和宏观等辩证关系，使得监督体系更具科学性和全局性。在实践中，财政监督理论要通过自觉运用习近平新时代中国特色社会主义思想，不仅改造主观世界，提升党员干部的思想境界和政治素质，还要运用这一思想观察时代、把握时代，推动中国式现代化建设，解决我国经济社会发展和党的建设中存在的各种矛盾问题。这就要求财政监督理论要更加注重实际问题的解决，紧密结合国家发展战略全局，积极适应时代变化，推动党和国家事业不断取得新成就。

总体而言，在中国式现代化的进程中，财政监督理论在习近平新时代中国特色社会主义思想的引领下，通过理论指导思想、方法论和实践创新等多个方面的融合，为构建更加科学、有效、符合国情的财政监督体系提供了强有力的理论支撑。这一创新不仅有助于财政监督更好地服务于人民、促进国家繁荣发展，也为中国特色社会主义事业的不断推进提供了理论和实践经验。

(二) 财政监督的出发点：以人民为中心

财政监督的出发点以人民为中心，是中国式现代化中的一项关键内容。习近平总书记在总结改革开放 40 年的宝贵经验时，明确指出"必须坚持以人民为中心，不断实现人民对美好生活的向往"。这一原则贯穿中国特色社会主义的发展和改革全过程，也深刻影响了财政监督体系的构建与发展。首先，中国特色社会主义强调社会主义民主政治制度，其出发点在于通过最广泛、最真实、最管用的制度体系，把人民群众对政策的态度作为制定政策的依据。这意味着，财政监督在执行过程中应当充分考虑人民的期望和需求。习近平总书记指出，要"健全民主制度、拓宽民主渠道、丰富民主形式、完善法治保障，确保人民依法享有广泛充分、真实具体、有效管用的民主权利。"在财政监督中，这就要求建立更加开放透明的信息共享机制，让人民更好地了解和参与到财政决策的过程中。其次，扎根基层、依靠人民群众是社会主义民主政治的出发点和动力源泉。40 多年来，中国大地上涌现了大量基层民主政治创新实践，这些实践都强调通过发动群众、激发人民创造力来推动改革和发展。在财政监督中，可以借鉴类似于"参与式预算"、互联网平台上的民主讨论等方式，让人民参与财政决策的全过程，使决策更加符合实际需求。此外，在新时代信息技术飞速发展的今天，借助互联网平台引导群众积极参与公共监督、专项听证等，成为新时代推进社会主义民主政治发展的重要举措。在财政监督中，可以利用互联网技术建立更加便捷的监督机制，提高人民的监督效能，确保公共资源的合理分配和使用。

综上所述，以人民为中心的出发点是中国特色社会主义的精髓，也是财政监督工作的出发点。在财政监督中，要注重通过制度创新、信息透明、基层参与等手段，让人民更好地参与到财政决策和监督的全过程中，确保财政资源的合理分配，实现人民对美好生活的向往。这样的出发点既是对过去改革开放 40 多年经验的总结，也是对未来社会主义现代化建设的有力引领。

(三) 财政监督过程：全过程人民民主

财政监督作为中国社会主义民主政治体系中的一部分，贯彻了全过程人民民主的核心理念。这一理念源自习近平总书记在第十四届全国人民代表大会第一次会议上的重要讲话，强调了积极发展全过程人民民主，坚持党的领导、人民当家作主、依法治国有机统一，以及健全人民当家作主制度体系的重要性。那么财政监督如何在全过程人民民主的框架下实现以人民为中心的理念，从而促进社会公平、增强国家治理效能。首先，财政监督的全过程在信息公开方面体现了人民民主的基本原则。

通过建设更加开放透明的信息平台，政府将财政活动的关键信息公之于众，使公众能够随时随地获取相关数据，提高信息透明度。这有助于保障人民对财政活动的监督权利，实现全过程中人民对决策和执行的有效参与。充分的信息公开不仅是财政监督的基础，也是实现全过程人民民主的前提条件之一。其次，财政决策制定阶段的广泛社会参与是全过程人民民主的具体体现。在这一阶段，政府可以建立多元化的决策机制，吸纳各阶层、各领域人民群众的意见，形成决策的广泛共识。通过组织听证会、座谈会等形式，政府可以更好地了解人民的需求，确保决策更加科学、公正，符合实际需要。这种广泛参与的决策机制有助于推动社会治理的基础向社区延伸，使基层居民能够更直接地参与对地方财政的监督和决策。再次，财政监督的全过程要强化基层民主，推动社会治理的深入发展。建设社区财政监督机制，让居民更直接地参与到对地方财政的监督中，是全过程人民民主的关键节点。通过组织财政公开日、居民参与预算讨论等方式，政府可以让基层居民更深入地了解财政状况，提出建议和意见。这有助于推动社区治理的发展，使基层居民在财政监督中能够更直接地参与，实现全过程人民民主的深入落地。最后，建立健全的法治保障机制是全过程人民民主的必要条件。在财政监督的全过程中，要通过完善相关法规和制度，规范财政活动的程序和要求。明确人民在财政监督中的权利和义务，建立起有效的司法保障机制，对违规行为进行追责，确保人民能够在法治的框架下行使监督权利。这样的法治保障机制有助于构建全过程人民民主的制度框架，保障人民在财政监督中的权益得到切实维护。

总体而言，财政监督的全过程与全过程人民民主的理念相辅相成。通过信息公开、广泛社会参与、基层民主和法治保障等多种手段，财政监督不仅实现了以人民为中心的出发点，更体现了全过程人民民主的具体实践。这种模式有助于建设更加公正、透明、贴近人民需求的治理体系，推动中国式现代化事业的不断完善。在党的领导下，财政监督以全过程人民民主为指导思想，将人民当家作主的理念融入治理的方方面面，推动国家治理体系的不断发展和进步。

（四）财政监督重视多种监督手段的协同及现代信息技术的运用

在中国社会主义民主政治的框架下，财政监督的发展趋势逐渐呈现出强调多种监督手段的协同和现代信息技术的广泛运用的特征。这一发展方向旨在提高监督效能，实现全过程人民民主的深入推进。通过充分整合多元监督手段，借助现代信息技术的力量，财政监督在实践中逐步探索出一种更加灵活、全面、高效的运作模式。首先，多种监督手段的协同是财政监督体系的重要特征。传统的监督手段包括审计、审查、调查等，这些手段在确保财政资源使用合规性方面起到了重要作用。然而，单一手段的限制逐渐凸显,财政监督需要更加全面而灵活的方法。因此,现代财政监督逐渐强调多种监督手段的协同运用。通过将内部审计、外部审计、纪检监察、社会监督、大众参与等手段相互补充,形成多层次、全方位的监督网络。这样的协同监督机制不仅能够弥补单一监督手段的不足,也有助于形成监督合力,提高财政监督的全过程效能。其次,现代信息技术在财政监督中的应用日益突出,为多种监督手段的协同提供了强大支撑。大数据、人工智能、区块链等技术的引入,使得财政监督的手段更加智能化、高效化。在审计领域,现代信息技术可以实现对大规模财政数据的迅速分析,发现潜在问题。通过建立电子政务平台,政府可以实现对各个环节的信息公开,提高监督的透明度。同时,社会监督组织和个体可以利用互联网平台,快速响应并参与到财政监督中。这种信息技术的广泛运用为协同监督提供了技术保障,也增强了人民在财政监督中的参与感和实际影响力。

总体而言,财政监督强调多种监督手段的协同和现代信息技术的广泛运用,既是财政监督体系适应社会治理变革的需要,也是实现全过程人民民主的重要路径。通过整合各方面的监督资源,实现财政监督手段的协同,能够更全面地了解和掌握财政活动的全貌,提高监督的准确性和深度。同时,现代信息技术的运用不仅提高了监督的效能,也使得人民更加便捷地参与其中。这种协同机制的建立有助于财政监督更好地服务于国家治理体系现代化的目标,也更好地体现了全过程人民民主的本质要求。在财政监督的实践中,要不断完善协同机制,加强信息技术的创新应用,充分发挥各方面的监督主体作用。同时,政府部门要加强对财政监督体系的建设,提高监督效能,确保监督的全过程能够有效地服务于人民当家作主的理念。通过不断优化财政监督手段的结构和运行机制,实现全过程人民民主与财政监督的协同发展,促进国家治理体系更好地适应时代变革,为实现中国式现代化事业创造更为有力的制度基础。

三、中国式现代化与财政监督制度创新

(一) 提升财政监督机构和人员的独立性

提升财政监督机构和人员的独立性,是推动财政监督法治化和现代化的重要一环。在新时代的背景下,为了确保财政监督的效力和公正性,有必要对财政监督机构和人员的独立性进行深化和全面的改革。

独立性的确立需要从机构设置上入手。为此,应当在法律层面对财政监督机构的独立性进行充分明确。明确规定财政监督机构在组织结构上的独立性,确保其能够独立行使职责,不受其他政府机构的直接干预。在机构设置上,可以考虑设立独

立的财政监督委员会或者独立的监察机构，其领导和成员的任免应当按照法定程序进行，不受其他行政机构过多的干预。其次，要推动财政监督机构在人员配备上的专业化和独立性。建立财政监督人员的专业队伍，确保其具备充足的专业知识和经验，有能力对财政活动进行全面监督。同时，通过职业保障机制，防范干部人事变动对财政监督工作的干扰，确保监督人员能够独立公正地履行监督职责。关键是在预算编制、执行和监督的三个环节中实现相分离。在预算编制阶段，要求财政监督机构在审查预算的过程中能独立提出意见，确保其对预算的监督能够在决策层面产生实质性的影响。在预算执行阶段，财政监督机构应当对财政资金的使用进行实时监控，确保政府的财政支出合法合规。在监督方面，要求财政监督机构在对政府部门进行监督时具有足够的自主权，能够独立提出监督报告，形成对政府行为的有效监督。独立性的提升还需要建立健全的监督机制，包括对监督机构的评估机制、对监督人员的考核机制等。通过制定明确的评估标准和程序，对财政监督机构的独立性进行全面地评估，确保其能够在法定范围内独立履行职责。同时，对监督人员的选拔、培训、考核等方面建立规范的机制，保证监督队伍的专业水平和独立性。

总的来说，提升财政监督机构和人员的独立性是财政监督法治化的基础，是建设现代监督体系的必然要求。只有通过法律和制度的明确和完善，才能确保财政监督在实践中发挥应有的作用，为国家财政的安全、规范、高效运行提供有力保障。

（二）建立以财政支出绩效评价为核心的监督体系

建立以财政支出绩效评价为核心的监督体系，是推动财政监督法治化和现代化的战略举措。在财政监督的演进过程中，传统的监督方式过于注重事后审计，强调合规性，而忽略了对财政支出的实际效果评价。因此，借鉴国际先进经验，构建以财政支出绩效为导向的监督体系，对于实现财政活动的科学、规范和高效运行至关重要。

首先，要明确财政支出绩效评价的核心地位。传统的财政监督主要关注财政活动的合法性和规范性，而对于支出绩效的关注相对较少。在新时代，财政支出的绩效评价应当成为财政监督的核心要素。这包括对于政府投入的社会效益、经济效益和环境效益等多方面的评估，以确保公共资源的最大化利用和财政支出的最大绩效。绩效评价要贯穿于财政监督的全过程，从预算编制、执行到决算监督审计，形成闭环的监督体系。其次，要建立科学的绩效评价指标体系。科学的绩效评价离不开明确的评价指标。在财政支出领域，评价指标应当涵盖项目的经济效益、社会效益、环境效益等多个方面。在项目立项和预算编制阶段，要明确清晰的预期目标和指标，以便后续的绩效评价。在执行和决算监督审计阶段，要通过实地调研、数据分析、社会调查等手段，全面、客观地评价项目的绩效情况，为政府决策提供科学的依据。再次，要建设信息化的绩效评价平台。随着信息技术的不断发展，建设信息化的绩效评价平台将有助于提高评价的时效性和全面性。该平台可以整合各级政府的绩效数据、社会调查数据、项目执行数据等多源信息，为绩效评价提供更为全面、精准的数据支持。政府部门和财政监督机构可以利用数据分析、人工智能等技术手段，更好地把握项目的运行状况，及时发现和纠正问题。此外，要推动公众参与绩效评价。公众参与是现代治理的一个重要原则，也是构建绩效导向的财政监督体系的关键环节。政府和财政监督机构应当建立健全公众参与的机制，包括公众听证、社会评估、媒体监督等多种方式，让公众对于项目的绩效进行监督。通过公众的参与，不仅可以提高评价的客观性和公正性，还可以增强政府的透明度和责任感，更好地服务于社会公众的需求。最后，要建立健全的绩效评价结果运用机制。绩效评价的最终目的是改进政府的决策和管理。因此，要建立健全的评价结果运用机制，确保评价结果能够被充分运用于政府决策的各个环节。评价结果应当成为政府决策的参考依据，通过各级政府的决策机构进行审议和采纳。在财政监督的过程中，相关的评价结果也应当成为审计机关、人大及其常委会等监督机构审议的重要依据，从而形成一个有机的监督网络。

（三）加强财政监督的纵横联动制度

加强财政监督的纵横联动制度，是构建财政监督体系的重要环节。在现代社会治理中，由于各级政府和部门之间的工作分工和职责划分，涉及财政的事务极其繁杂，因此纵横联动制度的建立对于提高监督效能、保障财政活动的科学性和规范性至关重要。首先，需要强化中央与地方的纵向联动。我国财政体系既有中央财政，又有地方财政，两者的联动关系至关重要。一方面，中央财政要对地方财政进行有效监督，确保地方财政活动符合法规和政策的要求。另一方面，地方财政也要配合中央财政的工作，提供真实、完整的财务信息，确保财政资源的合理配置。为实现中央与地方的纵向联动，可以建立联席互动机制，由中央财政和地方财政的代表共同参与，共同商讨财政政策、预算安排、支出执行等监督事宜，形成中央与地方财政的有机协同。其次，财政部与其他主管部门之间也需要建立起有效的横向联动机制。在财政监督的过程中，经常涉及多个领域的合作，例如与审计、监察、税务等部门之间的协同工作。为了确保各部门间信息的畅通和工作的协调，可以建立财政监督工作协调机构，由各相关主管部门的代表组成，负责统筹协调财政监督的各项工作，共同研究解决工作中遇到的问题。这样的机制有助于提高监督的全面性和深度性，确保监督工作的科学性和有效性。再次，加强财政监督机构内部各部门之间的协同配合。财政监督机构通常包括预算管理部门、会计审计部门等多个职能部门，各部门之间需要密切协作，形成一个有机的整体。为了促进内部协同，可以建立财政监督工作协调机制，确保各职能部门的工作协调一致。此外，还可以定期组织内部培训和交流，提高各部门之间的沟通效率和工作协同水平。最后，财政监督机构要注重与社会各界的纵横联动。公众、媒体、专业机构等在财政监督中发挥着重要作用。建立定期沟通机制，开展公众参与财政监督的活动，接受媒体的监督，听取专业机构的建议，可以更好地发挥外部监督的作用，确保财政监督的全面性和多元性。

总的来说，加强财政监督的纵横联动制度，要建立协同机制、内外交流等多层次的合作机制，形成全方位、多层次的监督网络。这有助于充分发挥各方面的监督作用，提高财政监督的全面性、深度性和时效性，确保财政活动的科学性和规范性。

（四）统筹推进财政监督信息化建设

统筹推进财政监督信息化建设是加强财政监督、提高监督效能的必然要求。在信息化时代，科技的飞速发展为各行各业提供了更多便捷和高效的手段，财政监督也不例外。信息化建设不仅可以提升监督的效率和准确性，还能够实现对财政活动的全程监控，从而更好地保障国家财政资金的安全、高效使用。首先，要实现财政监督信息化建设的统筹，需要构建完善的信息化平台。财政监督信息化平台是各监督主体、部门和机构共享信息资源、开展协同监督的基础。这一平台应当具备强大的数据存储、处理和分析能力，能够整合来自各级政府、各部门的财政数据，形成全面、准确的监督信息。同时，平台应当支持多维度、多层次的信息查询和分析，为决策提供科学依据。其次，建设财政监督的信息化平台需要注重信息安全。财政数据的敏感性和重要性决定了信息化建设必须充分考虑安全性。要建立健全的信息安全管理体系，采用先进的加密技术、防火墙和安全审计手段，确保财政监督数据的完整性和保密性。此外，还需要定期进行安全漏洞扫描和风险评估，及时更新安全防护措施，以防范各类网络攻击和数据泄露事件。再次，信息化建设要推动财政监督的业务创新。通过信息化手段，可以对传统的财政监督方式进行优化和创新，实现从事后检查向实时监控的转变。利用大数据分析技术，可以快速发现异常情况，及时采取措施进行调整和纠正。此外，还可以实现对财政支出绩效的实时评价，为决策提供更为准确的数据支持。信息化建设需要促进监督主体的专业化和技术水平的提升。监督主体要适应信息化的发展趋势，加强人才培养，提高信息技术运用水平。只有监督主体具备足够的信息技术素养，才能更好地利用信息化手段进行监督工作。因此，要建立健全的培训机制，不断提升监督人员的信息技术能力和专业素养。最后,要推进财政监督信息化建设需要强调开放共享。财政监督信息化平台应当具备较高的开放性,能够与其他相关领域的信息系统实现互联互通。这有助于形成全面、多维度的信息网络,更好地整合各方力量,实现资源共享、信息流通,提高整体监督效能。

总体而言,通过建设信息化平台、强化信息安全、推动业务创新、提升监督人员的专业水平,可以更好地适应信息时代的监督需求,提高财政监督的科学性和规范性,为国家财政的健康发展提供坚实支撑。

(五) 建立健全财政监督管理制度

建立健全财政监督管理制度是深化财政监督改革的重要举措。目前,我国财政监督领域面临监督制度不够健全、责任不够明确、程序不够规范等问题,亟须建立更加科学、有效的管理制度,以适应社会经济发展和财政管理的新要求。

首先,法律法规体系的建设是确保财政监督有明确依据的基础。当前的《预算法》等法规为财政监督提供了基本法律依据,但仍需进一步细化和完善。可以考虑修订《财政违法行为处罚处分条例》,并在适当时机制定《财政监督法》,全面规定财政监督的法律依据,明确监督的程序、权限、责任等规定,确保监督活动在法治轨道上稳步推进。其次,强化财政监督机构的内部管理至关重要。财政监督机构是履行监督职责的主体,其内部管理规范与否直接关系到监督工作的有效性。建立健全内部管理制度,包括人员配备、工作流程、决策程序等规范,同时注重人才培养,提高监督人员的业务水平和专业素养,确保监督机构具备适应快速发展的经济形势和复杂多变的财政管理需求的能力。再次,加强对财政监督人员的培训和考核是保障监督效能的关键。通过培训机制,增强监督人员的法律法规意识、业务水平和沟通协调能力。同时,建立科学合理的考核机制,根据监督业绩和工作表现进行评价,激励监督人员更好地履行职责,推动监督工作的不断提升。最后,社会参与是构建全面监督体系的必要手段。财政监督不仅是监督机构的责任,也是社会各界的共同责任。建立多元化的监督主体,通过透明公开的方式,引导社会各界广泛参与监督活动。这有助于形成对财政监督的全方位、多角度的监督体系,确保监督的公正性和客观性。

总体而言,建立健全的财政监督管理制度是财政监督体系建设的基础和关键。通过法规建设、内部管理规范、绩效导向、信息化管理、人才培养和社会参与等多方面的综合举措,可以更好地发挥财政监督的作用,促进国家财政的科学管理和规范运行。这也是财政监督改革的必由之路,为实现财政监督法治化、科学化提供了有力的支持。

本章主要参考文献

［1］曹可成．提高财政监督效率的途径［J］．经济研究参考，2017（71）：23-24.

［2］丛树海．财政：国家治理的基础和重要支柱——党的十八大以来我国财政改革的十大进展［J］．财政研究，2022（08）：15-28.

［3］邓辉，朱丘祥．国家治理背景下我国财政监督法治化的模式改进及其实践路径［J］．当代财经，2022（03）：28-39.

［4］胡扬．大数据时代财政监督信息化建设面临的问题及对策［J］．财会月刊，2018（01）：168-170.

［5］蹇薇，叶凡，尤新毓．财会监督研究现状与展望——基于文献计量分析的视角［J］．中国注册会计师，2023（10）：67-71.

［6］李昌振．国家治理视域下财会监督体系构建的逻辑与路径［J］．会计之友，2021（16）：7-12.

［7］李丰团，郭东洋，贺莹洁．国家治理背景下财会监督的创新及其实现路径［J］．会计之友，2022（11）：145-149.

［8］刘剑文．财政监督制度变革的法治进路——基于财政绩效的观察［J］．中国法律评论，2021（03）：167-176.

［9］陆成林．完善监督体系，强化财政监督［J］．地方财政研究，2022（03）：1.

［10］马国贤．财政监督四十年：公共资金的"守护神"和"安全阀"［J］．财政监督，2018（10）：11-13.

［11］马海涛，郝晓婧．财政监督演变与财税体制改革——改革开放四十年的回顾与展望［J］．财政监督，2018（11）：5-10.

［12］马海涛，温来成，李贞，等．姜维壮教授财政学术思想评述［J］．经济研究参考，2012（62）：4-22.

［13］马海涛，肖鹏．国家治理能力提升背景下财政监督体系构建研究［J］．行政管理改革，2020（12）：30-35.

［14］马海涛．完善财政监督体系的若干思考［J］．中央财经大学学报，2009（10）：73-78.

［15］石玉玲．财政监督的新逻辑：从合规性转向功能性［J］．地方财政研究，2021（03）：35-41，50.

［16］徐玉德．党领导财会监督工作的伟大历程、辉煌成就与宝贵经验［J］．财务

与会计, 2022 (08): 38-41.

[17] 喻冬梅. 财会监督在国家治理体系和治理能力现代化中的定位及思考 [J]. 财务与会计, 2020 (12): 20-22.

[18] 张璠, 王竹泉. 财会监督体系重构新思路 [J]. 财务与会计, 2020 (24): 13-16.

[19] 张乐. 财会监督在国家治理体系中的定位及思考 [J]. 人民论坛·学术前沿, 2021 (09): 128-131.

[20] 章萍. 财政监督的国际经验 [J]. 中国金融, 2017 (18): 81-82.

第七章

中国式财政现代化视角下的财政法治理论与制度创新

中国共产党建党百年来的现代化光辉历程,是党把马克思主义普遍原理与中国实际相结合,带领中国人民实现从活下来、站起来到富起来再到强起来的伟大飞跃的历史进程。在这一过程中,党领导下的财政工作对不同时期的中国革命、建设、改革、发展都发挥了基础和支柱作用。同时,党在领导财政法治工作过程中也积累了丰富的实践探索经验和深刻的思想理论结晶。因此,概要梳理百年历史进程中党领导财政及其法治工作的理论和实践,破解中华民族伟大复兴历史进程中的文明密码,对于接续未来的高质量发展将具有重要的现实意义。

第一节 中国式现代化对财政法治理论与制度建设的新要求

中国式现代化在财政领域的成功展开,从法治的视角而言[①],也必然表现为不同时期的财政制度目标、规范形式和规则内容,从而形成了特色迥异的财政法治的理论与实践。通过解析中国式现代化对财政法治理论与制度创新的新要求的深刻内涵,结合对建党以来财政法治理论与制度的发展逻辑的认真梳理,有利于推进构建与中国式财政现代化相适应的财政法治理论与制度体系。

一、中国式法治现代化新道路的内在逻辑与历史意义

现代化是人类进入近代以来社会发展进程中的一个殊为重要的历史阶段。作为一个全球性的发展过程,现代化是在科技革命的强劲推动下,社会发展由传统社会向现代社会转变和飞跃的革命性进程,反映了人类思想和行为各个领域的深刻变革,从而形成崭新的人类文明价值体系。法治现代化是一种历史性的现象,是一个从传统型法制向现代型法治的历史创造性的变革过程。作为人类社会法治文明演进过程中的历史性变革,法治现代化是一个规范与价值相统一的法变革过程,旨在实现法理念、法制度、法实践、法价值从传统向现代的历史性转变,因而是人类法治文明价值体系的巨大创新过程。

中国式法治现代化新道路,是中国式现代化新道路在法治领域中的集中体现,是中国共产党领导人民在伟大社会革命进程中创造出来的植根中华大地、推进法治变革的自主型法治发展道路,蕴涵着深厚的历史逻辑、理论逻辑和实践逻辑[②]。中国共产党人深刻反思近代中国法律发展的历史进程,深入总结和运用我们党实行法治的重要经验,继承和弘扬中华优秀传统法律文化,成功地开创、坚持和拓展了一条具有鲜明中国特质的法治现代化新道路。中国共产党人科学把握中国式法治现代化新道路的根本保证、理论基础、价值取向、推进方式、战略目标和全球视野,展示了这条法治变革新路的巨大理论逻辑力量。中国式法治现代化新道路是伟大社会

---

① 从人类历史和现代化过程来看,法的规范形式并不局限于近代形成的西方式法律;结合现代法治理念的最新发展,本书也不拘泥于传统教义法的研究视角,而是集中描述一种广义的法规范及其运行,以更充分反映和完整解释中国式现代化进程中的各种财政法治现象与逻辑。

② 公丕祥.中国式法治现代化新道路的内在逻辑[J].法学,2021(10):3-20.

革命的实践产物,展现了中国特色社会主义国家制度与法律制度创新发展的实践成果,彰显了中国共产党施行治国理政的实践伟力。在世界法治现代化进程中,中国式法治现代化新道路以其深厚的内在逻辑、理性的法治制度和坚实的法治实践,为世界法治文明发展贡献了中国智慧和中国方案。一条既与人类法治文明的普遍准则相沟通,又具有鲜明中国特色的法治现代化新道路,必将越走越宽广。

二、中国式现代化对财政法治理论与制度创新提出的新要求

党的二十大报告指出:中国式现代化是人口规模巨大的现代化,是全体人民共同富裕的现代化,是物质文明和精神文明相协调的现代化,是人与自然和谐共生的现代化,是走和平发展道路的现代化。该论断深刻阐述了中国式现代化的重要特征,明确了中国式现代化的逻辑起点、发展方式、总体布局、发展路径,为全面建设社会主义现代化国家提供了理论依据,为深化财税体制提供了行动指南,同时也对中国特色财政法治理论与制度创新提出了新要求,确定了财政法治理论与制度的核心力量、根本目标和根本立场[①]。

(一) 根本目标:民族复兴是中国式财政法治现代化的根本目标

财政的实践运行和制度安排,深深植根于社会主义现代化建设之中,为现代化建设提供财力支持和制度保障,承载着特定的时代使命。在新民主主义革命时期,现代化的发展目标是工业化;在社会主义革命和建设时期,中国共产党从中国实际出发,进一步扩展了现代化目标,1954年首次明确提出要实现"四个现代化",这一时期对于现代化的探索经历了从工业化到"四个现代化"的发展过程。进入改革开放和社会主义现代化建设新时期,1979年邓小平正式提出"中国式的现代化"概念,初衷是"反对急躁冒进,确立适合中国国情的发展目标;反对照搬西方经验,走中国自己的发展道路"。党的十八大以来,我党进一步提出了国家治理体系和治理能力现代化,国家治理现代化是中国式现代化的重要组成部分,保障中国式现代化的发展成熟。随着中国式现代化的逐步推进,"财政的本质"不断被赋予新的时代内涵,财政的职能定位和制度建设也随之发生深刻的变化,支撑财政法治理论发展的方法论也适时进行调整。中国式现代化进入新阶段,继续深化财税体制改革是全面深化改革的重点之一,亟须构建与中国财政改革实践相适应、与中国式现代化

---

① 肖鹏,王亚琪.中国式现代化背景下的财政基础理论创新研究[J].厦门大学学报(哲学社会科学版),2023,73(06):23-30.

建设相适应的中国特色财政法治理论与制度。因此，中国式现代化为财政法治理论与制度的创新发展提供了价值引领，财政改革实践进一步为财政法治理论与制度的发展提供了契机和动力。与此同时，财政法治理论与制度的创新发展并非被动地适应经济社会变革和财政实践活动，而是通过实践来指导实践，要能够为财政助力中国式现代化提供价值规范和理论指引。

（二）核心力量：党的领导是中国式财政法治现代化的核心力量

在庆祝中国共产党成立100周年大会上，习近平总书记指出，"走自己的路，是党的全部理论和实践立足点"。中国式现代化道路形成于中国特色社会主义实践中，始终坚持独立自主的战略方针，已经被证实是一条适合中国国情、符合中国实际的正确道路，具有鲜明的中国特色，从根本上创造了人类文明新形态。中国式现代化确定了财政法治理论与制度的根本站位，即立足中国实际，突出财政法治理论与制度的"原创性"，讲好中国式现代化的故事，并且能够解释并指导中国财政改革实践，解决中国式现代化进程中的重大实践问题，为人类文明作出贡献。

财政法治理论与制度的"中国特色"首先体现在其政治属性和政治内涵。"财"要为"政"服务，财政资源的统筹、管理、协调、配置，体现着党和国家的意志，服务于党和国家事业大局，保障国家重大战略实施，服务于不同历史条件下的现代化目标。其政治特征具体表现为：一是始终坚持中国共产党的领导，不仅是因为中国共产党的领导是中国特色社会主义最本质的特征，更重要的是中国共产党代表中国先进生产力的发展要求。新中国成立70多年来创造的"中国奇迹"、经济社会持续健康发展以及人民生活水平得到改善都是因为坚持了中国共产党的正确领导。二是以党的创新理论为根本遵循，以马克思主义政治经济学为指导，回答中国式现代化提出的新问题，从政治经济学的角度分析公共资源配置问题和财政运行规律。三是深刻总结中国式现代化建设过程中的成功经验，提炼新观点，并将其上升到财政法治理论层面。中国财政法治理论与制度鲜明的政治性特征直接决定了其发展方向，也是"走自己的路"的基础和前提。

（三）根本立场：人民中心是中国式财政法治现代化的根本立场

中国式现代化坚守人民立场，是为了人民、依靠人民的现代化，是实现全体人民共同富裕的现代化，核心是实现人的现代化。人的现代化既是中国式现代化建设的主体依托和动力之源，同时也是中国式现代化追求的最终目标和价值旨归。现代财政法治理论与制度深入贯彻中国式现代化的根本立场，充分融入人民主权理论、公共财政理论、知情权和参与权理论的"民主"思想，反映出其价值理性。一是人民主权理论，作为民主理论的基础，其核心思想是人民的意志始终是最高意志。政府所拥有的一切权力来自人民，因此政府权力要接受人民的监督，为人民谋福利。二是公共财政理论，其本质是公共性，与民主理念是一致的。财政资源的配置要能够满足公共需求，充分体现公共意志。三是知情权和参与权理论，在现代民主社会，公民参与治理是民主实现的关键，而公民参与权的实现是以公民知情权的实现为前提。进入新时代，随着公民意识不断增强，国家民主法治建设不断推进，公民能够多大程度地参与到现代财政治理过程中，直接关系到财政民主化程度、政治民主化进程，是国家治理能力现代化的重要推手。财政法治理论与制度始终坚持"以人民为中心"的根本政治立场，凸显财政的价值属性，并且通过一系列的制度安排和政策实践反映出"民享"的价值理念，为保障和改善民生提供理论指引。

第二节　新时代以前财政法治理论与制度的发展逻辑[①]

百年来中国共产党领导的财政实践探索和理论创造过程，本身就是现代化重要内容之一。党在不同时代背景和实践基础上，先后形成了"革命财政""建设财政""公共财政"等财政思想理论与财政实践经验，对中国革命、建设、改革发展起到了基础和支柱作用。尽管在不同历史时期，党的财政实践和财政理论在具体内容上有很大差异，但一以贯之的坚持党的领导、坚持中国特色发展道路和适应时代形势满足时代需求的财政法治基本逻辑脉络依然清晰可见，对当前及未来的工作具有重要启示意义。

一、革命财政：军事供给的财政法治理论与实践

自1921年建党到1949年新中国成立，是中国共产党领导中国人民进行新民主主义革命的历史时期，先后经历了土地革命、抗日战争和解放战争等不同的阶段。尽管在建党之初，中国共产党也提出了自己对财政工作的纲领性设想，但由于当时尚未掌握任何局部政权，所以实践中党所领导和管理的只是自身的党务财政收支。在新民主主义革命时期，财政发展及其法治的理念是，依赖党的领导和人民觉醒，全面服务于革命的军事供给而保障民族"活下来"，权益配置围绕革命和军事展开，规范形式主要是军事命令和革命政策。

---

① 刘晔．中国共产党百年历程中的财政实践探索与思想理论结晶［J］．财政研究，2021（07）：12-24．

（一）时代和实践催生出革命财政法治理论思想

"时代是思想之母，实践是理论之源"，任何时期财政实践的探索和理论的创新都离不开时代和实践所提出的问题。党领导下的财政工作同样如此，并且与同时期党领导下的军事、政治和经济等工作互相关联、互相促进并都共同指向那个时代所需要解决的迫切问题。而每一个时代的问题又是由那个时代的社会主要矛盾所决定的。正如毛泽东所指出的"帝国主义和中华民族的矛盾、封建主义和人民大众的矛盾"是近代以来一直到新民主主义革命时期中国社会的主要矛盾，并由此决定了中国共产党的革命纲领和中心任务。尤其在1927年以后，随着以井冈山革命根据地等为代表的红色政权的建立，就正式形成了在党的领导下，以农村革命根据地为主要依托、以武装斗争为主要形式的中国革命新道路。

在新民主主义革命时期的不同阶段，尽管党所领导的财政工作具有各自不同的特点，但是从总体上看相似性是主要的而差异性则是次要的。如何有效组织和动员根据地（解放区）财力物力来保障战争供给，这始终是革命战争时期党领导下的财政工作的首要任务。在这样的时代背景和实践基础上，中国共产党形成了相应的"革命财政"思想理论。对这一思想理论最概要的总结就是毛泽东所提出的"发展经济，保障供给，是我们的经济工作和财政工作的总方针"[①]。作为贯穿党领导的革命战争时期全过程的革命财政理论，在统筹考虑和辩证看待军事、经济和财政关系基础上形成如下主要财政思想理论。

1. 保障战争供给的财政职能论

革命财政理论将党领导下的财政职能明确定位在保障战争供给上。这一财政职能在革命战争早期党的纲领性报告中就得以明确[②]，根本上看这是由新民主主义革命时期党的反帝反封建革命纲领和以武装斗争为主要形式的革命任务所决定的，也是由当时中国最广大人民的根本利益所决定的。

2. 经济决定财政的财政观

财政职能是保障战争供给，而要实现战争保障却有赖于经济发展，由此产生了

---

① 毛泽东选集（第三卷）[M]．北京：人民出版社，1991：891．
② 毛泽东在《全国苏维埃第二次代表大会上的报告》中就指出："苏维埃财政的目的，在于保证革命战争的给养与供给，保证苏维埃一切革命费用的支出"。

"经济决定财政"的财政观。从土地革命战争时期党中央所提出的发展经济来增加我们的财政收入是我们财政政策的基本方针,到解放战争时期发展生产保障供给仍是解决财经问题的适当方针①,均鲜明体现出"经济决定财政"的财政观。

3. 协调人民短期利益和长远利益的财政分配观

战争作为人财物的巨大消耗战,革命财政不可避免地在短期内加重人民负担。但党作为中国最广大人民利益的代表,需要运用财政这一调节分配关系的手段来统筹人民短期利益和长远利益。一方面,党深刻认识到短期内人民负担虽然一时有些重,但是打败了敌人人民就有好日子过,这个才是革命政府的大仁政;另一方面,仍要注意赋税的限度,使负担虽重而民不伤②,即在发展经济和合理负担的基础上通过取用有度来兼顾人民的短期利益和财政的可持续性。

(二) 革命财政法治理论的政策安排与成功实践

在革命财政思想理论指导下,党进行了有效的战时财政动员并取得了成功的实践经验。

1. 财政支出向战争供给倾斜,保障了革命战争需要

从党领导武装斗争和掌握革命根据地政权开始,财政安排的原则就是"先前方,后后方;先红军,后地方",由此在不同历史阶段始终将财力优先用于战争供给与后勤装备上。如以抗日战争时期陕甘宁边区为例,1943年直接的军务费和用于前线供给的被服费两项合计占财政总支出的63.85%,同年行政费、民政费、教育费、财务费等都仅占总支出的0.1%—0.2%③。再如在解放战争中,1947年党中央在华北财经会议决议中明确"军费开支可占财政开支总数的85%……一切为了前线"④。总之,党领导下的财政工作从中国人民的根本利益和长远利益出发,通过集中财力保障供给,为革命战争最终胜利奠定了物质基础。

---

① 毛泽东选集(第四卷)[M]. 北京:人民出版社,1991:1176.
② 毛泽东选集(第三卷)[M]. 北京:人民出版社,1991:895.
③ 陕甘宁边区财政经济史编写组. 抗日战争时期陕甘宁边区财政经济史料摘编(第六编)[M]. 西安:陕西人民出版社,1981:65.
④ 华北解放区财政经济史料选编编辑组. 华北解放区财政经济史料选编[M]. 北京:中国财政经济出版社,1996:296.

2. 在收支关系上采取以"量出为入"为主的政策方针

作为革命财政，需要以保障战争供给最低要求来筹划收入，因此党领导下的财政工作在大部分时间里采取以"量出为入"为主的政策方针。对此，毛泽东曾指出"应当计算……在整个反'围剿'斗争中物质需要的最低限度"。由于战时财政的性质决定了在大部分时间里"收入必须服从支出……在保证政治任务完成的原则下计划收入"①。

3. 在财政支出上执行"厉行节约、反对浪费"的政策方针

要有效保障战争供给，就需要相应压缩行政支出和其他支出。党在领导革命战争一开始就确立了节俭的财政原则，并在部队和干部中采取了最低生活标准的供给制。尤其在抗战中财政最困难时期，抗日根据地在1942—1943年进行了三次严格的精兵简政活动，有效节约了财政支出，提高了支出效率。

4. 在财政收入上奉行"强本开源""合理负担"的政策方针

党在实践中主要采取两方面政策。一方面遵循经济决定财政的财政观，从苏区建设开始就通过各项政策来发展经济进而充裕财源，其中也包括财政经济建设支出、发行建设公债等办法来促进经济发展。尤其在"取之于民"的同时积极通过发展公营经济，在自力更生基础上实现生产自给。另一方面要充分考量人民负担并尽可能做到税负的合理分配，即将税收负担更多地由剥削者来承担。如从最初苏区开始，在党的领导下就实施了依阶级征收的累进土地税政策，既实现了量能负担，也从根本上体现了财政的人民性。

5. 在财政管理上实行"统一领导"的政策方针

革命财政法治理论要求实践中实行在党中央"统一领导"下集中统一管理的财政政策，才能有效保障和统筹战争供给。因此自1931年中央苏区成立开始就实行了"统一领导、分级管理"的财政管理体制，并建立起统一的预决算、会计、审计和

---

① 毛泽东选集（第一卷）[M]. 北京：人民出版社，1991：202.

国库制度等。而从管理机构来看，从1931年中央苏区中隶属于中央执行委员会的中央财政部，到1949年接受党中央直接领导的中央财经委员会，都在机构和职能上保障了党对战时财政的集中统一领导。

二、建设财政：工业建设的财政法治理论与实践

从1949年新中国成立到1952年年底，由于大规模剿匪作战和抗美援朝战争等军事活动，这时期财政仍具有相当程度的战时革命财政特征。此外党和国家也通过发展生产、统一财政来稳定物价、恢复经济。而自1953年中国实施第一个五年计划开始，一般认为中国开始了计划经济时期，这一时期持续到1978年改革开放为止。计划经济时期，财政发展及其法治的理念是，依靠党的领导和国民的自我约束，服务于重工业建设而保障国家"站起来"，权益配置围绕重工业建设展开，规范形式主要是政府政策。

（一）计划经济实践产生了建设型财政法治理论思想

从1953年中国实施第一个五年计划开始，尤其是随着1956年年底"三大改造"的基本完成，我国社会主要矛盾和党的中心任务发生了深刻变化。时代和实践所提出的新问题是，如何在一个落后的农业国基础上尽快实现工业化。1956年，党在八大决议中提出"我们国内的主要矛盾，已经是人民对于建立先进的工业国的要求同落后的农业国的现实之间的矛盾，已经是人民对于经济文化迅速发展的需要同当前经济文化不能满足人民需要的状况之间的矛盾"，同时在1953年"一五"计划提出"优先发展重工业"的基础上继续提出"必须继续坚持优先发展重工业的方针"。

重工业优先发展是我国当时面临外部威胁和封锁情况下的国家战略选择，但在一穷二白的农业国基础上，很难靠市场自发实现重工业优先发展所需的资金积累。由此，国家选择采取计划经济模式通过资源集中配置的方式来实现。而财政最重要的职能则转变为通过国家对国民收入的分配，为工业化筹集和供应资金。在这样的时代和实践基础上，党在领导财政工作过程中形成了"建设型"财政思想理论。这一思想理论的核心在于正确处理积累和消费间的比例关系，财政是对国民收入进行分配和再分配的工具，关系到国家积累和人民消费间的比例关系。而同期中国财政学术界也在马克思政治经济学和中国实践相结合的基础上产生了"国家分配论"这一财政基础理论，为计划经济时期"建设型财政"理论做了学理阐释。概要看，"建设型财政"理论在计划经济和工业化实践基础上形成如下财政基本理论思想。

1. 国家分配的财政本质论

"财政问题是一个分配问题"①,即认为财政本质上是以国家为主体的分配关系。由此,国家通过财政分配来调节和影响全社会积累和消费比例关系、农业轻工业和重工业比例关系、重点建设和一般项目间比例关系。

2. 筹集和供应资金的财政职能论

计划经济体制下的财政一方面发挥财政收入"为高速度发展国民经济而筹集资金"的筹集资金职能,另一方面通过财政支出"在积累和消费、各部门和各项目间分配和供应资金"的供应资金职能,保证工业化经济计划目标的实现。

3. 积累与消费比例关系论

财政作为以国家为主体的分配关系,首先需要安排好积累和消费间的比例关系。要实现工业化特别是重工业优先发展的战略目标,必须保持较高的积累率和基本建设支出。但如果积累率过高则不仅相应挤占消费支出影响人民生活水平,也会影响国民经济综合平衡特别是容易造成农轻重间比例失衡。

4. 综合平衡论

在计划经济体制下,财政原则是收支平衡、略有结余,财政、信贷、物资三者必须平衡,既要实现工业化的资金积累和重工业优先发展,又要保证国民经济有计划按比例发展,需要做好综合平衡,尤其是首先要财政收支平衡、不列赤字。

(二) 计划经济时期建设型财政法治理论的政策安排与实践探索

1. 形成了为工业化筹集建设资金的计划型财政收入机制

与国家集中配置资源的计划经济体制相适应,我国形成为工业化筹集建设资金的计划型财政收入机制,并主要形成两条路径:一是从农业国现实出发,主要利用

---

① 李先念论财政金融贸易 (1950—1991年) (上卷) [M]. 北京:中国财政经济出版社,1992:390.

工农产品"剪刀差"的价格机制把农村的农业剩余转移成城市的国有企业盈利，形成工业化资金的积累机制；二是国家财政对国有企业采取利润全额上缴、统收统支的财政模式，使企业利润转化为财政收入。由此，在国家集中配置资源基础上统筹用于工业化建设投资及重工业优先发展。

2. 财政支出安排具有明显的生产建设型特征

为发挥财政为工业化供应资金的职能，我国财政支出呈现出明显的建设型特征。1953—1978年，经济建设支出占我国财政总支出的比重达到了57.9%，最高年份甚至达到70.4%；而在经济建设支出中，基本建设支出比重又达到68%①。另据测算，计划经济时期对重工业的补贴率高达37.57%（姚洋和郑东雅，2008）。由此，我国财政支出基本满足了计划经济对工业化的资金需求，对我国建成独立的、较为完整的工业体系发挥了重要作用。

3. "统一领导、分级管理"财力高度集中的财政体制

计划经济时期在中央和地方财政关系上，我国一直遵循"统一领导、分级管理"的体制安排。作为一个大国，虽然有必要赋予地方财政管理权限，但计划经济本质上作为国家集中配置资源的经济体制决定了集权型财政体制。由此在计划经济时期，虽然我国也在不同时期对地方采取一些放权政策，但总体而言还是中央高度集中的财政体制。高度集中、统收统支的财政体制，是与计划经济体制和国家工业化初期"集中力量办大事"相适应的。

4. 财政收支总体平衡，适应了经济建设计划性要求

为适应计划经济时期"有计划、按比例"发展国民经济的要求，在综合平衡论指导下，我国在大体上执行了收支平衡的财政政策。1953—1978年，我国约只有1/3年份出现了财政赤字，而赤字率也都不大。由此适应了计划经济下国民经济综合平衡的要求。

综上所述，计划经济时期建设型财政通过财政收支及管理政策，总体上适应了我国工业化初期大规模建设资金的需求。1953—1978年，我国工业总产值年均增长

---

① 根据《中国财政年鉴1992》第898—901页数据计算而得。

11.3%，其中重工业年均增长率为 13.64%。到 1978 年，我国工业总产值占工农业总产值的比重已经由 1949 年的 30% 提高到 72.2%，而重工业占工业总产值的比重则由 1949 年的 26.4% 提高到 56.9%①。在工业化和重工业优先发展基础上，同期我国国防工业和国防装备也有了较大程度的保障。

三、公共财政：改革时期市场培育的财政法治理论与实践

计划经济时期，建设型财政虽然对我国工业化起了重要作用，但通过财政进行强制高积累的模式和统收统支的体制，也相应抑制了居民消费增长和企业、地方积极性的发挥。同时，建设型财政所赖以存在的计划经济体制，在进入 20 世纪 70 年代末后愈发显得僵化。1978 年年底，以党的十一届三中全会为标志，我国进入了改革开放的新的历史时期。改革开放时期，财政发展及其法治的理念是，通过党领导的自觉改革，完成财权与财产权再平衡调整，服务于市场培育而保障国家和人民"富起来"，权益配置围绕培育市场机制，规范形式主要是适用市场发展的法律制度体系。

（一）改革开放时代公共财政的法治理论思想框架

党的十一届三中全会提出对传统计划经济体制的渐进改革，也在思想上开始了对我国社会主要矛盾的重新认识。1981 年党的十一届六中全会提出"我国所需要解决的主要矛盾，是人民日益增长的物质文化需要同落后的社会生产之间的矛盾"，而在新的历史时期只有通过对传统计划经济进行体制改革才能有效解决这一社会主要矛盾。由此，在改革开放新实践的基础上，党对计划和市场的关系经历了一个认识逐渐深化的过程，并进而开启了财政工作的新实践和新理论。

1982 年党的十二大在总结近几年经济体制改革实践的基础上提出"贯彻计划经济为主、市场调节为辅"；1984 年党的十二届三中全会进一步确立了"在公有制基础上的有计划的商品经济"② 的改革目标；1987 年党的十三大在原有表述基础上提出"国家调节市场，市场引导企业"的新经济运行机制；1992 年 1 月，邓小平同志在视察南方发表重要讲话时提出"市场经济不等于资本主义，社会主义也有市场"③；1992 年 10 月，党的十四大正式宣布了建立社会主义市场经济体制的改革目标。

---

① 参见《中国工业经济统计资料》（1949—1984 年）第 95 页。
② 参见《中共中央关于经济体制改革的决定》，1984 年 10 月 20 日。
③ 邓小平文选（第三卷）[M]．北京：人民出版社，1993：373．

可见，改革开放的过程就是一个渐进市场化的过程，经济市场化伴随着财政公共化而逐步深入，实践的变化进而引发对财政法治理论的重新思考。早在1982年，针对计划经济时期建设型财政所导致的积累率过高问题，陈云就指出"从全局看，第一是吃饭，第二要建设"①；同年，邓小平也提出"不要把基本建设摊子铺的太大……战略重点，一是农业，二是能源和交通，三是教育和科学"②。由此意味着财政开始将重点转向基础性、公共性领域。财政改革实践的进展也对中国财政学术界产生了影响，尤其随着1992年我国明确社会主义市场经济改革目标以后，围绕着公共财政理论产生了大量的学术讨论、研究与争鸣，总体上认为与我国市场经济相适应的财政模式应是公共财政（张馨，1999）。1998年年底，全国财政工作会议正式提出"构建中国的公共财政基本框架"；2003年，党的十六届三中全会提出"健全公共财政体制"③；2007年，党的十七大报告又提出了"完善公共财政体系"，认识到社会主义市场经济条件下的财政，与计划经济条件下的生产建设经营财政相比，最大的不同点就是公共财政。因此，在市场化改革实践基础上，党在领导财政工作过程中逐步形成了公共财政基本思想理论，其要点如下。

1. 市场补充的财政职能论

如党的十四大报告最初对中国社会主义市场经济所做的概括"市场在社会主义国家宏观调控下对资源配置起基础性作用"。即要发挥市场在资源配置中基础性作用，政府主要通过宏观调控为市场竞争构建一个良好的外部环境而不过多干预企业等市场主体的微观经营。由此政府财政资源配置职能则限于"市场失灵"领域，即市场能做的让市场去做，市场做不好又需要做的才由财政来做。

2. 一视同仁的公共服务论

市场经济作为公平竞争的经济，政府要对所有市场主体一视同仁地公平对待。由此，公共财政就是满足社会公共需要而进行的政府收支活动，应该一视同仁地公平征税，一视同仁地提供公共服务。

---

① 陈云文选（第三卷）[M]．北京：人民出版社，1995：309．
② 邓小平文选（第三卷）[M]．北京：人民出版社，1993：143．
③ 参见《中共中央关于完善社会主义市场经济体制若干问题的决定》，2003年10月14日。

3. 非盈利性的财政观

市场经济下政府应充当裁判员而不是运动员,因此财政支出应以满足公共需要而不以盈利为目的。因为,如果财政直接参与市场竞争,与民争利,就会使正常的市场秩序受到损害。

4. 合理分权的财政体制论

与计划经济国家集中配置资源不同,市场经济中公共财政作为满足公共需要的财政模式,需要在中央统一领导下合理划分中央和地方的财权和事权。由中央提供全国性公共服务,地方提供地方性公共服务。由此,1993年党的十四届三中全会就提出"合理划分中央与地方事权……建立中央税收和地方税收体系"[①]。

(二) 公共财政法治理论的政策安排与改革实践

从1978—2012年,党在领导财政工作中通过改革探索,在经济市场化改革进程中形成财政公共化改革的实践探索和成功经验,大体可以分为如下三个阶段。

1. 以财政放权让利为特征的自发改革阶段 (1978—1992 年)

这一阶段通过打破计划经济下形成的财政"统收统支",财政以放权让利为基本特征,来调动企业和地方积极性。由此对国有企业先后实行了企业基金制(1978年)、利润留成制(1979年)、利改税(1983年)、承包制(1986年)等改革,扩大了企业经营自主权,向培育独立的市场主体方向迈出重要步伐。1980年起,在中央和地方财政关系上也开始打破计划经济下高度集中、统收统支的财政体制,大致形成各种不同形式的包干制,调动了地方积极性。总体来看,这一阶段随经济市场化因素的引入,我国财政制度就自发地开始朝公共化方向演变。一方面,税收日益取代国有企业利润成为财政收入主体,税收收入占预算内收入比重由1978年的45.9%上升到1992年的94.6%;另一方面,财政经济建设支出占比大幅下降,由1978年的64.1%下降到1992年的40.5%[②]。当然,本阶段财政公共化改革具有

---

① 参见《中共中央关于建立社会主义市场经济体制若干问题的决定》,1993年11月14日。
② 根据《中国财政年鉴》1998年第448页数据计算。

"摸着石头过河"的自发性和探索性特征。

2. 顺应市场经济改革目标的自我改革阶段（1993—1998年）

在党的十四大正式确立我国社会主义市场经济体制的改革目标后，自1993年开始我国就以适应社会主义市场经济体制为目标来进行财政制度的自我改革调整。从财政收入看，1994年的税制改革建立起了以增值税为主体的流转税体系，不同所有制企业税制的统一从根本上体现了公共财政一视同仁公平征税的原则；从财政支出看，这期间我国通过进一步增加财政公共性支出、将建设性支出集中于基础设施等，增强了财政市场失灵性和非盈利性特征。尤其是这期间财政加大了对各项社会保障的支出，凸显出财政的公共服务特征。此外，1994年的分税制改革，通过划分中央地方税种、建立转移支付制度，适应了市场经济对财政适度分权的要求。

3. 明确公共财政改革目标的自觉改革阶段（1999—2012年）

随着1998年年底我国明确提出"构建公共财政基本框架"，我国财政改革就自觉地以公共财政理论为指导来进行。从税收制度看，1999年起我国进行农村税费改革进而扩大到其他领域，通过清费立税，建立起以税收为主的政府收入体系，2004年开始我国启动了新一轮税制改革，通过增值税转型（2008年）、内外资企业两税合并（2009年）、"营改增"试点（2012年），实现了行业间、内外资企业间的税负公平；从财政支出看，这一阶段财政公共服务支出均大幅度增长，并基于城乡统筹的原则向农村延伸和覆盖，向一视同仁提供公共服务迈出重要步伐；此外，通过实施部门预算（1999年）、国库集中收付制度（2001年）、政府采购（2002年）、政府收支分类（2007年）等预算改革，财政公共性大大增强。

第三节　新时代以来财政法治理论与制度的体系创新

新时代伊始，在国家全面法治建设的框架下，我国不断尝试构建与中国式财政现代化相适应的财政法治理论与制度体系，以新时代建设国家法治的现代财政法治理论与实践，探索完整成熟的中国式现代化财政法治；然而，如果以高质量发展民族复兴为目标，又必须克服一些深层次的难点和痛点，打造作为现代财政升级版的主体财政，并建立相应的创新性财政法治理论与制度。

一、现代财政：新时代国家善治的财政法治理论与实践探索

自2012年年底党的十八大以来，我国改革开放和中国特色社会主义建设进入了新时代。这一新时代与建党以来各时期，尤其是改革开放以来的发展既一脉相承，又有很大不同。2012年到现在的第一阶段，实际上部分工作仍在延续市场机制完善和公共财政体制深化；但是从现在起更为重要的是，随着社会主要矛盾发生了新变化而呈现出新时代的新特征，党在领导新时代财政工作过程中也产生了新思想、新理念，从而推动了新时代财政法治理论的新发展和财政实践的新变化。到2035年的第二阶段，财政发展及其法治的理念是，围绕政府与市场关系的深入调适，服务于全面完善治理而保障国家"强起来"，权益配置围绕治理体系的健全完善与有效运行，规范形式主要是国家法律和党内法规。

（一）新时代现代财政法治的理论思想探索

党的十八大以来，我国经济社会发展站在了一个新的历史起点上，一方面，我国仍处于社会主义初级阶段，仍处于进一步完善社会主义市场经济过程中，这决定了我国仍需进一步全面深化市场经济体制改革。2013年党的十八届三中全会在全面深化改革中首次提出"使市场在资源配置中起决定性作用"[①]，由此进一步明确了市场经济改革的目标和决心。而另一方面，虽然我国作为世界上最大发展中国家的国情没有变，但经过长期努力，我国已经改变了原来贫穷落后的面貌，社会生产力已经显著提高。同时，我国发展阶段、改革进程、社会环境、外部条件也都发生了很大变化。由此，2017年党的十九大正式提出"中国特色社会主义进入新时代"的新的历史定位。与此相对应，党的十九大提出"我国社会主要矛盾已经转化为人民日益增长的美好生活需要和不平衡不充分的发展之间的矛盾"[②]。社会主要矛盾的变化意味着在新时代党的中心工作虽然仍是经济建设，但要更注重实现全面协调可持续的现代化发展。同时也要与全面深化改革的总目标相衔接，实现国家治理现代化。

基于新时代主题和新实践要求，党的十八届三中全会首次提出"建立现代财政

[①] 此前一直使用的则是"市场在资源配置中起基础性作用"的表述，参见《中共中央关于全面深化改革若干重大问题的决定》，2013年11月12日。

[②] 参见十九大报告《决胜全面建成小康社会，夺取新时代中国特色社会主义伟大胜利》，2017年10月18日。

制度",由此"现代财政"成为新时代党领导财政工作的理论概括和思想指导。如果说公共财政是与市场经济相适应的财政制度,那么当中国社会主义市场经济进入新时代即现代市场经济以后,与之相适应的则是现代财政制度。伴随着由经济体制改革走向全面深化改革的历史进程,不断地对财税体制及其运行机制进行适应性的变革:以"财政公共化"匹配"经济市场化",以"财政现代化"匹配"国家治理现代化";以"公共财政体制"匹配"社会主义市场经济体制",以"现代财政制度"匹配"现代国家治理体系和治理能力"。这是我们从这一适应性改革历程中可以获得的基本经验。①

可见,现代财政制度是与现代市场经济和现代国家治理相适应的财政制度,由此体现了其与公共财政制度间的历史继承性和时代创新性。概要看,新时代的现代财政思想理论具有以下主要观点。

1. 民生福祉财政观

党的十八大伊始,以习近平同志为核心的党中央就明确提出"人民对美好生活的向往就是我们的奋斗目标"②。而从社会主要矛盾来看,新时代"人民日益增长的美好生活需要"主要是教育、医疗、社保、养老等公共服务内容,这些民生领域公共服务的短板则与财政资源投入不平衡不充分有关。习近平同志在黑龙江调研时就指出"财政等公共资金配置使用要向民生领域倾斜"③。

2. 国家治理财政观

党的十八届三中全会在提出"建立现代财政制度"目标时,也同时对财政工作做了划时代的定位,即"财政是国家治理的基础和重要支柱"。而"国家治理体系和治理能力现代化"又是作为全面深化改革的总目标之一而提出来的。因此,新时代赋予了财政职能更高的定位。如果说公共财政是与市场经济相适应的财政,那现代财政则不仅仅是从经济体制改革角度来定位,而必须从国家治理即包括经济、政治、社会、文化和生态文明的"五位一体"总体布局来定位,从全面深化改革的整体性、系统性和协同性来考虑财政职能。

---

① 高培勇. 中国财税改革 40 年:基本轨迹、基本经验和基本规律 [J]. 经济研究,2018,53 (03):4-20.
② 习近平谈治国理政(第一卷)[M]. 北京:外文出版社,2014:4.
③ 习近平谈治国理政(第二卷)[M]. 北京:外文出版社,2017:363.

3. 全面法治财政观

党的十九大报告提出"坚持依法治国、依法执政、依法行政共同推进"[①]。在国家治理体系现代化中，全面依法治国是一个核心点，而政府法治又是关键。要全面实现政府法治，将政府权力关进制度的笼子里，首先需要从财政法治做起，毕竟政府的行为和权力的运用都离不开财力的支持。因此，新时代对现代财政制度提出了全面法治化的要求，具体则要从税收法治和预算法治入手来实现。

4. 新发展理念财政观

在着力破解新时代社会主要矛盾过程中，党的十八届五中全会首次提出"要坚持创新、协调、绿色、开放、共享"的五大新发展理念。由此对新时代财政改革实践提出了新的要求，也赋予了现代财政法治理论以新发展内涵，主要包括增强财税政策对创新驱动发展的激励作用；通过财政转移支付和公共服务均等化来促进区域协调发展；通过财税改革实现环境友好和可持续发展；建设大国财政以参与全球治理和国际公共产品供给；通过脱贫攻坚和收入再分配实现共享发展。

（二）新时代现代财政法治的政策安排与成功实践

1. 财政支出向民生领域倾斜，保障和改善民生成效显著

积极保障和改善民生是新时代现代财政制度的主基调，由此带来财政民生支出的大幅增长。以教育、医疗、社保和就业、保障性住房、环保节能、城乡社区这六项民生财政支出来看，其总金额由2012年的59863亿元增长到2019年的123614亿元，占一般公共预算总支出的比重则由2012年的47.4%上升到2019年的51.8%。尤其是这期间财政全力支持脱贫攻坚战，2013—2020年中央财政累计安排补助地方财政专项扶贫资金6569.73亿元，且年均增长约22.3%。到2020年年底，我国消除了绝对贫困，全面建成小康社会。

[①] 习近平谈治国理政（第三卷）[M].北京：外文出版社，2020：18.

2. 实施大规模减税降费，促进高质量发展和民生保障

进入新时代以来，为适应供给侧结构性改革和高质量发展要求，我国以新发展理念为指导实施了大规模减税降费。尤其是从 2017 年开始每年均提出明确的减税降费目标，而 2017—2020 年各年度实际减税降费分别达到 1 万亿元、1.3 万亿元、2.3 万亿元和 2.6 万亿元，均超额完成年度目标[①]。从减税降费具体政策来看，均以技术创新、双创企业、小微企业、个体工商户、工薪阶层为减税重点，体现出促进高质量发展和民生保障的特点。尤其是 2020 年面对疫情冲击，减税降费主要用于保就业、保基本民生、保市场主体，体现了鲜明的民生取向。

3. 推进财政全面法治建设，有效服务国家治理

在全面依法治国战略布局下，我国财政法治建设大大增强，在预算法治和税收立法上体现得尤为突出。从预算改革来看，随着 2015 年我国新《预算法》的实施，我国预算首次实现了全口径审查和监督；2017 年起开始实施地方人大预算联网监督工作，实现了预算全过程实时在线监督；2018 年起实施全方位、全过程和全覆盖的全面预算绩效管理。这些改革都大大增强了预算的法治性。从税收立法来看，进入新时代以来我国已先后通过了环保税、船舶吨税、烟叶税、耕地占用税、车辆购置税、资源税、城建税、契税 8 个税种的全国人大立法并颁布实施，立法税种由 3 个增加为 11 个，税收法定程度大大提高。

4. 深化税制改革，贯彻新发展理念

以创新、协调、绿色、开放、共享发展理念为指导，我国进一步深化了新时期税制改革。如"营改增"经试点后逐步扩围，并于 2016 年 5 月最终实现全面"营改增"，由此实现了行业间税负公平，推动行业协调发展；2013 年以来我国多次调整对创新企业的企业所得税税收优惠，密集使用研发费用加计扣除等工具，促进经济创新驱动发展；通过对资源税从价计征改革（2014 年起）、新增环境保护税（2018 年）等税制改革助力于绿色发展；积极创新自由贸易区税收制度，出台海南自由贸易港税收优惠政策，推动"一带一路"沿线国家税制协调，从而促进新时代

---

① 数据来自各年度中央和地方预算执行情况与中央和地方预算草案的报告。

的开放发展；2019年起改革个人所得税制，首次实现了综合与分类相结合的税制类型，并新增六项专项附加扣除，由此使得税负更加公平，有利于促进共享发展。

二、主体财政：中长期民族复兴的财政法治理论与制度创新

直到今天，党领导人民的中国现代化进程仍处在跟跑阶段，接轨一般意义上的市场化和全球化是其主旨；然而也是现在，我们比历史上任何时期都更接近中华民族伟大复兴的目标，比历史上任何时期都更有信心、有能力实现这个目标。接下来的中国式现代化进程，党将领导人民发掘制度优势、拓展民族主体自信、重拾民族主体辉煌，因为任何文化要立得住、行得远，要有引领力、凝聚力、塑造力、辐射力，就必须有自己的主体性①。在此目标下的财政法治理论与制度的发展和创新，无论是基于中华优秀传统文化实现主体性法治理念的跃升，还是围绕民族复兴的战略目标建构主体性财政法治的制度体系，任何探索都将具有极为重要的历史意义和实践价值。总体而言，2012到本世纪中叶，中国都将一直坚持现代财政体制的持续完善及其法治发展的拓展深化，以保障中国式现代化全面完成工业化的历史使命。但是也是从现在开始，就需要谋划作为现代财政第二阶段或者是升级版的主体财政体系；该体系下，财政发展及其法治的理念是，凭借党领导人民的主体性全面有为，结合新阶段的历史使命与环境条件，全力推进民族复兴而在百年变局后的新世界"优起来"，权益配置围绕实现党的领导与人民民主紧密结合的深刻实现，规范形式主要是党内法规、国家法律和党导法规在财政领域的具体结合与创新。

（一）民族复兴主体财政的法治理论创新

至今为止的中国现代财政法治建设，正在经取得并将继续取得更大的发展、进步和完善。但是毋庸讳言，现代话语归根结底仍然是一种西方主导下的历史叙事。相对于民族复兴的价值要求和目标选择，亟须基于中华优秀传统文化重构法治的价值基础、结合现代化的实践积累推动法治理念跃迁。

1. 基于中华本土文化推进法治理念的价值重建

推进中国法治理念的道德基础重建，② 这一口号与我党近年来所推动的法治改

---

① 习近平．在文化传承发展座谈会上的讲话［J］．求是，2023（17）．
② 马毓晨．中国司法理念的变迁［M］．北京：中国法制出版社，2022．

革方向高度契合。习近平总书记在多个场合反复提出："继续推进马克思主义基本原理同中国具体实际相结合、同中华优秀传统文化相结合。"围绕习总书记提出的这一方向，在法治领域，各方面也在着力推进马克思主义法治理论的中国化、时代化。中国的法治应该重塑，应该以道德为基础；重建中华法治的价值与道德基础，并在这一基础下"重新定位"西方法学，使两者相得益彰，是一项日渐严峻的工作。

近代以来，西方法学历经了这样一个演变过程：从"重塑价值"到"隐藏价值"。从16世纪开始，西方法学以自然法学为代表，试图重塑旧时代的法的价值，从19世纪中后期开始，财富群体越来越稳固地掌握话语权，他们尝试隐藏法律的价值，以使法律表达出"普世"韵味；自然法学与功利主义开始失势，而实用主义法学则成为时代的新贵，在法学界表现为纯粹法学、分析法学、系统论法学前后的相继登台。但是，无论这些法学流派如何更新自身的理论阐述与话语表达，它们的内核是一致的，即用一个结构系统遮盖悬凌于其上的价值——在结构系统之下，人们看到的是"平等的自由"，而在结构系统之上深藏的则是"自由的平等"。这一结构系统总是被形形色色的理论家们描述为高度标准化，且自我运转、自我维护、自我进步的系统，故而我们也可以非常合理地称之为"自系统"。随着"隐藏价值"工程的不断推进，很多与标准化"自系统"背道而驰的精神体被抛出，包括但不限于民族、宗教、道德、人情等。

我国引进西方法学的历史阶段较晚，且主要集中在改革开放之后。在短短40多年间，我们竟历经了西方花500年才走完的历史。一开始我们集中于探讨自然法学的理论，现如今系统论法学逐渐在法学界占领高位成为时下的主流。值得注意的是，这一段大力引进西方法学的历史，对我国产生的影响是不同于西方的。西方社会本来是一个理性化的社会，法学从"重塑价值"到"隐藏价值"的演变过程，无非是令西方社会在理性价值的选择上历经了一次转向。进入中国的西方法学，无论是"重塑价值"的自然法学派，还是"隐藏价值"的系统论法学，所真正发挥的并不是其本来的作用，即令理性价值选择转向，并隐藏新塑价值。它们所发挥的作用，是接续新中国成立后特定历史时期的道路，继续改变中华"民族固有的性格"。毋庸讳言，中华民族的固有性格是无法轻易改变的。"正如托克维尔所说，任何一个民族唯一的坚强持久的力量就是民情，法律如果不以这样的民情为基础，法律自身就会处于不稳定的状态。虽然许多民众对此也是日用而不知，但是一旦有不同的规则试图进入他们的生活，那么，他们就会表现出一种本能的抵制。"这是我们在这40多年间引入的西方法学所面对的基本事实。

所以，对于中华法治来说，目前有一个根本性的历史任务，那就是：在中华文化的语境下"重新定位"。"法治本身不是一个终极的价值理念,即使在西方,它也不是最终极的,在它的上面还有一些更终极、更根本的东西"。"从历史角度看,法治理念应是本民族文化传统的体现",法治的道德基础重建,清晰地指出了"重新定位"的基本方向。这一使命或许需要历经数十年才能真正完成。但可以相信的是,凭借中国社会各界的共同努力,目标终能实现、也必须实现。

2. 着眼主体全面发展加快财政法治的理念跃迁

仔细研究新中国成立以来的财税法治建设,我们可以有以下发现:[①]

第一,在传统部门法分别择取个体权利或社会公益之一作为主要保护法益时,财税法应同时将个体发展权和社会经济发展权作为保障、促进的对象。第二,为达此目的,现代财税法经历着由侧重保障型财税法向全面发展型财税法的理念跃迁,其表现形式是规范结构由一元转为多元、制度重心由单核扩为双核、规制任务由规范性易为有效性。第三,主体全面发展型财税法将公共财产权力和纳税人权利作为核心范畴,改变西方法治对两者相对单调的认知,强调从授权—控权二元面向把握公共财产权力,在被动—消极—积极—主动四个层面上理解纳税人权利。第四,主体全面发展型财税法兼采消极保护与积极促进两种手段,针对个体发展权主要采取消极保护方式,针对社会经济发展权则更青睐积极促进方式。第五,财税法对个体发展权的保障,以"两权分离"为核心建构个体自由发展的安全空间,辅之以法律赋能的方式改善个体的发展状况,提高其发展能力。第六,财税法对社会经济发展权的促进,主要通过促进创新发展、协调发展、绿色发展、开放发展与共享发展的方式得以实现,在此过程中,财税法既直接介入提供财税扶持,也会通过引导主体行为的方式间接达致目标。

在这个发展变革的时代,作为现代性回应型法的财税法,经历着由理论范式到制度结构的跃迁与转型,以适应和融入其中。发展意味着质变,质变在本质上是在反思与扬弃中超越,这注定了现代财税法在保障和促进发展权实现的历程中,在西方与中国、传统与现实、守成与创新之间不断调适,并集中表现为其必须在多重二元结构中精准而执着地操持着平衡并实现否定之否定的超越。考虑当下中国正处于全面建设中国特色现代化,实现中华民族伟大复兴的新时代。

[①] 刘剑文,侯卓. 发展型财税法的理念跃迁与制度构造[J]. 中国社会科学,2023 (05):129 – 147, 207.

(二) 民族复兴主体财政的法治制度构造

基于民族复兴的法治价值重建与理念跃升，为构建相应的财政法治制度体系提出了历史性要求，需要顶层设计、超前谋划。新阶段制度体系的创新，必然有别于前期对法律制度体系的建立和运行进行完善的工作本身，更要求制度建设体现出具有中国特色、助推民族复兴的制度优势和先进性，如此才能完成高质量发展的现代化，最终实现党的战略和民族梦想。探索民族复兴而"优起来"的财政法治的制度体系创新，至少要包括以下几个方面：彰显主体特色的财政党导法规、创新和健全财政权与财产权体系的制度、联结和拓展公私财产权的制度，如此才能确立和保障民族复兴主体财政法治的主导性和主动性、整体性和融合性。

1. 加强主导性和主动性财政制度，彰显党导核心力量的德性引领

中国共产党是中国式现代化的灵魂和核心领导力量，办好中国的事情，关键在党。党的十九大报告明确提出"坚持党对一切工作的领导。党政军民学，东西南北中，党是领导一切的"。当今社会变化是常态，参与竞争的主体不仅仅是个体，政府应该更加积极有为，去实现国民的欲求。中国模式之所以取得成功的关键在于中国共产党领导的有为政府和市场经济的结合，是集权与分权的有机结合。建立明晰的党导法规体系无疑是改善与加强党的全面领导的有效路径，也将是我国在政治制度上的创新。①

党导民主制建立在一个代表公意的德性政党领导基础上，是一种现代德性民主政治。卢梭和黑格尔都试图建立一种结合私利和正义的道德政治理论，但无论是卢梭的公意还是黑格尔的国家都不可能真正地实现普遍性，因为现实中并不存在一个全体国民都具有美德的国家。马克思所设想的共产主义是社会中所有人都拥有美德、都能实现自由的，是全世界的、道德的、真正普遍性的，然而在现实社会中，物质财富相对于人们的需要来说总是不足的，人们的道德境界也千差万别。我们不想也不可能打造那种古典政治哲学所建立的道德政治生活。我们面临的问题是：能否在现代性基础上建立真实主体的道德政治？也就是说，能否在现实的民主国家建立道德政治？答案是肯定的，一种积极的尝试是党导民主制，即由一个经过严格筛选的、以公共利益为目标的政党领导国家。因为国民是不可选择的，所以国家只能是普遍性与特殊性的结合体，不可能是完全普遍性伦理的实现。普遍性可以存在于政党，

---

① 柯华庆. 党导立宪制及其合理性 [J]. 治理研究, 2018, 34 (03): 98-105.

因为党员是可以筛选的，通过一个经过筛选的、有德性的政党引导人民可以重建现代性之后的道德政治。

党导民主是引导式、融合式民主。党导民主制对领导党既有能力上的要求也有德性上的要求。党员都是各行各业的先进分子，既具有代表性，又有德性上的进步性，所以党可以引导人民。民主制是解决共同体在一起生活所产生的问题的决策机制，应该是建立相互理解、凝聚共识、增进共同体意识和维护社会团结的机制。党导民主制承认现代社会的多元性，但它并不是去强化这种多元性，而是使多元性利益融合为国家的整体利益。

2. 探索整体性和融合性财政制度，服务人民全面发展的价值宗旨

中国式现代化集中体现了中国在新时代新征程中的发展方向与总体要求，财政制度的现代化就是要积极回应其中的重点、难点问题，真切回应各领域对于"中国式现代化"的时代需求。① 中国式现代化也对中国现代预算制度、税收制度和央地关系提出了具体的要求：中国现代预算制度提升资金效益和政策效能，通过深化预算绩效管理等举措促进资金规范安全高效使用；中国现代税收制度充分发挥税收调节分配的作用，改善现有税制结构，在缩小收入差距上发挥更大的作用，推动实现共同富裕；在央地关系方面，中国式现代化要求完善财政转移支付制度体系，使政府间转移支付真正发挥均衡财力的作用，缩小地区差距、城乡差距。

总体而言，当前的财政体制改革，还是在探索财政权与财产权分立条件下的深化和优化，仍然比较拘泥于西方语境经典法治的制度设计。如前所述，在致力于民族复兴的背景下，需要结合中国式现代化实践和中华优秀传统文化，展开主体财政法治的整体性和融合性制度探索，保障人民全面发展的价值宗旨，提升和引领世界各国的现代财政发展的健康度和可持续性。这其中最为重要的是创新和健全财政权与财产权体系的制度、联结和拓展公私财产权的制度，如此才能确立和保障人民全面发展的主体财政法治的整体性和融合性。事实上，上述要求也正是党中央提出的"创新、协调、绿色、开放、共享"五大新发展理念，与"物质文明、政治文明、精神文明、社会文明、生态文明"五位一体发展战略的内涵之义。而仔细检视当前现代化发展的趋势性特征可以发现，"集聚生产"的新生产方式和"数字经济"的新经济形态，给我们提供了主体财政现代化整体性和融合性发展的可能路径与内容。

---

① 马海涛，姚东旻. 现代财税体制的理论渊源、基本共性与中国特质 [J]. 改革，2023 (11)：83-95.

一种创新研究认为,当代数字经济是一种基于信用价值集聚生产的经济形态。"集聚生产"① 是一种"分工生产"基础上的高级生产力组织方式,是财富和价值创造的另一个重大来源;"分工生产"的自发价值交换主要形成市场价格和一部分非资本性价值,而无论是基于市场平台还是政府平台自觉组织的"集聚生产"则能够产生更多的低价格高价值和非资本价值,不断扩展人们的财富和效用总量;而从货币的信用化开始,信用价值生产主导实体价值生产,解构了信用货币体系下的证券市场(包括股票、债券、国债货币等)与财税金融体系的信用价值生产过程,跨时空地组织和实现物化劳动、活劳动和未来劳动的价值整合与交换。就数字经济而言,其兴起的基础是20世纪80年代以来的工业经济生产相对过剩,在本质上是一种以"联接性"为特征的聚合式生产方式,特点就表现在,基于政府和数字平台的自觉的主体性、主动性组织和整合,能够更大范围和更深程度地调动生产和生活中的有效需求,从而形成有效消费开始主导经济发展的新局面,经济发展越来越向全社会普及和渗透。②

数字经济建立在完整的工业经济基础之上,以大数据技术集合技术和制度两种重要生产要素,联结了背后广大的市场生产力和消费力,这里包括消费者/使用者群体的信用价值集成和政府信用价值集成,以及复杂系统中形成的许多非资本性信用价值,这是数字平台企业拥有远高于其自身价值贡献的市场价值的根源所在,也是数字经济数据要素治理理论研究和政策制定如何不断科学界分相应的财产权利的重点难点课题。随着资源客体和组织主体的不断演进、微观经济和宏观经济融合日渐深化,信用价值集聚生产的不断加速,对经济发展和经济治理的理念与机制提出重大挑战,在数据要素治理的经济制度在所有、所用与所得等环节进行全链条创新,才能解决经济权利的结构性和整体性失衡问题。在数字经济时代,至少在配置数据要素的所得权时需要注意,消费主导的经济循环结构,为需求方的价值贡献和收益分享提供了正当性基础与公平性机会,正在有力回应马克思主义分配理论,确保有利于根本平衡的经济权利生长与经济可持续发展;同时,社会化大生产过程与框架的重释,也在不断拓展政府/国家积极有为的经济职能与角色认知,正名并证明生产性政府/国家的价值创造与经济贡献,为其宏观经济管理环境价值融入微观交易或者径直参与具化交易行使分配请求权提供合理性和科学化支撑。这些都有赖于深化经

---

① 蔡定创,等. 信用价值论 [M]. 北京:经济日报出版社,2020。笔者注:与《信用价值论》中提出的"集聚生产"不同,笔者更为支持用"整合生产"比对自由主义、资本主义的"劳动分工",以突出包括政府在内的数字平台的信用价值生产组织的主体性、整体性、主动性;这个概念命名更加能够从政治经济学视角深刻解释当代经济发展特征、逻辑与趋势。

② 曹明星. 数字经济下的数据要素治理与数字税收改革——基于"信用价值集聚生产"创新经济理论的初步探讨 [J]. 税务研究,2022 (11):36 - 42.

济理论创新,并以此为基础进行更加完善的政策设计和规则建构,才能适配和激发数字经济集聚生产活力,拓展价值和福利的创新共享,服务于人民全面发展的民族复兴大业。

本章主要参考文献

[1] 毛泽东选集(第1—4卷)[M]. 北京:人民出版社,1991.

[2] 邓小平文选(第三卷)[M]. 北京:人民出版社,1993.

[3] 陈云文选(第三卷)[M]. 北京:人民出版社,1995.

[4] 习近平谈治国理政(第一卷)[M]. 北京:外文出版社,2014.

[5] 习近平谈治国理政(第二卷)[M]. 北京:外文出版社,2017.

[6] 习近平谈治国理政(第三卷)[M]. 北京:外文出版社,2020.

[7] 陈光焱. 中国财政通史(第十卷):中华人民共和国财政史(上)[M]. 长沙:湖南人民出版社,2013.

[8] 叶青,鄢圣鹏. 中国财政通史(第十卷):中华人民共和国财政史(下)[M]. 长沙:湖南人民出版社,2013.

[9] 《社会主义财政学》编写组. 社会主义财政学[M]. 北京:中国财政经济出版社,1980.

[10] 陕甘宁边区财政经济史料摘编(第六编)[M]. 西安:陕西人民出版社,1981.

[11] 华北解放区财政经济史料选编编辑组. 华北解放区财政经济史料选编[M]. 北京:中国财政经济出版社,1996.

[12] 张馨. 公共财政论纲[M]. 北京:经济科学出版社,1999.

[13] 蔡定创. 信用价值论[M]. 北京:经济日报出版社,2020.

[14] 刘晔. 中国共产党百年历程中的财政实践探索与思想理论结晶[J]. 财政研究,2021(07):12-24.

第八章
中国式财政现代化视角下的财政宏观调控创新

现代化是当今世界各国发展的必由之路，是实现社会进步、文明延续的重要发展趋势。而中国式现代化是中国共产党自改革开放以来对现代化道路的创新探索，是立足于我国现实情况所确立的一条心系人民、团结民族、造福世界的和平发展道路。中国共产党第十八次全国代表大会是标志着中国式现代化进程的重要里程碑，如何实现国家治理现代化成为中国共产党治国理政的重要课题。财政作为国家治理的基础与重要支柱，在中国式现代化进程中发挥着引领与保障发展的关键作用。

科学有效的宏观调控是实现经济社会平稳健康发展、提升国家治理体系和治理能力现代化水平的必然要求。财政政策是宏观调控的重要手段和工具，如何建立科学的财税体制、实行有效的宏观调控财政政策成为亟待解决的重要议题。由此，明确中国式现代化对财政宏观调控理论与制度的新要求、厘清财政宏观调控理论与制度的发展逻辑、探明如何构建与中国式财政现代化相适应的财政宏观调控理论与制度体系，是我们为中国式财政现代化视角下的财政宏观调控创新实践作出的前瞻性研究。

第一节　中国式现代化对财政宏观调控理论
与制度创新的新要求

一、中国式现代化对财政宏观调控提出的新挑战

党的二十大报告指出，中国式现代化是人口规模巨大的现代化，是全体人民共同富裕的现代化，是物质文明和精神文明相协调的现代化，是人与自然和谐共生的现代化，是走和平发展道路的现代化。高质量发展是全面建设社会主义现代化国家的首要任务，同时也是中国式现代化的本质要求之一，为推进中国式现代化提供了基础。在新发展格局下，财政的定位与职能实现了从"公共资金的筹措与管理"到"支持工业化建设、提供基本公共服务、推动经济增长"再到"被纳入国家治理范畴"的转变（刘昆，2021）。在努力实现中国式现代化的过程中，如果仍使用传统宏观经济学的财政宏观调控理论指导宏观调控实践，将会面临以下几个方面的问题：

一是，传统理论分析对象的规模与复杂性与中国现实不匹配。传统宏观经济调控理论常基于小规模市场和简单经济结构的假设，而中国式现代化是人口规模巨大的现代化，全体人民共同富裕的现代化，涉及的微观经济主体众多，传统的宏观经济理论难以应对中国巨大经济规模和复杂的产业体系。

二是，对科技创新和产业发展的关注度不足。传统的宏观经济调控理论关注经济总体运行的情况，并不关注促进科技创新和产业发展的结构性问题，相关问题分析主要从微观视角展开。中国式现代化是物质文明和精神文明相协调的现代化、人与自然和谐共生的现代化，势必要求我国转变经济增长方式，更加关注科技创新和高新技术产业发展，发展新质生产力。

三是，缺乏对政策之间尤其是财政政策与货币政策之间协调配合。传统宏观经济理论往往单独研究财政政策或货币政策的作用，过度强调货币政策独立性，而忽视了政策之间协调性的额外优势。当前中国经济面临各种复杂挑战，不仅需要更加灵活的政策工具，而且需要各类政策工具之间的协调配合，形成政策合力。要达到上述目的，需要对各类政策工具进行更加深入的理论研究，建立更具实践指导性的宏观经济调控分析框架。

二、中国式现代化对财政宏观调控理论和制度创新的新要求

基于上述中国式现代化对财政宏观调控提出的新挑战，本节将从四个方面论述

中国式现代化对财政宏观调控提出的新要求：一是财政宏观调控要以解决现代化过程中的现实重大问题为目标；二是财政宏观调控要体现人民性、系统性、全局性；三是财政宏观调控具有连续性、精准性和可持续性；四是财政宏观调控要与财政体制改革协同发力。

第一，中国式现代化要求财政宏观调控理论以解决现代化过程中的现实重大问题为目标。随着中国式现代化新征程的不断推进，西方主流财政理论已经无法有效解决我国现代化财政改革实践中面临的诸多难题与困境。因此，中国式现代化要求财政理论在结合我国历史文化传统、政治制度特征、社会大众共识、经济发展阶段等实际情况，立足于解决发展过程中的切实问题，建立中国式现代化相匹配的中国特色现代财政理论。从宏观调控的层面来看，现代财政宏观调控理论要超越经济学的范畴，把财政的国家治理职能纳入理论体系，抓住主要矛盾，以供给侧改革为主线，探讨如何适应经济发展新常态，保持经济运行在合理区间。

第二，中国式现代化要求财政宏观调控政策体现人民性、系统性、全局性。首先，财政政策必须始终坚持党的全面领导，牢牢站稳人民立场，秉持"人民至上"的价值追求。财政政策的设计和执行应当以人民的利益为出发点，坚持以人民为中心的发展思想，确保财政资源的合理分配，促进社会公平和人民生活水平的提高。人民性的核心是在发展中不让任何一个人掉队，使改革发展的成果更多更公平地惠及全体人民。党的二十大指出"共同富裕是中国特色社会主义的本质要求"，强调"中国式现代化是全体人民共同富裕的现代化"。财政政策要深刻把握和体现全体人民共同富裕的时代价值、理论内涵和实践要求，推动全体人民共同富裕取得更为明显的实质性进展，帮助全体人民做大"蛋糕"的同时，又要分好"蛋糕"。其次，在高质量发展阶段，财政政策的制定和执行应坚持系统观念，注重处理好短期与长期、政府与市场、中央与地方、发展与安全等对立统一的矛盾关系（马海涛和姚东旻，2023）。在系统性要求下，财政政策的制定和执行应既要从现有经济发展阶段和财政状况出发，又要考虑长期可持续发展目标，找准当期与长期相结合的发力点；既要发挥政府的调控和引导作用，又要充分尊重市场机制的有效运行，通过协同合作实现矛盾统一。从央地财政关系来看，新时代下我国央地财政关系呈现出全新的特征，这进一步要求对中央政府和地方政府之间的责任边界进行合理划分，充分发挥中央和地方"两个积极性"。此外，财政政策应统筹发展和安全，增强财政在风险转移和化解重大风险方面的作用，在发展中解决矛盾，分散和化解重大风险。最后，中国式现代化具有深刻的战略全局性，着眼于牵一发而动全身的重大问题，贯穿经济社会发展各个领域。因此，财政政策的制定和执行需要站在国家治理的高度，对全局性问题有清晰的认识，坚持以政领财、牢记"国之大者"，紧扣国家发展战略做好资金与政策保障。财政政策要积极发挥全面深化改革的"突破口"和"先行军"作用，准确把握并积极推进多领域改革，建立健全相关协调机制，确保财政政策能够在不同层面发挥协调作用，实现全面协调可持续的发展目标。

第三，中国式现代化要求财政宏观调控具有连续性、精准性和可持续性。习近平总书记在党的二十大报告中明确提出，实现高质量发展是中国式现代化的本质要求之一。高质量发展意味着宏观调控不应刻意追求增长速度，而需要着眼国家中长期发展规划，确保宏观调控具有连续性。因此，针对经济运行新情况，财政宏观调控在纵向维度应加强跨周期调节，融逆周期调节和跨周期调节为一体，兼顾短期稳定目标与长期发展目标；在横向维度应加强与其他宏观政策的协调配合，以系统性、全局性的眼光搭建起联动政策组合，消除政策间的不兼容性，确保宏观调控在各领域之间的连续性、一致性。此外，财政宏观调控还应精准把握微观扶持主体，细化落实对应政策，防止"大水漫灌"。市场主体，尤其是中小微企业，是实现我国现代化进程中的重要内生动力。财政宏观调控要充分调动市场主体积极性，以减税降费政策作为财政宏观调控的关键性举措，进一步加大对中小微企业的支持力度，保障经济健康平稳发展与就业稳定。最后，财政宏观调控在积极有为的基础上，还要关注可持续性，平衡好"防风险"和"稳增长"的关系。财政应加强对地方政府债务的重视程度，既要开好"前门"，发挥债券资金助推经济高质量发展的作用，更要严堵"后门"，防范债务规模扩张和举债融资不规范所带来的偿债风险。

第四，中国式现代化要求财政宏观调控与财政体制改革协同发力。在实现国家治理现代化的整体观念下，应构建起科学有效、适应新矛盾、与发展现代化相适应的财政体制。首先，习近平总书记指出："科学的财税体制是优化资源配置、维护市场统一、促进社会公平、实现国家长治久安的制度保障。"在坚持党的领导前提下，新时代下的财政体制要通过激励市场创新推动经济的高质量发展，实现财政体制与国家治理的科学融合，确保财政的服务功能更好地适应国家治理现代化的需要。其次，进入新时代，人民日益增长的美好生活需要和不平衡不充分发展之间的矛盾成为我国社会主要矛盾。这一全局性的、历史性的新矛盾根本指向的是国家治理现代化问题，以及与其相适应的财政功能发挥和实践改革方向（吕炜和靳继东，2019）。"不平衡"强调的是经济发展的结构性问题，主要表现在城乡、区域发展差距大，物质文明与精神文明不协调等方面。因此，对财政体制改革的创新要求体现在对不平衡不充分发展的关切，推动财力下沉，加大对贫困地区和薄弱领域的资源倾斜程度，更大力度支持乡村振兴、区域协调发展，持续缩小城乡、区域差距。深入调整财政与国家治理的关系，还体现了在新时代对人民美好生活需求的关注。新时代财政体制更加注重服务功能，强调资源配置的科学性，以满足不断增长的社会需求，包括医疗、教育、社会保障、精神文明等领域，为人民提供更好的公共服务。最后，在适应现代化过程中，从实践层面看，财政体制改革在中国式现代化的背景下，关注了预算体系改革、税收制度完善、财政管理规范等方面，旨在建设适应中国式现代化要求的现代财税制度，从而加强党的建设、促进高质量发展。新要求下，我国财政宏观调控政策逐渐从经济导向转向人民共同富裕和社会全面发展导向，由财政单向发力转为重视政策的协调配合，由逆周期调节转为逆周期和跨周期协同，由强调工具应用升级转为与财税体制改革协同发力（马海涛，2023）。

综上所述，中国式现代化需要与之匹配的中国式财政现代化，中国式现代化的推动离不开与之相适应的中国式财政现代化。要实现财政现代化还需要深刻理解我国财政宏观调控理论与制度的发展逻辑，聚焦我国经济社会发展的痛点和矛盾，深入研究中国特色社会主义财政宏观调控的实践，寻找符合中国国情的现代财政管理模式，构建与中国式财政现代化相适应的财政宏观调控理论与制度体系。

第二节　新中国成立以来财政宏观调控理论与制度的发展逻辑

深入理解中国式现代化的财政宏观调控创新，需要系统性梳理新中国成立以来财政宏观调控的理论演进与制度发展脉络，厘清时代背景下宏观调控体系的发展演化逻辑。

一、财政宏观调控理论与制度的发展阶段

（一）计划经济条件下的直接调控阶段（1949—1978年）

新中国成立后，中国走上社会主义道路，实行计划经济，建立高度集中的经济管理体制，这是历史条件下的必然选择。在计划经济体制下，国民经济运行实行高度集中的计划调控，国家集中统一计划调配财政、物资和现金，财政配合落实国家计划，没有独立的财政政策。这一阶段宏观调控政策的主要特征是以直接调控为主，通过提高供给侧的经济效益，进而实现国民经济各产业、各部门的按比例发展。计划调控在我国基础设施破坏严重、经济基础薄弱、物价飞涨且生产方式落后的状态下，稳定经济、恢复生产，初步建立了现代工业体系，为之后中国经济腾飞打好了基础，也取得了政府管理经济、进行宏观调控的第一手经验。

新中国成立初期，我国实行新民主主义经济制度，即在"节制资本"的前提下

允许非公有制经济成分的存在,其本质是一种政府主导的市场经济体制。过高的通胀率是当时中国宏观经济面对的最大问题。当时形势是:国民党政权留下了长达12年的恶性通货膨胀,物价飞涨,民族工业奄奄一息,工人大量失业,同时各地财税政策尚不统一,收入组织缓慢。政府经济工作以稳定金融和物价,保障人民生活稳定为导向①。中央政府果断采取统一财政经济方针,实行统收统支、高度集中的体制,主要通过以下措施维持物价稳定并缓解财政压力:一是上收地方政府财政管理权,形成遏制通胀的体制基础,并同时扩大税基,提高税率;二是削减投资和一系列非军事支出。双管齐下的措施使得政府不必再用货币超发的办法来解决巨额赤字问题。在很短时间内稳定了金融物价,使中国财政经济形势好转。1951年国家财政收支实现平衡,略有结余,为恢复国民经济和巩固新生的国家政权,建立了历史功绩。

  1953年,为提高人民物质文化生活水平,社会主义改造开始全面推进。为促使国民经济在社会主义道路下迅速发展,我国建立了高度集中的计划经济体制。这种制度的内核在于由政府决定经济运行,以政府计划替代市场这只"看不见的手"进行资源配置。计划经济体制下,生产、资源分配以及产品消费等经济活动都按照政府的指令性计划展开。社会性资金的分配与使用体系也与高度集中的计划经济体制相适应,国家计划委员会决定财政资金的配置,财政部负责"出纳",中央银行负责辅助财政部。在财政和金融的关系上,呈现"大财政、小银行"的格局,金融体系高度简化。财政部门是计划体系中负责配置资金的部门,而金融部门只是计划体系的一个辅助性部门,配合财政体系在国家计划的控制下开展资金筹措和配置,监督和调控资金使用(谢旭人,2009)。在"一五"计划时期,财政政策的中心内容是筹集巨额资金用于投资兴建大批国有企业,初步形成新中国自己的工业经济体系。1956年年底,我国基本完成了农业、手工业和资本主义工商业的社会主义改造,国家通过税收政策、价格政策、折旧政策等方式,积累了大量的财力,使宏观财政政策与微观财政政策实现了一体化,国家财政和国营企业财务实现融合。在这之后,国营企业成为了财政政策的直接调节对象,我国财政政策的宏观目标通过直接干预微观经济的方式来实现。1958年开始,为"二五"计划时期。这期间,未严格按照国家计划调控经济,违背经济运行规律的严重决策失误和"大跃进"运动,导致国民经济被严重破坏,不过该期间实施的财政政策缓解了国民经济下行状况。这段时期的财政调控伴随着财政权力的下放调整。1957年《国务院关于改进财政管理体制

---

  ① 1954年《政府工作报告》:"过去几年来我们在改善人民生活方面的一个重大收获,是稳定了金融和物价,保证了广大人民生活的稳定。"

的规定》中提出了扩大地方权限，苏联模式被重新审视，地方和中央的关系被重新讨论，大部分部属企业被交给地方管理。同年 11 月《关于改进财政管理体制的规定》决定从 1958 年起将财政分成比例变为"以支定收，三年不变"（1958 年 4 月改为五年不变），扩大地方财权，同时存贷款下放至地方。1960 年中央提出"调整、巩固、充实、提高"，采取了非常时期下的财政政策，重新加强财政的集中统一，压缩基建规模，调整经济结构，恢复农业生产，努力稳定破坏严重的国民经济。

在计划经济时期，我国经济发展的主要目标是加快实现工业化，这决定了"必须优先发展生产资料的生产"，处理好重工业、轻工业和农业的发展关系是这一时期经济调控的重心。中央政府通过下达统一指标的管理方式，对重工业、轻工业和农业的投资比例、沿海与内地的工业布局、国防建设与经济建设的支出比重等进行动态调整，以实现宏观经济的调控目标。计划经济体制下出现的物价上涨、商品供需不平衡等经济波动问题促使政府进一步加强计划控制，经济波动的周期性也不断巩固政府在经济运行中的指令性地位。在计划经济时期，中国通过直接性的计划调控，采用财政政策和行政指令性计划实现国家规定的经济目标，在"一穷二白"的基础上成功发展了社会生产力与社会主义经济，其历史功绩是巨大的。但是，随着社会主义经济建设的规模不断扩大，经济关系日趋复杂，财政宏观调控制度的弊病逐渐显露：（1）计划经济时期要求国民经济按比例协调发展，从根本上看是要实现社会生产与社会需要的平衡，但由于市场的"严重缺位"，其带来的激励与信息问题决定着计划经济的效率很难提高，经济短缺问题格外严重。（2）计划经济时期，财政政策直接调节是以企业缺乏自主经营和自负盈亏为前提的。国营企业财务管理包含在财政管理之中，这决定了企业作为经济大棋局中的棋子，自身不能选择走法，而成为直接调节的对象。而长期缺乏物质利益的激励，严重影响了企业的生产积极性。（3）新中国成立后的 30 年间，财政体制变动频繁，在大部分年份，地方收支指标、分成比例都由中央审核批准，一年一变。截至 1978 年，财政分配领域还没有一项规定制度成为国家正式法律，政府采取的大量财政调控措施，其依据都是行政法规。在这一时期，财政宏观调控体制迟迟没有走向规范化、法制化。计划经济体制下，党中央的宏观调控思路在于提高供给侧的经济效益，主要是通过行政指令的方式实现国民经济各产业、各部门的按比例发展。显然，这种计划性的资源配置方式，由于无法真正调动起社会生产的积极性，始终无法从根本上解决经济发展缓慢、宏观结构失调、企业经营效率较低的问题。

在理论探讨方面，在计划经济体制下，中央主要通过计划和行政指令性方式调节经济，不存在严格现代宏观经济学意义上的财政政策，更不存在独立的中央银行和货币政策，关于宏观调控理论没有统一的界定和研究。关于财政政策的探讨，计划经济体制下，宏观经济的稳定是以财政收支平衡为中心的，财政政策的目标最终是守住财政平衡。这样的政策只是一种朴素的财政收支观支配的古典财政观念，以不出现赤字，保证财政正常运行为直接目标。现实中，实践也未给予财政政策过多的功能，政策目标主要通过计划和生产资料的公有制来实现的。关于宏观经济的波动问题，中国经济学界有所关注和探讨。早在1956—1957年，马寅初就对以重工业优先发展战略为核心的苏联经济发展模式进行了反思，认为单纯强调加快发展工业可能付出高昂的经济代价，应采取"综合平衡和按比例发展"思路，更加重视农业和轻工业，并且在生产中注意发挥价格机制的作用（马寅初，1956，1957）。孙冶方、于光远和薛暮桥等经济学家从1960年前后起，就组织力量从理论上总结"大跃进"的教训。他们认为，有两个问题至为重要：一是社会主义再生产问题，即"大跃进"中"以钢为纲"的政策造成的国民经济比例严重失调问题，因为农轻重比例严重失调问题是这一轮经济波动的重要成因。因此，与马寅初的观点类似，孙冶方等也认为，要实现经济稳定，必须从大力恢复和发展农业生产入手。二是经济核算和经济效果问题。孙冶方等认为，"大跃进"时期不计工本，算政治账不算经济账的错误思想和做法是经济剧烈波动的又一根源，因此必须严格经济核算，讲究经济效果（包括投资效果），减少浪费和损失（经济所所史编写组，2019）。传统体制下经济虽能增长，但后劲不足，其所蕴含的经济急剧波动性，最终导致经济增长乏力，甚至出现倒退。加之宏观调控的理论仍在探索，财政宏观调控手段缺乏，宏观经济稳定的目标难以最终实现。因此，改革传统计划经济体制，构建更加有利于经济稳定的体制和政策机制，发挥财政宏观调控功能，稳定宏观经济，就成为政府的重要任务。

（二）由计划到市场的财政宏观调控初探期（1978—1992年）

从1978年党的十一届三中全会召开，到1992年党的十四大召开，是中国经济体制从计划经济逐步向市场经济转轨的重要时期。在此期间，为了配合经济社会发展的需要，财政体制多次作出重大调整，突破了过去高度集中的生产建设型与供给型管理模式，跨越了过渡性的财政包干制，不断拓宽税收调节领域，逐步理顺国家与企业的分配关系，由微观管理转向宏观调控管理，由直接管理转向间接调控管理，财政宏观调控也成为国家经济政策领域推动改革的重要抓手，党中央也开始形成真正意义上的国家宏观调控体系，为社会主义市场经济体制逐渐铺平了道路。

1. **1978—1983年："有计划按比例"和"综合平衡"**

20世纪70年代末和80年代初期，由于固定资产投资规模增长过快、农副产品价格大幅调整、城市职工工资调整等原因，中国出现了经济过热的现象：1978 年国家预算结余 10.1 亿元，1979 年政府赤字猛增至 206 亿元，达到国民生产总值的 5.2%，给货币供给造成很大压力，零售物价指数也从 1978 年的 0.7% 上升到 1980 年的 6%。鉴于此，中央政府在 1979—1981 年采取紧缩措施进行调整，主要包括：（1）压缩固定资产投资和基本建设项目；（2）压缩国防经费和行政管理费用；（3）加强银行的信贷管理、冻结企业存款，并向企业强行推销国库券。1981 年，国务院继续出台相关政策，加大紧缩力度，主要包括：（1）重申财政资金和信贷资金分口管理的原则，严格禁止把银行信贷资金移作财政性支出；（2）压缩物资库存和商品库存，减少流动资金占用；（3）重申信用集中于银行的原则，一切信贷活动必须由银行统一办理，任何地方和单位不许自办金融机构，不许办理存款贷款业务，不许自行贷款搞基本建设。在紧缩政策措施作用下，我国通货膨胀率从 1981 年开始下降，并于 1983 年年初达到谷底，对外贸易也由赤字转为盈余。

这一时期也是财政宏观调控研究的起步阶段，"有计划按比例"和"综合平衡"仍是指导中国宏观调控的主要理念。计划经济体制在这一阶段仍占据较强的影响力。即企业按政府的计划进行生产，资源的配置和生产计划直接由政府决定。与之相对应的宏观层面的经济管理被称为"计划管理"，"计划管理"的核心任务是包括物资平衡、财政平衡、信贷平衡和国际收支平衡在内的"综合平衡。""有计划按比例"之所以成为计划经济的金科玉律，是因为在马克思主义经典作家的论述中，消除资本主义经济周期和经济危机是共产主义社会的题中应有之义，这将通过有计划按比例的生产来实现。"综合平衡"的重要性则在于，当时的人们认为，如果经济在总量和结构方面都平衡了，各个比例也就协调了；同样，如果各个比例都协调了，总量和结构也就平衡了。

这一阶段学术界对"综合平衡"有较为激烈的讨论。主要涉及的问题有：（1）综合平衡的内涵。实现综合平衡是这一阶段经济调控的核心任务，对综合平衡含义的界定会直接影响各项经济行为，如何界定综合平衡的含义对于评价政府经济行为和经济成果尤为重要。例如，综合平衡是指总量平衡，还是总量平衡的同时实现比例的合理；从宏微观的角度来看，综合平衡是仅指宏观平衡还是宏观平衡与微观效率的协调等。（2）综合平衡与经济的关系。综合平衡与经济结构、经济体制和经济效果之间有什么样的关系，综合平衡与经济发展速度之间的关系是什么样的是当时主要的讨论点。这一阶段有关综合平衡和经济结构之间关系的讨论，使学术界认识到经济结构不合理往往是经济发展不平衡的深层原因。（3）平衡与不平衡。由于平衡的相对性和不平衡的绝对性，有关平衡与不平衡的观点存在争议。部分学者认为不平衡是经济发展的动力；还有部分学者认为尽管不平衡是绝对的，但是不能忽视维持相对平衡的重要性，且不能将有计划按比例生产过程中主观能动性扩大造成的不平衡合理化为客观事物发展的不平衡。但当我们立足当下对"综合平衡"相关理论进行回顾，会发现，综合平衡并不是"有计划按比例"时期特定的核心，综合平衡其实与市场经济下宏观调控想要实现的供需平衡和收支平衡一脉相承。综合平衡能否实现取决于其对应的计划经济体制能否满足国家的现实需要，即对于中国现实国情是否可行。

2. 1984—1986 年：市场化间接调控思想开始萌芽

在 20 世纪 80 年代中后期，我国出现了两次经济过热。第一次经济过热：由于地方政府盲目扩大投资规模、银行之间出现大规模竞争性放贷等原因，通货膨胀率自 1984 年下半年开始明显上升；第二次经济过热：由于中央银行重新开始大幅度放松货币信贷投放以及中央政府价格闯关时机选择失误等原因，1988 年下半年全国零售价格指数同比攀升至 26%。而面对第一次经济过热，国务院实行财政、信贷的"双紧"政策，于 1985 年四季度基本控制住了信贷失控状态；面对第二次经济过热，为了控制爆发性通货膨胀，1988 年三季度开始急剧压缩固定资产投资规模，停止审批计划外建设项目；清理整顿公司，尤其是信托投资公司；控制社会购买力；强化物价管理，对重要生产资料实行最高限价；中国人民银行采取了一系列紧缩性货币信贷政策。最终，虽然通货膨胀率很快下降，但也付出了很大代价。市场表现疲软，工业生产下滑，企业开工不足，就业压力增大，财政状况恶化，出现了前所未有的冷局面。

这一阶段，市场化间接调控思想开始萌芽。1984 年党的十二届三中全会提出要"改革计划体制"，且要首先突破将"计划经济"与"商品经济"对立起来的观念，并指出社会主义计划经济是在公有制基础上的有计划的商品经济。随着有计划的商品经济的提出，社会主义商品经济论逐渐成型，相应宏观经济管理体制也开始改革。同年《中共中央关于经济体制改革的决定》指出要重视宏观调节，要尝试使用长期经济杠杆进行间接调节。1985 年 9 月"巴山轮会议"召开，会议中经济学家们主要对：（1）经济过热；（2）计划向市场转型过程中产生的供需匹配问题；（3）经济转型过程中的价格机制改革问题等进行探讨，最终达成共识宏观经济管理应从直接管理为主转向间接管理为主。经济学家亚诺什·科尔奈和诺贝尔经济学奖得主詹姆斯·托宾等提出的"有宏观调控的市场协调"和"需求管理政策"等内容均进一步加速了中国国内宏观经济调控思想和方式的转型。整体而言，这一阶段我国的市场化改革起步，决策层利用经济杠杆对经济进行宏观间接调控的宏观调控理论开始萌芽。

3. 1986—1992 年：计划经济思想和市场经济思想激烈碰撞和相互融合的时期

这一阶段商品经济进一步发展，我国由计划经济体系转向市场经济体系的步伐加快，宏观经济管理制度的改革也在摸索中不断前进，政府对于宏观调控的认知不断加深，也有了一定的操作经验积累。此时社会各界就党的工作重心应转移到经济建设上、经济上要实行"放权"等问题达成了一致，企业的经营与管理自主权进一步扩大。由于传统经济体制难以在保证经济活力的前提下兼容"放权"和"综合平衡"，这一时期产生了多次经济波动，主要包括：（1）1987—1989 年由于投资和消费需求膨胀，出现经济过热；（2）1988 年 6 月，决策层推行"价格闯关"，导致了较为严重的通货膨胀；（3）1990 年，中央为解决经济过热问题，采用了一系列紧缩性政策，在给经济"降温"的同时也直接导致了经济增速的下降。

同时，在实践中宏观经济调控从直接管理也逐步转向间接管理，国家对于宏观经济调控的经验不断积累。政府对财政宏观调控有了更深的认识：一是频繁的、有预见性的及时小调整优于严重时的大调整；二是中央政府在宏观调控层面应树立绝对的权威，且宏观调控不能过早地放弃行政手段。

经济学界就从"综合平衡"转向"宏观调控"的改革思路进行了大讨论，形成了不同的学术派别，主要有：（1）整体改革派，强调保持总需求的收缩进行稳健的、整体的改革；（2）微观改革派，代表性理论有"微观再造理论"和"股份制改革"等；（3）"起飞思路"派，强调通过微观激活经济，主张利用适当的通货膨胀促进经济发展。

随着实践和理论的积累，学术界发现仅激活微观依旧难以实现宏观协调。与此同时宏观研究范式和话语体系也日渐趋于一致，主要表现有：（1）1987 年《经济研究》正式设立了宏观经济栏目，与原有的代表综合平衡思想的国民经济综合问题平行共存；（2）樊刚的《公有制宏观经济理论大纲》出版；（3）中国社科院的"国民经济计划室"更名为"宏观经济研究室"。这意味着面向市场化的经济研究范式即宏观经济研究范式随着理论与实践的摸索逐渐形成。

1992 年党的十四大召开，会议上明确提出要发挥国家"宏观调控"在市场资源配置方面的基础性作用，同时在不断发现缺陷的过程中不断优化国家对经济的宏观调节与管理机制，标志着我国财政宏观调控指导思想从"综合平衡"正式转向"宏观调控"。

可以看到，在改革开放初期，虽然政府在经济管理中开始有意识地发挥市场机制调控作用，并注重利用各种政策工具调控经济，但主要还是依靠计划来实行综合平衡，财政宏观调控依附于计划或者隐含于计划之中，形成了独特的转型时期财政政策作用机制。但是，由于当时经济的商品化和货币化程度还不高，各种政策工具尚不完善，中央政府采取的政策措施还是以指令性的行政手段为主，财政调控的地位和作用并不十分明显。

（三）开放条件下财政宏观调控的探索期（1993—2012 年）

1992 年在邓小平"南方谈话"之后，当年 10 月，党的十四大明确指出，我国经济体制改革的目标是建立社会主义市场经济体制。2002 年，党的十六大把"完善社会主义市场经济体制"作为 21 世纪头 20 年经济建设和改革的主要任务之一。与之相适应，从 1993 年开始，中国财政进入了新的发展时期。按照社会主义市场经济发展的要求，中国财政实施了具有里程碑意义的分税制改革，其后，我国开始构建具有公共财政特征的财政运行模式。

1. 1993—1996 年："适度从紧"财政政策的理论及实践经验

自 1992 年党的十四大提出建立社会主义市场经济体制后，如何建立符合社会主义市场经济体制要求的宏观调控体系成为这一时期理论研究的热点。从这一阶段开始，有关宏观调控的研究就逐渐成为经济理论研究的一个重要内容。这一阶段，我国的宏观调控思想和机制正式形成。市场的定位主要为"在社会主义国家宏观调控下对资源配置起基础性作用"，市场开始发挥对资源配置的基础性作用。如何正确处理政府宏观调控与市场机制的关系成为这一时期的重点问题。1993 年党的十四届三中全会指出宏观调控目标应是总量平衡与结构优化并举，并强调利用"紧急办法"进行宏观调控，财政部门、计划部门、经济部门和银行部门是宏观调控的主要实施者，应注意实现财政与计划和金融之间相互制约配合，即应建立计划、货币和财政分工明确的三位一体宏观调控体系。与之相对应的国家计划委员会、中国人民银行和财政部三驾马车合作进行宏观调控，即国家计划委员会编制并实施国家中长期战略规划，短期货币和财政政策配合推动长期规划的实现。这一阶段决策层的宏观调控指导思想展现出较为鲜明的中国特色，以五年规划为代表的长期规划是有效预期的管理方式。相较于西方的短期货币预期管理而言，中国长期预期管理战略视野更长远，采取的目标导向与问题导向相结合等方式有助于实现中长期发展目标。

从实践来看，1991 年，中国经济走出谷底逐渐复苏，到了 1992 年，在扩张性货币政策的刺激下，各级地方政府和国企大力投入到基本建设中去，很快吹起了集资热、开发区热、房地产热、债券热、股票热、期货热等经济泡沫。到 1993 年上半年,通货膨胀的危险已非常明显,人民币兑美元汇率在 1992 年 11 月到 1993 年 5 月的 6 个月时间内贬值 45%。1993 年 6 月,为应对本轮经济过热,中共中央和国务院发布"十六条"措施来稳定经济,一方面要实行总量调控,加大对总需求的控制力度,主要改革措施包括:大力加强税收征管,实行税制改革,推行以增值税为主体的流转税制度,并统一企业所得税和个人所得税,规范税率,扩大税基;严格控制财政赤字,从 1994 年起,中央财政赤字主要通过发行公债弥补,不再向中央银行借款或透支;控制固定资产增长,严格控制投资规模,清理在建项目,从严控制新开工项目;另一方面调整政府支出结构,严格控制政府的预算支出,精简压缩政府的会议性经费;通过增加投入和实行优惠政策措施,来加大对农业的财政支持,促进国有企业改革,加大对企业技术进步的支持。1994 年我国实行分税制财政管理体制,增加了中央的财政收入,也使得中央的宏观调控能力进一步增强。金融体制方面,中央银行的独立性进一步增强,币值稳定成为货币政策的优先目标,为中央银行进行市场化调控创造了条件。配合上金融、外汇等一系列宏观配套改革措施,从 1995 年二季度开始,物价走势开始回落。1995 年,居民消费物价指数上涨 17.1%,GDP 增速为 10.9%。1996 年,我国在宏观调控实际操作层面也取得了一定成就,成功实现了经济软着陆,居民消费物价指数上涨 8.3%,GDP 增速仍维持 10%。经过这一时期的理论研究与实践探索,我国新型宏观调控体系初步成型。

2. 1997—2002 年:积极财政政策的理论及实践经验

这一时期受亚洲金融危机的冲击,中国经济出现了从短缺向相对过剩的重大转折。因此,如何有效运用宏观调控政策刺激有效需求进而促进经济增长就成为这一时期理论研究的核心问题,特别是对积极财政政策的作用和有效性的研究成为这一时期宏观调控研究的重要内容。这一时期关于财政宏观调控的研究成果呈现出井喷式的特点,在研究角度和研究方式上也呈现出多元化的特点。

1997 年党的十五大强调了公有制的实现问题,指出宏观调控与国有企业发展之间应相互促进,一方面,宏观调控要促进国民经济持续健康发展,为国企改革和发展创造稳定的国民经济环境;另一方面,国有企业要在实现宏观调控的目标的过程中发挥作用,如在维持经济稳定、增加就业和扩大内需等方面发挥"顶梁柱"的作用。

这一时期微观主体的活力在市场经济条件下被充分激发,随着供给能力的提升产能过剩问题显现,同时受世界范围内市场化、民营化浪潮的影响,经济进入买方市场,宏观经济调控主题转向需求管理。这种转型主要表现在以下方面:(1)总需求管理成为宏观经济调控主要的落脚点和基本的立足点。由于市场机制不断完善，供需不匹配的问题主要表现在供给高于需求，总需求不足导致产能过剩。宏观调控的出发点从抑制总需求转向带动总需求增长。（2）货币政策作用的发挥受限，积极的财政政策作用越发关键。通货紧缩时期的扩张性的货币政策作用有限，但在保证政府的偿债能力的前提下，积极的财政政策仍能够有效且直接地扩大内需。（3）对于政策风险的关注程度和防范意识不断提高。1998年以来政府通过发行债务等方式实施积极的财政政策拉动内需增长，但这一时期对于积极的财政政策的可持续性及整体负债水平的相关研究并未得出一致的结论，为了进一步防范风险，实践中政府采用了做大分母的方式抑制政府负债率的攀升速度。（4）体制改革能够促进宏观调控能力提升。财政政策对企业亏损等问题的解决能力有限，需要供给侧实行体制改革和结构优化激发微观主体活力。

从实践上看，1998年，受亚洲金融危机冲击，中国经济增长从1998年年初开始发生转变，并进入了长达两年的通货紧缩时期。中央政府同时也于1998年年初开始从需求和供给两个方面分别采取措施，以刺激经济增长。需求方面，主要政策措施包括：（1）实行以国债投资为主的"积极财政政策"，1998—2001年共发行长期国债约5100亿元，主要用于基础设施建设，如高速公路、发电、大型水利工程等，很快刹住了投资下滑的势头；（2）调整税收政策，为刺激消费、投资和出口，国家推出降低消费税税率、暂停征收固定资产投资方向调节税等一系列税收优惠政策；（3）四大国有商业银行对国债投资项目的"配套资金"与财政拨款总额大致相等；（4）实行与财政政策配套的适度扩张的货币政策。

供给方面，主要政策措施包括：第一，将数十万家国有中小企业改制为产权明晰、市场导向的民营企业；第二，改善民营企业的创业环境和经营环境，包括国家经贸委设立中小企业司，专门帮扶中小企业发展；改善对中小企业的金融信贷服务，各省（自治区、直辖市）纷纷成立了中小企业信贷担保公司和基金来帮助中小企业改善融资环节等；第三，加快国有企业改革，对石油、通信、铁路、电力等大型国有企业集中的部门进行了重组，同时进行这些企业的公司化改制。在民间投资迅速增长、中国出口大幅增加的背景下，从2000年中期开始中国经济进入新一轮上升期。

3. 2003—2008年：稳健财政政策的理论及实践经验

这一时期中国经济面临过热的风险，理论界对宏观调控的绩效及政策措施进行了激烈争论。这一时期也是宏观调控的外延扩大的典型时期，土地参与调控、节能减排、地方政府在调控中与中央政府的博弈等就成为宏观调控面临的新课题。这一时期我国的宏观调控体系逐步完善：一是宏观调控经验与技巧不断丰富，中国宏观调控呈现出"管理繁荣"；二是未放弃直接的行政手段，结构性调控工具仍能充分发挥作用；三是以房价为代表的资产价格、节能环保和就业等成为宏观调控的重点目标。

从实践来看，2003 年年初开始，中国经济迅速升温，主要由两方面因素促成：（1）由于各级党政领导进行换届，许多地方新任领导相继提出了规模宏大的市政建设和工业建设计划，固定资产投资迅速升温，其中以房地产投资为甚；（2）自 2001 年加入 WTO 之后，中国出口贸易迅速增长，外汇储备大量增加，出现了经常账户和资本账户"双顺差"不断增长的趋势。中国外汇储备从 2002 年起连续 6 年保持 30% 以上的增长速度，在 2004 年甚至达到了 51% 的记录。中国人民银行只能被动收购外汇并且不断投放基础货币，人民币流动性迅速增长。上证指数从 2006 年年初的 1163.88 点一路飙升至 2007 年 10 月 16 日的 6124.04 点的历史最高点，通货膨胀率也迅速升高，2007 年二季度突破 3%，2008 年更是达到 8% 的高位。

从 2004 年开始，在国民经济运行明显走过了从相对低迷阶段向繁荣高涨阶段的拐点之后，中央政府开始实施适度从紧的财政政策和货币政策。财政政策方面，从扩张性的积极财政政策转向稳健财政政策。例如，2004 年长期建设国债从 2002 年的 1500 亿元缩减到 1100 亿元，2005 年长期建设国债进一步缩减到 800 亿元。货币政策方面，央行在 2006 年和 2007 年共进行了 8 次加息，每次 0.27 个百分点，10 次上调存款准备金率，每次 0.5 个百分点。央行通过定向发行票据和买卖特别国债等方式进行公开市场操作，回收大量流动性。通过采取控制赤字、调整结构、推进改革、增收节支等一系列宏观调控措施，中国在 2007 年仍实现了 11.4% 的经济增长，在宏观上实现了既防止通货膨胀苗头的继续扩大，又防止通货紧缩趋势的重新出现，既坚决控制投资需求膨胀，又努力扩大消费需求，既对投资过热的行业降温，又着力支持经济社会发展中的薄弱环节，充分发挥了财政在调节经济运行和优化经济结构方面的作用。

4. **2008—2011 年：统筹稳增长和调结构的积极财政政策的理论和实践经验**

2008 年爆发的国际金融危机使得如何应对由国际金融危机爆发带来的经济下行与经济失速问题成为研究的中心和热点与难点问题。我国采取积极的财政政策和宽松的货币政策，辅以一系列激励政策，使我国迅速实现经济复苏。展现出的财政宏观调控特点有：一是在理论上财政宏观调控指导思想系统化；二是在实践上决策层成功应用各项财政宏观调控政策应对各类冲击，维护了国民经济的稳定与发展。

从现实实践来看，2008年，受全球金融危机影响，中国的出口增速急剧下降，甚至出现负增长，上证指数从2007年10月开始，在不到一年的时间里暴跌2/3，房地产价格一改迅猛的增长势头，2008年12月下降0.4%。为应对经济的短暂性紧缩，2008年11月，国务院公布十项扩内需保增长的宏观经济措施，中央政府计划分两年以1.18万亿元财政资金，拉动社会配套资金以形成4万亿元基础设施建设投资计划，并以此带动地方政府及全社会增加投资超过20万亿元。为解决地方政府项目资金来源不足，中央财政还连续几年为地方政府代发2000亿元地方债券。中央政府还多次调整部分行业出口退税率，并在全国所有地区、所有行业全面实施增值税转型改革，同时在这一轮宏观调控中还取消了利息税。在全球经济一片萧条下，我国经济成功实现"保8"，俨然成为全球经济复苏的重要引擎。

20世纪90年代以来，随着社会主义市场经济体制模式的确立和逐步健全，中央政府的宏观调控思路已经从供给和需求两侧的总量管理，转变到对供给和需求两侧进行结构调控上来。同时，中央政府开始灵活运用财政政策、货币政策等经济调控手段，对经济运行中的周期性波动进行了有效的宏观调控，有力地促进了国民经济的健康发展。在此期间，中央政府形成了丰富的经济调控工具库，积累了应对经济过热和外部冲击的宝贵经验，运用财政手段实施宏观调控逐步走向成熟，这为进一步提高调控能力和政策效果打下了坚实的基础。

（四）党的十八大以来的财政宏观调控（2013年至今）

自2012年中国经济进入增速换挡期和结构调整阵痛期，经济增速下降。党的十八大以来，中国经济处于"三期叠加"的特殊阶段，随着社会主要矛盾转化，宏观调控任务的要求变得更高，不但要稳增长、调结构，还要促改革与防风险。2014年5月，习近平总书记首次提出"新常态"概括我国发展新阶段的经济特征。新常态是完全符合事物客观发展规律的，因此我国的宏观调控理念应主动适应新常态，积极地对宏观调控体系中不适应新常态的部分进行及时调整。由于结构性、长期性的中国经济减速，供给侧结构改革成为中国宏观调控的主线。经济减速的主要原因是供给侧结构性因素导致的潜在产出下降，沿用上一阶段的总需求宏观调控体系难以解决现阶段的主要问题与主要矛盾。想要解决中长期的、系统性的经济问题，需要采取重大举措，从结构性改革入手，同时适度扩大总需求。对于新常态下的宏观调控，创新宏观调控的思路与方式、在区间管理的基础上实施定向调控、结构性调控等逐渐成为理论研究的热点。所谓区间调控，是将宏观调控的目标设定在有限的区间范围，让经济运行在合理的区间，稳定物价、就业和经济增速，从而有针对性地调整结构，释放改革红利，实现稳中求进。针对经济运行的不同状态选择不同的调控手段。只要经济运行稳定在合理的区间，就应注重保持宏观调控政策的稳定性，不应被某一个或某一些宏观指标的短期波动影响宏观调控政策的连续性。这一阶段主要秉持"以供给侧结构性改革为主线、适度扩大总需求"的财政宏观调控思路。

从实践来看，在新的经济发展阶段，财政宏观调控的作用愈加凸显。2013年，党的十八届三中全会提出，财政是国家治理的基础和重要支柱，科学的财税体制是优化资源配置、维护市场统一、促进社会公平、实现国家长治久安的制度保障。在新形势与新要求下，中央政府持续创新和完善财政宏观调控，为促进经济社会持续健康发展提供有力保障，具体做法体现在：

第一，保持较高支出强度，科学制定财政赤字规模。2012—2019年，合理调整全国财政赤字规模，更加注重逆周期调节。2020年为应对新冠疫情冲击，赤字规模增加至3.76万亿元，赤字率为3.7%，发行抗疫特别国债1万亿元，全力支持统筹疫情防控和经济社会发展。2021年，合理减少赤字规模至3.57万亿元，赤字率降至3.1%。与此同时，加强财政资源统筹，持续扩大支出规模，全国一般公共预算支出从2012年的12.6万亿元增加至2021年的24.6万亿元，年均增长8.5%，有力支持经济平稳运行。

第二，支持实施国家重大战略，推动经济实现高质量发展。创新发行地方政府专项债券，2015—2021年累计安排新增专项债券额度12.2万亿元，重点用于交通基础设施等9大领域；加大对基础研究、国家战略科技力量、关键核心技术攻关的支持，深化财政科技经费分配使用机制改革，加大多元化科技投入，全国一般公共预算科技支出从2012年的4452.6亿元增长到2021年的9669.8亿元，年均增长9%。支持促进区域协调发展，持续推动京津冀协同发展、雄安新区建设、粤港澳大湾区建设等财税支持政策落地生效。

第三，持续推进减税降费，激发市场主体活力。实施"营改增"、降低增值税税率、小微企业普惠性税收减免、增值税留抵退税、减征和缓缴社会保险费等政策。同时，提高研发费用加计扣除比例等，持续强化对制造业和科技创新的支持。新冠疫情暴发后，围绕中小微企业、个体工商户和重点特困行业等，持续实施一系列阶段性减税退税和降费缓费等政策，为市场主体纾困。

第四，深化财税体制改革，持续提高政策效能。一是深化预算管理制度改革，在加强重大决策部署财力保障、强化财政资源统筹、规范预算支出管理等方面重点突破，逐步健全现代预算制度。二是优化税制结构、完善税收功能，增值税、个人所得税等改革取得重大进展，直接税比重稳步提高。三是完善财政体制，稳步推进分领域中央与地方财政事权和支出责任划分改革，健全省以下财政体制，完善财政转移支付体系。

第五，加强债务管理，防范财政金融风险。处理好稳增长和防风险的关系，不搞"大水漫灌"式强刺激，科学安排政府债务规模，保持政府总体杠杆率基本稳定。加强地方政府债务限额管理和预算管理，推进地方政府专项债券管理改革，坚决制止地方违法违规融资，抓实化解地方政府隐性债务风险，增强财政自身可持续性。

这一阶段的财政宏观调控在机制化建设政策时机的选择、政策手段和工具的搭配或协调、政策实施的精准程度等理论提炼、需求管理和供给侧结构性改革两端发力等方面取得了若干进展，政策效果良好，宏观调控制度体系逐步健全。

二、财政宏观调控理论与制度发展的逻辑特征

回顾新中国成立以来的财政宏观调控理论和制度发展历程，中国从封闭落后的计划经济体制转变成为开放发展的市场经济体制，中国经济也从"一穷二白"的世界落伍者一跃成为世界第二大经济体，中国的财政宏观调控思想和理论也在持续发生着重大变化，在探索中逐步形成了中国特色宏观调控体系。总体来说，从计划经济到初步建立社会主义市场经济体制，再到完善和发展市场经济，中央政府财政宏观调控的发展逻辑，也从单侧管理（供给方面）逐步过渡到双侧管理（供给与需求并重），再到"对接"管理（供给与需求对接）。具体而言，1978年前，调控的最主要方式是对经济运行的行政干预和直接控制。自改革开放以来，从"有计划按比例和综合平衡"到"国家调节市场、市场引导企业"，再到"要使市场在社会主义国家宏观调控下对资源配置起基础性作用"，在我国宏观调控体系中，虽然计划调控手段有所保留并发挥了独特的战略作用，市场调控手段逐渐占据主导地位。两种调控手段都成为社会主义市场经济体制下宏观调控体系的重要组成部分。计划和市场在宏观调控体系中有机结合起来，成为我国宏观调控体系的一大特色。从20世纪90年代中期到2012年，财政宏观调控体系的基本框架持续发展和完善，决策层对积极财政政策的功效、繁荣期调控的必要性、行政性调控的适用性等问题有了更清晰的认识。党的十八大以来，在中国经济新常态的现实背景下，中国财政宏观调控思想有了新的重大突破，在适度扩大总需求的同时，供给侧结构性改革成为宏观调控的主线。在实践中，党中央"坚持适应我国经济发展主要矛盾变化完善宏观调控，相机抉择，开准药方，把推进供给侧结构性改革作为经济工作的主线"，这构成了习近平新时代中国特色社会主义经济思想的重要组成部分。从我国财政宏观调

控的理论和制度发展可以总结其发展逻辑和历史经验。

第一，服务经济大局，推进国家治理现代化的重要手段。新中国成立以来的财政宏观调控理论和制度变迁历程显示，中国的财政宏观调控从来不是孤立的，它是经济政策总体框架的一部分，需要服从于经济工作的总体安排与思路。中国经济转型与发展的历程是改革、发展与稳定三者统一的进程，而财政宏观调控则是正确处理改革、发展与稳定关系的重要抓手，这种三维统一与西方主流经济学强调效率的一维视角迥然相异，也可以看作是中国宏观调控的特色所在，保证了中国经济持续稳定的增长。在发达国家所关注的潜在产出、通胀率与失业率之间的关系之外，体制改革对宏观经济的影响、宏观调控体系的构成、长期发展与短期稳定的关系等问题在中国宏观调控思想中占据更为重要的位置。随着党的十八届三中全会提出，全面深化改革的总目标是推进国家治理体系和治理能力现代化。财政作为国家治理的基础和重要支柱，财政宏观调控应服务于国家治理和经济发展的大局，财政宏观调控通过采用预算、税收、支出等工具手段，有效解决现实制度中与现代国家治理不相适应的问题，成为推进国家治理现代化的重要手段。

第二，尊重财政规律，坚持相机抉择的财政宏观调控机制。我国财政宏观调控实践表明，只有尊重财政规律，财政宏观调控才可能取得成功。无论在国民经济恢复时期、计划经济时期，还是在市场化改革时期，都是如此。不尊重财政规律，超越财政能力，不能适时适度的选择政策手段，最后财政政策目标不仅难以实现，而且可能危害财政运行，带来财政风险，严重者甚至导致财政危机。总结我国成功实施财政宏观调控的基本原则和经验，可知，我国的财政宏观调控思想和制度体系是决策者立足基本国情，尊重财政规律，使用摸着石头过河和顶层设计相结合的办法进行长期艰辛探索的产物，能在经济运行的不同形态下，随着作用环境与对象的变化而适时适度的调整宏观调控手段。尤其自1993年以来，根据宏观经济形势发展变化，我国相机抉择先后实施了适度从紧的财政政策、积极的财政政策、稳健的财政政策以及积极的财政政策。面对日益复杂的经济条件，认识财政政策运作的环境也不是轻而易举的事，在新的发展阶段，响应中国式现代化的新要求，逐步加深对财政宏观调控理论和政策框架的认识，提高驾驭相机抉择的财政宏观调控机制的水平，为经济政策目标的顺利实现提供保障。

第三，伴随财税改革，综合运用多种财政调控政策工具。财政宏观调控的实施需要有恰当的财政政策工具。财税改革是再造财政政策传导机制的重要举措，深化财税体制改革，可以为财政宏观调控的运作提供更为健全的财政政策工具体系，提供更扎实的财政制度基础，财政政策应对宏观经济变化的特征也将更为明显。总结财政宏观调控的发展历程可以看出，财政宏观调控机制的完善是与财税改革相伴随的。财政宏观调控需综合使用多种政策工具，充分发挥政府投资、税收、收入分配、财政贴息、转移支付等多种工具的组合优势，不断创新调控手段和方式。近年来，积极财政政策在扩大公债发行规模、扩大政府公共投资并优化投资结构的同时，还大力实施结构性减税降费政策，并运用一系列财政补贴手段，注重一揽子政策措施，打好政策组合拳，实现经济持续健康发展。因此，为了实现多种财政调控工具的协调配合，也应进一步深化财税改革，提高财政管理的水平，重塑财政政策运行的微观基础，为市场型财政政策的实施提供了空间和条件。

第四，适应经济目标，注重总量调控和结构调整相结合。新中国成立以来，财政宏观调控始终服务于不同阶段的经济发展目标，促进了国家的工业化进程，推动了国家的现代化进程，经济社会的全面发展离不开财政政策的支持。新中国现代化工业体系的形成，是建立在重工业优先发展战略基础之上的，财政政策在财力集中过程中发挥资金枢纽的作用。市场化改革之后，特别是社会主义市场经济体制改革目标确定之后，财政政策对新型工业化的支持，更多地通过间接调控的方式，依托市场手段。市场经济条件下的财政宏观调控，不再以扭曲市场机制为代价。与技术升级、产业结构优化等联系在一起的积极财政政策，是财政政策支持工业化的新做法。财政宏观调控始终围绕年度经济运行的总量平衡，以促进经济增长、就业增加、物价稳定和国际收支平衡为主要目标，随着供给侧结构性改革的推进，财政宏观调控在注重总量调控的同时，也注重推动经济结构调整和发展方式转变，着重发挥财政政策在稳定增长、改善结构、调节分配、促进和谐等方面的作用。财政宏观调控支持了社会发展，使财政在国家治理中的基础和重要支柱作用得到更充分的体现。新形势下，必须要全面把握我国总供求关系新变化，方能科学实施宏观调控。

第三节 构建与中国式现代化相适应的财政宏观调控理论与制度体系

党的二十大报告指出："以中国式现代化全面推进中华民族伟大复兴"，党的十八届三中全会《中共中央关于全面深化改革若干重大问题的决定》提出建立"现代财政制度"，"推进国家治理体系和治理能力现代化"。财政是国家治理的基础和重要支柱，财政需要着力解决现代化过程中可能滋生的风险与矛盾，要紧扣中国式现代化的中国特色推动财政制度优化和机制创新，健全与中国式现代化相适应的现代财政制度，以中国特色财政为中国式现代化做好服务，才能全面实现中华民族的伟大复兴。目前主流的财政宏观调控理论主要支持"市场失灵理论"和"国家分配论",但都无法适应我国财政实践工作,也不能为中国式现代化的财政宏观调控提供理论指导。因此,本书从新市场财政学的新视角引入"社会共同需要论",说明政府以市场参与者的身份如何进行宏观调控财政,系统回答中国式财政现代化的理论依据问题。

一、财政宏观调控理论创新

与中国式现代化相适应的财政宏观调控理论创新至少包括以下两个方面的内容:

第一,破除西方经济学中关于经济危机治理的教条主义。这主要有两个方面,一是要破除强刺激教条,放弃"大水漫灌"的调控模式。强调在实事求是、从实际出发的基础上,坚持稳字当头、稳中求进。明晰经济增长的合理区间成为基础,不再拘泥于一刀切的政策。在这一框架下,可以引入新的调控手段,如定向调控、相机调控、精准调控等策略,以更有针对性地应对经济挑战。这一变革在经济治理中体现为对不同情况的差异化应对,不再依赖于单一的全盘政策,而是在特定区间范围内采取更为灵活、定向的手段,使调控更加精准有效。这种创新调控思路不仅有助于维护宏观经济的稳定,还促使政策更贴近实际需求,为经济的健康发展提供更为灵活的工具。二是要破除财政与货币之间关系的教条。在宏观经济调控理论研究中,统筹考虑政府和金融市场、财政政策和货币政策。政府是财政政策的制定者,积极财政政策并非没有成本,最直接的成本是增加各级政府财政负担,形成收支缺口。政府可以通过债务融资的方式在金融市场上为财政支出融资,此时政府成为市场上的交易者,政府信用会极大地影响融资能力,同时财政融资行为也会受到金融市场运行的限制。这要求政府在财政政策方面,必须考虑在资金分配、政策效能等方面的问题。政府控制的货币政策制定需要综合考虑货币供应、利率水平和金融市场的运作机制。这种综合研究有助于建立更为健全的宏观经济调控框架,使政府能够更加准确地应对金融市场的波动和宏观经济的变化。这一破除教条观念的理念不仅拓展了研究范围,也更深入地探讨了财政与货币之间的关系,为宏观经济管理提供了更为全面、科学的基础。

第二,超越传统宏观调控研究着眼于短期的教条,转而关注依据国家中长期发展规划目标和经济改革目标实施短期宏观调控,确保短期宏观调控保持战略定力,服务于现代化建设和民族复兴大局。科学有效的宏观调控是实现经济社会平稳健康发展、提升国家治理体系和治理能力现代化水平的必然要求,也必然要超越短期宏观经济平稳运行的一般功能。短期宏观调控的目标是在国家发展战略的框架内,迅速应对经济波动,确保经济持续平稳发展。更重要的是,短期宏观调控要根据国家中长期发展规划目标和经济改革目标制定实施,确保经济保持战略定力、为现代化建设和民族复兴大局服务。以科学有效的宏观调控实现长期的经济社会平稳健康发展,提升国家治理体系和治理能力现代化水平。通过精准的政策工具和战略措施,不仅在短期内完成促进就业、稳定物价等目标,同时还着眼于调整经济结构、优化资源配置,适应国家宏观经济整体需求的长期目标。从长期的视角,观察识别宏观经济面临的主要矛盾和问题,不仅着眼总量管理,而且关注结构性问题;不仅从一般性的政策实施入手,而且从体制机制改革入手;不仅关注短期波动,而且重视提升中长期经济增长潜力和培育新动能。这一过程不仅需要对国家中长期发展规划的深刻理解,还需要密切关注全球经济变化、科技进步等因素,以作出及时灵活的调整。

二、构建财政宏观调控制度体系

本节将从构建财政与货币相协调的制度、统筹"四本账"的大财政政策制度、财政政策绩效评价制度三个方面进行论述构建财政宏观调控制度体系。探讨财政与货币相协调的制度构建,确保这两大政策工具的协同作用,促进宏观经济稳定和可持续发展。财政政策制定和实施也需要统筹"四本账",可以提高扩大财政政策调动资源的范围和使用灵活性,实现财政资源的合理配置和有效运用。财政政策绩效评价制度的建设,旨在全面了解各项政策的实际效果,为未来政策调整提供科学依据。

(一) 财政与货币相协调的制度

实现中国式现代化,对财政筹集社会资源的能力提出了更高的要求。传统的将财政与货币独立分析的做法对财政工作实践形成了较大约束,限制了财政筹集社会能力的发挥。把财政与货币统筹分析,虽在政策实践上已在实施,但在理论分析层面仍难以突破,主要原因在于缺少相应的理论创新。新市场财政学对财政货币协调这一宏观调控理论创新有较大启示。

1. 从新市场财政学到财政与货币协调配合的理论基础

新市场财政学则将社会共同需要作为财政理论的核心概念。这个核心概念体系既解释了财政范畴的本源,又解释了市场的本质——一种在不确定环境下进行有规则的竞争以满足人的需要的过程。市场的本质就是通过资源的配置与交换满足人的需要。这里的"需要"包括人的"个体"的个别需要,也包括人的"群体"的社会共同需要——这实质上也是财政的本源在市场经济条件下的具体实现形式。

新市场财政学首先从物理学的角度出发，将市场视为一个"平台"，进而将市场上的一切行为主体（包括政府以及以政府为代表的公共部门）都视为"市场地位"相同的客体。公共部门和私人部门作为市场行为主体，以平等的身份在这个市场平台上活动并创造价值。市场平台观的更深层次涵义是：市场同时也是由相关制度构成的有机体，政府和以政府为代表的公共部门以及企业和以企业为代表的私人部门都是这个有机体的组成部分，两者遵循共同的法律与制度，服务于各自的组织目标。

新市场财政学提出的"市场平台观"对协调财政政策与货币政策提供了新的分析框架，这一理论创新，也为防范化解地方政府债务问题等政策实践提供了新实践。

中央政府有控制货币管理部门，制定货币政策的能力。在我国，中国人民银行的职责之一包括"防范系统性金融风险"。中央银行可以通过使用各类货币政策措施对金融市场进行调控，防止地方政府债务风险爆发，从而在短期起到一定风险防范作用。同时，政府也应认识到其在市场融资的过程中，它将成为市场上的普通参与者，将受到市场规律的约束，政府的财政状况直接决定政府作为借款主体在市场上的信用，也就决定着政府在市场上的融资能力。

2. 从"市场平台观"出发的地方政府债务风险化解

地方政府债务风险积累问题，固然从长期来看是政府间事权与支出责任不匹配、地方官员过度追求短期经济增长单一目标等体制机制问题导致的，但地方政府债务风险在短期的爆发不确定性很大程度上受到金融市场波动、央行货币政策等因素影响。防范和化解地方政府债务风险问题，需要理顺财政与货币之间关系。

目前，政府间事权与支出责任不匹配问题持续存在。地方政府承担了较多提供地方基本公共服务的支出，如教育、医疗、和社会福利等；同时地方政府还面临推动地方经济增长的较大激励，为了实现这一目标，常常会采取投资基础设施建设等措施，导致地方财政一直面临较大压力。从预算外资金到"土地财政"，再到地方政府融资平台，地方政府总是有较大动机通过各种手段增加自主权较大的财政收入，中央政府在每一阶段的初期默许地方政府的灵活手段，而后为了防范风险采取规范性措施。为了在政府间事权与支出责任不匹配问题和激励地方政府发展积极性之间寻求平衡点，中央政府和地方政府之间形成了上述这种周期性"灵活—规范"相互转换的动态平衡。根据"市场平台观"，政府在举债融资时与其他交易者一样，是金融市场上的借款人，融资能力（发债数量和发债定价）需要遵循金融市场的逻辑，其中最根本的是还本付息能力，以及市场是否相信这一能力。

为了更好地完成社会共同需要，政府有进行发债融资的现实需求。在过去相当长一段时间内，中国政府债务规模的增长与经济增速之间形成了良性循环，政府债务能够产生一定的经济效益，并推动了经济增长。但是地方债务规模上升、财力下降的过程中，地方债务付息压力凸显。把显性债务和隐性债务、地方政府融资平台的债务考虑进来，地方债务利息占广义财政收入比重越来越大，相当多的地方政府的财力已经很难独立支撑地方债务的还本付息。针对上述现实情况，中央政府要求有效防范化解地方债务风险，制定实施一揽子化债方案，开好"前门"构建规范的地方政府举债融资机制，严堵"后门"严禁违法违规举债融资，健全地方政府债务风险评估预警和应对机制；并且为了防止地方政府对中央"兜底"抱有机会主义心态，中央政府多次声明"不兜底"。这些措施的目的是为了从根本上提高地方政府还本付息能力，成为市场上的合格的信誉良好的交易者。具体做法有以下几点：

第一，优化央地关系。由于在大国内部财政纵向不平衡的必然性，构建财权事权协调的现代化财政制度体系需要横向发力。从央地财政的现状来看有两条路径：财权下移或事权上收。但中国式现代化的财政模式决定了财权下移模式不可行，中央财政需要集中财权，才能有能力、空间和权威去推动全局和长期的发展。因此，实际可实施的办法是地方事权逐级上移。具体来说，可以对财政支出的原则、范围和规模进行清晰界定，处理好政府和市场的关系；超脱于原有的财政支出体制，从更高层面优化央地间事权，打破既有的部门和地区的利益格局，从目标反向倒推政策规定；继续完善省以下事权划分，并适当强化省级财政事权。

第二，强化对地方政府举债融资的约束。地方政府债务是财政金融的交汇点，加强地方政府债务管理尤其需要财政和金融协调配合。在"稳"的方面，一是要继续推进积极的财政政策，适度扩大中央财政赤字，加大对民生等多个领域的投入力度。二是稳健的货币政策要松紧适度，把好货币供给总闸门，同时保障流动性合理充裕，适时预调微调。三是财政和金融要相互配合，一方面，财政部门要多渠道筹集重大项目资本金，充分发挥专项债券作用，加快专项债券的发行使用进度，明确金融支持必要在建项目的合规程序；另一方面，金融部门要合理投资地方政府债券，加强对重大项目配套融资的金融服务，按照商业化原则依法合规保障重大项目的资金需求。在"进"的方面，财政与金融要相互配合共同推进体制改革，在开放中解决问题。要加强对政府负债的全口径管理，把应由地方政府清偿的全部都纳入地方政府债务中。积极稳妥地推进财税体制改革，改善地方政府财权事权的匹配程度，充分发挥人大及上级政府对地方政府的外部监督职能，强化对地方政府的预算约束。此外，中央财政支出在稳增长和化债方面能起到一定的作用，对现阶段财政政策而言，可以采取的政策包括：一是发行特别国债，给中低收入群体发行不附加消费领域限制的、半年内到期失效的消费券，以刺激中低收入群体消费；二是给中小民营企业贷款进行财政贴息；三是加大用发行国债来支持中西部跨区域基础设施建设的力度；四是明确政策性开发性金融工具可以继续使用。

第三，完善地方政府债务风险监管机制。通过建立政府的资产负债表，根据权责发生制的规定对政府应收应付项目进行披露，尤其是对表外应收应付项目进行披露，在某种程度上这种表外披露的信息价值更高，可以更好地预防和控制政府债务风险。一是提升对地方政府债务的认知与重视。地方政府债务的产生是必然的，但是地方政府债务对于区域经济、社会的发展有两面性，任何片面地重视债务财政功能或债务风险的观点，都不利于债务的运作。所以必须加强对地方政府官员地方政府债务的认知与重视，因为其行为决策直接决定了实际债务的发行、发展与清偿。要客观地面对债务，尽早识别、评估和处置风险，而不是盲目清偿。二是完善地方政府债务披露机制。建立健全政府资产负债表及其有关附表，在政府独立运转主体的身份基础之上，遵循收付实现制与权责发生制相结合，对现有披露内容、模式和程序进行系统性、持续性和可量化式的改进，加大地方政府债务信息披露深度，把目前很难量化、较为隐蔽的债务，以附注形式给予定性披露，并将上述报表以合理方式定期公告，借助社会公众的监督职能。三是提升地方政府债务治理效率。要对地方政府流量债务和存量债务进行动态调整，严格把控地方政府债务规模，避免出现严重的债务风险膨胀甚至危机。债务纳入地方政府绩效考核之中，规避片面追求GDP、财政税收等指标的问题，有针对性地将债务提高政绩考核中的权重，把债务及其治理视为一项长期工作。四是对地方政府债务治理实施必要的国家审计。目前缺乏对地方政府的债务治理效率评价与考核机制，因此降低了债务监管与治理的积极性。应当构建科学的地方政府债务治理国家审计机制，对地方政府债务治理效率进行国家层面的审计，科学地评估地方政府债务治理的效率，提高债务危机的治理效率。

总之，为了更好地完成社会共同需要，需要增强中央政府的财政能力，需要中央政府的债务融资约束放开，妥善处理财政部门与货币部门之间关系，更加深入地进行财政监督管理制度的改革。一方面要提高中央政府的债务融资能力，另一方面要对各级政府各政府部门严肃财政纪律，硬化预算约束，同时还要保持货币币值稳定，维持国内市场和国际市场对中国政府财政效率、对政府信用、对人民币币值的信心。

（二）统筹"四本账"的大财政政策制度

树立"大财政观"的理念，从理论研究层面，避免片面地单独关注一般公共预算这一本账，而是将政府能够调动的财政资源统筹考虑，这将为财政宏观调控创新引入新思路。要构建与中国式财政现代化相适应的财政宏观调控理论和政策实践，绝不能单独关注一般公共预算这一本账，只有树立"大财政观"的理念，将一般公共预算、政府性基金预算、国有资本经营预算和社会保险基金预算这四本账彻底打通，才能真正贴合财政实践并考虑到"四本账预算"的全面统筹。

构建与中国式财政现代化相适应的财政宏观调控制度体系的抓手之一是统筹规划"四本账预算"。党的十八大以来财政部门按照党中央、国务院决策部署，为适应我国发展阶段和国家治理的中国式现代化要求，进一步创新和完善财政宏观调控，实施积极的财政政策，促进经济的稳定增长。接下来，本节将以国有资产经营预算为例，论述利用国有企业实施宏观调控是可行手段之一。

国有资产，即国家所有的一切财产和财产权利的总和，能够为其国家带来经济和社会效益。国有资产按照用途可以分为经营性国有资产、非经营性国有资产和资源性国有资产，具体包括国有企业、自然资源、土地等各类国家所有的经济资源。国有资产管理是指在国家层面，对国有资产的经营和使用进行组织、指挥、协调、监督和控制的一系列活动。通过对国有资产的投资、经营、分配收益等，国家可以灵活运用国有资产实现对经济的调控以及资源的配置，在保证国民经济平稳运行和保障国家经济安全等方面发挥着重要的作用。国有资产管理是财政管理制度体系的重要组成，在构建与中国式财政现代化相适应的财政宏观调控理论与制度体系中，以国有资产管理为抓手，加强国有资产管理体系建设，确保国有资产管理与国家发展战略和财政宏观调控目标相适应，更好地发挥国有资产的作用，提升宏观调控水平。

国有企业作为国有资产的主要承载体，是国有资产管理的核心。完善国有资本经营预算制度，强化国有资本经营预算功能能够优化国有资本的使用，有助于国有经济布局优化和结构调整，进一步增强财政宏观调控能力。国有资本经营预算是国家以所有者身份依法取得国有资本收益，并对所得收益进行分配而发生的收支预算，是政府预算体系的重要组成部分[①]，与一般公共预算、政府性基金预算、社会保险基金预算一同构成了我国的"四本预算"，其中国有资本经营预算可则用于补充一般公共预算和社会保险基金预算。预算体现党和国家的意志，服务保障党和国家的重大方针、重大方略、重大决策、重大工作。国有资本预算依照国家战略发展方向，确定国有资本的投资重点和目标，之后合理规划国有资本的使用，引导国有资本投向具有战略性、长远价值和经济效益的领域，推动经济结构调整和升级。助力经济

---

① 国有资本经营预算，财政部，http://www.mof.gov.cn/zhuantihuigu/czjbqk1/ystx/201405/t20140505_1075143.html.

可持续增长、提升国家竞争力。中国式现代化建设中，国有资本肩负着重要的使命与责任，其中重要的就是推动国有企业高质量发展，而这就需要完善国有资本经营预算制度，强化国有资本经营预算功能。从完善国有资本经营预算制度出发，进一步扩大国有资本经营预算的覆盖面，扩大预算支出的范围；坚持预算法定，强化预算约束，推动预算绩效管理，发挥人大监督作用。从强化国有资本经营预算功能出发，发挥集中力量办大事的体制优势，聚焦推进国有经济布局优化和结构调整，推动国有资本向关系国家安全、国民经济命脉的重要行业和关键领域集中，向关系国计民生的公共服务、应急能力、公益性领域等集中，向前瞻性战略性新兴产业集中，更好地服务构建新发展格局、推动高质量发展。进一步完善国有资本经营预算，围绕政府宏观调控目标利用收入和支出两个手段优化国有资本配置，促进国有经济调整，有助于增强宏观调控能力，更好地服务于中国式财政现代化相适应的财政宏观调控理论与制度体系的建设。

国有企业作为我国国民经济的重要支柱，控制了关系国民经济命脉的重要行业和关键领域，其重大固定资产投资项目的规划和实施直接关系到国家财政的健康运转和宏观经济的稳定发展。事实上，国有企业已经成为政府调控宏观经济的重要抓手。国有企业是政府的执政基础，政府对国有企业的运营、管理以及重大项目的投资具有指导和监管作用。具体来说，财政部资产管理司负责管理全国国有及国有控股企业的运营。国有企业的重大固定资产投资项目需经财政部资产管理司审批。政府通过对国有企业的监管，一方面结合国家发展战略，引导国有企业改革和投资，促进产业创新升级，推动其在国民经济中更好地发挥作用；另一方面通过对项目合规性、财务可行性和风险防范措施的审查，起到事前监督的关键作用，保证国有企业的健康发展，防范潜在的经济风险。国有企业在宏观经济调控中发挥了重要的作用。第一，国有企业能够拉动经济增长。国有企业在基础设施建设和战略新兴产业等领域的大规模投资能够推动相关产业链的发展，带动其他相关企业，促使投资增加，对国家经济增长起到了关键作用。第二，国有企业能够稳定就业市场。国有企业通常规模较大，业务领域较广，稳定性较高，因此能够提供大量的、较为稳定的就业机会，从而稳定就业市场，减轻社会就业压力。第三，国有企业能够推进产业结构优化升级。通过政府引导国有企业在战略性新兴产业和高技术领域布局，可以推动经济由传统产业向高附加值、高技术含量的产业升级，同时加大研发投入、推动技术创新，它们能够引领相关行业的技术进步。第四，面对经济的不确定性，国有企业具有更强的稳定性和危机应对的能力。国有企业具有"宏观经济稳定器"的作用，能够从"稳预期""稳就业""稳投资""稳增长"和"稳金融"出发，帮助政府缓解经济压力进而稳定宏观经济（Fang 和 Ruan，2023）。

政府通过引导、调整和监管国有企业的投资、产出等,能够更好地应对经济波动,推动宏观经济的平稳运行,国有企业成为政府在宏观经济调控中的重要抓手。因此,加强宏观政策工具的运用,充分发挥国有企业宏观调控的职能,对构建与中国式财政现代化相适应的财政宏观调控理论与制度体系具有重要的意义。

(三) 财政政策绩效评价制度

中国式现代化对我国各领域的发展提出了更高要求,这势必需要政府在这些领域持续而有针对性的资源投入,也客观上让财政政策的效能面临更为严峻的挑战。为了保证财政政策的效能,让每一项财政政策都能落到实处,有必要建立财政政策绩效评价制度。通过绩效评价,政府能够更全面、客观地了解财政政策的实际效果,评估其对经济、社会和环境的影响。这有助于确保纳税人的资金得到最大化的回报,并提高政府的责任感和透明度。本节将以评估减税降费政策效果为例,论述建立财政政策绩效评价制度的必要性。

税收政策是重要的财政宏观调控政策之一。过去几年,我国实施了大规模减税降费政策,评估减税降费政策的调控效能至关重要。这包括深入分析减税降费对宏观经济运行的实际影响,以及其在促进企业发展、刺激消费、提升就业水平等方面的具体效果。同时,我们需要审慎考量减税降费措施对财政收支的影响,确保政策既能实现调控目标,又能维持财政的可持续性。

减税降费是财政宏观调控的一项重要工具,能够通过降低税收负担和社会保险费用,减轻企业和个人的税负,刺激消费、投资等经济活动,进而促进整体经济的增长。减税降费政策是我国深入推进供给侧结构性改革的重要举措,也是积极财政政策的重要组成部分。党的十八大以来,我国持续实施减税降费政策,减税降费取得重大成效。政策上,从2012年"结构性减税"、2013年"结合税制改革完善结构性减税政策"、2015年"定向减税和普遍性降费"、2019年"普惠性减税与结构性减税并举"逐渐演变到2022年"坚持阶段性措施和制度性安排相结合,减税与退税并举";数据上,2013—2021年,税务部门办理新增减税降费累计达8.8万亿元。我国宏观税负从2012年的18.7%降至2021年的15.1%[①]。同时,我国减税退费政策结合税制改革,推动了新一轮财税体制与征管体制的改革进程,税收治理体系和治理能力现代化水平得到明显提高。

结合减税降费政策在我国的实践历程,可以看到减税降费政策在宏观经济发展

---

① 党的十八大以来税务部门落实退税减税降费政策助力稳定宏观经济大盘综述,中国政府网,https://www.gov.cn/xinwen/2022-08/20/content_5706195.htm.

中发挥着重要的作用，为减轻市场主体负担、应对经济下行压力提供了有力支持，推动了实现经济高质量发展、全体人民共同富裕的中国式现代化的进程。第一，激发市场主体活力。减税降费能够有效减轻企业的税收负担，降低企业成本，释放企业活力，特别是中小微企业。同时，通过一系列有针对性的、更加优惠的税收优惠政策为企业的创新添加动力，鼓励企业进行技术创新和产品研发，引导资金流向具有高附加值和创新潜力的领域，从而促进产业结构升级和经济转型，有助于培育新兴产业，提升市场竞争力。第二，保障民生。减税降费政策着力促进消费和民生保障，对稳定就业和经济就有积极作用。此外，减税降费政策的合理设计可以促进社会公平，通过调整税制结构，减轻低收入人群的税负，缩小贫富差距，增强社会公平，改善社会福利。第三，促进经济发展。减税降费政策通过退税、减税、降费，减轻企业和个人的税负，能够激发消费和投资需求，对于拉动内需以及推动相关产业的增长具有积极影响。同时，企业拥有更多用于扩大生产和提升科技水平的资金，能够推动经济增长。

减税降费政策在促进经济发展、改善社会福利等方面发挥了积极作用，但在实施过程中也存在一些潜在问题，其中最为突出的问题之一是对政府财政能力的削弱。减税降费不仅可能影响财政收入、财政赤字规模，也有可能对地方财政、社会保障体系产生影响。第一，影响财政收入规模。减税降费政策直接导致财政收入的减少，特别是影响政府的税收收入，包括增值税、所得税等。第二，扩大财政赤字规模。减税降费政策可能会影响财政平衡，增加财政赤字。减税政策影响的是一般公共预算的财政平衡，降费政策影响的是社会保险基金预算的平衡。减税降费可能限制了政府在基础设施、科技创新等领域的投资，为了维持社会保障系统正常运转，需要不断增加相关的财政支出，使政府面临更大的财政压力，导致财政赤字的进一步扩大。第三，加剧地方财政的不平衡。减税降费政策增加了地方财政赤字规模、改变了地方财政收入的结构，面对财政收入减少同时需要满足地方基本公共服务的需求，地方政府可能陷入财政危机，迫使政府寻求其他的筹资渠道，在一定程度上可能加剧地方之间的财政不平衡和地方之间的发展差距。第四，影响社会保障体系的可持续性。减税降费不仅会减税财政的税收收入，同时可能会减少社会保障基金的收入。收入的减少进一步影响公共服务的提供，导致政府难以维持或者提高公共服务水平，影响社会公共利益，可能会对养老金、医疗保险等社会保障体系的可持续性造成潜在威胁，影响到未来的社会福利水平。

减税降费政策在经济发展方面能够起到激发市场活力、推动企业发展、促进经济高质量发展的作用。但减税降费所导致的潜在财政压力也不容忽视，会减少财政收入，扩大财政赤字规模，进而可能影响公共服务提供，加剧地方财政的不平衡以及影响社会保障体系的可持续性。因此，为了更好地构建与中国式财政现代化相适应的宏观体制和政策，需要谨慎权衡财政政策的长远稳定性与刺激经济的短期目标，需要不断完善减税降费政策体系，加强减税降费政策的针对性和可持续性。

第一，提高减税降费政策的精准性。随着大规模减税降费政策的持续实施，进一步减税降费的空间逐渐减小，因此将减税降费的重点逐步转移至提高减税降费政策的精确性是十分有必要的。具体来说，进一步增强减税降费政策的精准性，突出对中小微企业、个体工商户以及特困行业的支持，为微观主体发展减负担、增动力，让税费优惠政策作用得到更有效的发挥。一方面，以更有针对性的减税降费政策为企业减负担。在过去的几年中，我国减税降费政策重点减轻制造业、科技型企业、中小微企业等税费负担，在这些重点扶持企业中要更加注重针对性，在支持力度上根据具体情况有所区别，对有竞争力的、贡献程度大的企业提供更多的支持，对没有竞争力、浪费资源的企业减少扶持，使减税降费政策更有重点、更有目的性。另一方面，以更有目标性的减税降费政策为企业增动力。减税降费不仅要扶贫，更要扶智。实现中国式现代化必须实现高质量发展，高质量发展离不开科技创新。因此优化、落实并完善好减税降费政策，大力支持科技创新，从促进研发投入、鼓励创新投资、支持研发设备更新、支持重点产业链、鼓励创业创新出发，为高新技术企业等创新型企业给予更多的支持，为经济的高质量发展增强动力和竞争力。

第二，根据政策的效果评估，及时调整减税降费政策。从2008年我国首次实现"减税"与"降费"相结合，到2018年开始逐步推进大规模、实质性减税降费，减税降费是一个动态调整和完善的过程，政策背后的逻辑是要满足经济发展的时代要求。对减税政策进行效果评估是确保政策有效性、精细调整的关键步骤。因此，完善减税降费政策体系需要将对政策的实施效果进行评估，及时准确的判断减税降费政策的实际效果，分析减税降费政策的问题与不足，并根据评估的结果调整有关政策措施，推动减税降费政策发挥更好的效益。对减税政策进行效果评估，一方面要从经济增长效果、社会就业、企业创新等层面出发，关注政策是否起到了积极的促进作用；另一方面，既要关注减税降费政策可能的危害，重点关注对财政收入、财政赤字等问题，也要从长远出发着眼于政策的长期效果，包括经济结构、产业布局等。更全面地了解减税政策的实际效果，加强对减税降费政策实施效果的研究，为未来政策制定提供经验和依据。

第三，加强财政管理，防止地方政府"减税增费"。减税降费政策给地方财政带来了一定的压力，因此，为防止地方政府"减税增费"现象的发生，需要加强财政管理，确保减税降费政策的实施既有利于企业和居民，又不导致地方财政收支失衡。加强财政管理，要强化预算约束，设立明确的预算约束机制，对地方政府进行财政监管，确保地方政府在减税的同时，保持财政收支平衡，不发生"减税增费"的现象。同时，强化地方政府财政监管，加强信息的透明度。通过及时公布财政收支情况和预算执行情况、完善监督政策等方式，确保资源的合理利用，防范政府以减税为名通过其他手段变相增费。最后，加强中央与地方的协调机制。在减税降费政策的实施过程中，确保中央与地方之间有良好的信息沟通和政策协同，明确减税政策的财政来源，防止过度依赖地方政府的财政预算，通过中央财政补助等方式，确保减税政策的可持续性。同时地方也需要依照中央指示，进一步做好减税降费政策落实工作，推进政策更好地落实落地，提升减税降费政策的效果。

本章主要参考文献

[1] Fang M, Ruan R. State-owned Enterprises in China as Macroeconomic Stabilizers: Their Special Function in Times of Economic Policy Uncertainty [J]. China & World Economy, 2023, 31 (5): 87–115.

[2] 财政部干部教育中心组. 现代财政宏观调控研究 [M]. 北京: 经济科学出版社, 2017.

[3] 储德银. 中国式现代化背景下的财税体制改革与经济高质量发展 [J]. 税务研究, 2023 (03): 5–8.

[4] 财政部综合司. 砥砺奋进, 持续创新, 财政宏观调控成效显著 [J]. 中国财政, 2022 (20): 8–11.

[5] 董昀. 中国宏观调控思想七十年演变脉络初探——基于官方文献的研究 [J]. 金融评论, 2019, 11 (05): 14–37, 116.

[6] 范子英. 2022 财政发展指数评述与 2023 财政政策展望 [EB/OL]. (2023–01–30) [2023–12–01]. https://mp.weixin.qq.com/s/gq2IKRk_UjeMg68F5BhtaA.

[7] 高培勇. 新时代中国财税体制改革的理论逻辑 [J]. 财政研究, 2018 (11): 11–16.

[8] 国家金融与发展实验室. 如何化解地方政府债务? [EB/OL]. (2023–10–12) [2023–12–01]. https://mp.weixin.qq.com/s/GgzhTwqPaqfMes4096roWw.

[9] 贾康, 等. 中国财政制度史 [M]. 上海: 立信会计出版社, 2019.

[10] 经济所所史编写组. 九十年的奋进与光荣: 中国社会科学院经济研究所简史 [M]. 北京: 中国社会科学出版社, 2019.

[11] 金时平. 财政金融协调配合, 规范地方债务管理 [J]. 清华金融评论, 2019

(07): 16-18.

[12] 李淑一,魏升民,马光荣. 中国财政治理话语体系的承续与转换——基于1981—2020年全国财政工作会议讲话文本的研究 [J]. 中央财经大学学报, 2022 (07): 3-13.

[13] 刘李福,邓菊香. 地方政府债务与政府宏观调控职能:基于公共财政的视角 [C] //中国会计学会高等工科院校分会. 会计转型与经济发展:机遇与挑战——中国会计学会高等工科院校分会第24届学术年会 (2017) 论文集·上册, 2017.

[14] 刘秀光. 经济理论和经济政策变迁的回顾与反思——兼论中国宏观经济的供给侧结构性改革 [J]. 管理学刊, 2017, 30 (01): 1-9.

[15] 刘昆. 建立健全有利于高质量发展的现代财税体制 [J]. 中国财政, 2021 (11): 4-7.

[16] 吕冰洋. 现代财政制度的构建:一个公共秩序的分析框架 [J]. 管理世界, 2021, 37 (10): 100-111.

[17] 吕炜,靳继东. 国家治理现代化框架下中国财政改革实践和理论建设的再认识 [J]. 财贸经济, 2019, 40 (02): 5-19.

[18] 马海涛,毕学进,马金华. 新时代中国特色社会主义财政理论创新的元素构成 [J]. 经济理论与经济管理, 2023, 43 (02): 4-15.

[19] 马海涛,毕学进,马金华. 中国之治与中国之智:新时代中国共产党的财政治理创新 [J]. 财政研究, 2022 (01): 34-46.

[20] 马海涛,马金华,林源. 中国共产党百年治财理税的历史进程、基本经验与现实启示 [J]. 地方财政研究, 2021 (08): 16-22, 68.

[21] 马海涛,孟晓雨. 服务中国式现代化的税收制度优化 [J]. 税务研究, 2023 (09): 5-12.

[22] 马海涛,姚东旻,孟晓雨. 党的十八大以来我国财税改革的重大成就、理论经验与未来展望 [J]. 管理世界, 2022, 38 (10): 25-44.

[23] 马海涛,姚东旻. 成就与方向:立足中国式现代化的财税体制改革 [J]. 人民论坛, 2022 (22): 56-59.

[24] 马海涛. 中国式现代化与财税事业高质量发展 [J]. 地方财政研究, 2022 (11): 4-9.

[25] 马寅初. 联系中国实际来谈谈综合平衡理论和按比例发展规律 [N]. 人民日报. 1956-12-28/29.

[26] 马寅初. 联系中国实际来再谈谈综合平衡理论和按比例发展规律 [N]. 人民日报. 1957-5-11/12.

[27] 欧文汉. 关于财政促进国家治理现代化的思考 [J]. 财政研究, 2015 (08): 21-27.

[28] 时红秀, 王薇. 建设适应中国式现代化要求, 促进高质量发展的现代财税制度 [J]. 国际税收, 2023 (02): 3-10.

[29] 王明胜. 改革开放以来中国宏观经济理论与政策的演变 [J]. 中国管理信息化, 2020, 23 (15): 168-169.

[30] 谢旭人. 中国财政60年 [M]. 北京: 经济科学出版社, 2009.

[31] 杨志勇. 新中国财政政策70年: 回顾与展望 [J]. 财贸经济, 2019, 40 (09): 21-34.

[32] 余斌等. 新形势下完善宏观调控理论与机制研究 [M]. 北京: 中国发展出版社, 2016.

[33] 张平. 中国宏观经济叙事的转变与展望 (1978—2025年): 历史演进、共识逻辑和政策机制 [J]. 北京工业大学学报 (社会科学版), 2023, 23 (05): 93-110.

[34] 张琦. 改革开放以来中国宏观经济理论与政策的演变 [J]. 经济与管理研究, 2019, 40 (04): 3-13.

[35] 张霞. 新时代中国特色宏观调控体系研究 [M]. 北京: 社会科学文献出版社, 2022.